A Via

Para o futuro da humanidade

Do autor:

Amor Poesia Sabedoria

A Cabeça Bem-Feita

Ciência com Consciência

Meus Demônios

A Religação dos Saberes

O Mundo Moderno e a Questão Judaica

Cultura e Barbárie Europeias

Filhos do Céu
(com Michel Cassé)

Meu Caminho

Rumo ao Abismo?

Edwige, a Inseparável

O Caminho da Esperança
(com Stéphane Hessel)

EDGAR MORIN

A Via

Para o futuro da humanidade

3ª edição

Tradução
Edgard de Assis Carvalho
Mariza Perassi Bosco

Rio de Janeiro | 2025

Copyright © Librarie Arthéme Fayard, 2011.

Título original: *La Voie pour l'avenir de l'humanité*

Capa: Simone Villas-Boas

Imagens de capa: Cidade: New York © Beboy/Fotolia;
Abstract digitally generated backgrounds with curving gray shape:
Aeriform/Getty Images.

Editoração: FA Studio

Texto revisado segundo o novo
Acordo Ortográfico da Língua Portuguesa

2025
Impresso no Brasil
Printed in Brazil

Cip-Brasil. Catalogação na fonte
Sindicato Nacional dos Editores de Livros. RJ

M85v
3ª ed.
	Morin, Edgar, 1921-
	    A via para o futuro da humanidade / Edgar Morin; tradução de Edgard de Assis Carvalho, Mariza Perassi Bosco — 3ª ed. — Rio de Janeiro: Bertrand Brasil, 2025.
	    392 p.: 23 cm
	
	    Tradução de: La voie pour l'avenir de l'humanité
	    ISBN 978-85-286-1641-5
	
	    1. Mudança social. 2. Civilização moderna — 1950-. I. Título.

	CDD: 303.4
12-8000	CDU: 316.42

Todos os direitos reservados pela:
EDITORA BERTRAND BRASIL LTDA.
Rua Argentina, 171 — 2º andar — São Cristóvão
20921-380 — Rio de Janeiro — RJ
Tel.: (21) 2585-2070

Não é permitida a reprodução total ou parcial desta obra, por
quaisquer meios, sem a prévia autorização por escrito da Editora.

Atendimento e venda direta ao leitor:
sac@record.com.br

Impresso no Brasil pelo Sistema Digital Instant Duplex da Divisão Gráfica da
DISTRIBUIDORA RECORD DE SERVIÇOS DE IMPRENSA S.A.

Sumário

GRATIDÃO.. 7

PREFÁCIO
Sparsa colligo.. 9

INTRODUÇÃO GERAL
Mudar de via? 17

AS VIAS RUMO À VIA 47

PRIMEIRA PARTE
As políticas da humanidade.................................51
Capítulo 1.   Regeneração do pensamento político............53
Capítulo 2.   Política da humanidade..............................57
Capítulo 3.   Política de civilização.................................66
Capítulo 4.   A questão democrática................................81
Capítulo 5.   A demografia...85
Capítulo 6.   Os povos indígenas....................................92
Capítulo 7.   A via ecológica..98
Capítulo 8.   A água..117
Capítulo 9.   A via econômica.......................................127
Capítulo 10. Desigualdades e pobreza...........................141
Capítulo 11. A desburocratização generalizada...............160
Capítulo 12. Justiça e repressão....................................168

SEGUNDA PARTE

Reformas do pensamento e da educação..........................181

Capítulo 1. Reforma do pensamento............................183

Capítulo 2. Reforma da educação.................................191

Capítulo 3. Democracia cognitiva e comunicacional.....205

TERCEIRA PARTE

Reformas de sociedade..211

Capítulo 1. Medicina e saúde......................................213

Capítulo 2. Cidade e *habitat* 242

Capítulo 3. Agricultura e zonas rurais............................268

Capítulo 4. A alimentação..290

Capítulo 5. O consumo..301

Capítulo 6. O trabalho...313

QUARTA PARTE

Reformas de vida..327

Capítulo 1. A via da reforma de vida............................329

Capítulo 2. A via da reforma moral..............................353

Capítulo 3. A família...357

Capítulo 4. A condição feminina...................................362

Capítulo 5. A adolescência..367

Capítulo 6. Velhice e envelhecimento............................373

Capítulo 7. A morte...376

Conclusão. Interdependência e esperança.....................381

Pós-conclusão. Para além da Via....................................386

GRATIDÃO

Somente pude completar esta difícil obra graças às diversas ajudas das quais me beneficiei.

Em primeiro lugar, agradeço a Sabah Abouessalam, por ter me acompanhado durante a redação, por ter me encorajado a prosseguir contra ventos e marés. Socióloga dos problemas urbanos, principalmente da pobreza e da governança, ela é, além disso, a principal redatora do capítulo dez da primeira parte, "Desigualdades e pobreza", bem como do capítulo dois da terceira parte, "Cidade e *habitat*".

Agradeço a Karima Abouessalam, que me forneceu uma importante e indispensável documentação para os seguintes capítulos: "A via econômica", "A água", "Justiça e repressão", "Medicina e saúde", "Agricultura", "A alimentação", "O consumo", "O trabalho". Karima, que, igualmente, releu meus rascunhos. Por seu trabalho de revisão crítica, atenta e esclarecida na etapa da segunda versão de meu ensaio, agradeço a Jean-Louis Le Moigne, meu eterno e fraternal interlocutor. Agradeço a Jean Tellez, que, a despeito de suas obrigações, encontrou tempo para reler meus rascunhos. Agradeço a Catherine Loridant, que, no decorrer dos últimos anos, tem sido uma assistente indispensável e que, para este livro, selecionou abundante documentação, além de me ter oferecido sua releitura atenta. Agradeço a Stéphanie Prouteau, por sua ajuda polivalente e pela leitura crítica das provas.

Agradeço, particularmente, a Claude Durand, que, mais do que editor, foi colaborador de meu livro, executando um trabalho especialmente pertinente de beneditino copista em um texto ainda inconcluso, dando-lhe a forma final.

Agradeço a Pierre Bergé, cuja calorosa ajuda me foi mais uma vez preciosa.

Finalmente, agradeço a Hélène Guillaume, em cuja companhia realizei as últimas correções.

Lamento que a distância atlântica entre França e Brasil tenha impedido a colaboração de Marta de Azevedo Irving, com quem eu havia projetado este livro.

Não há dúvidas de que este trabalho contém lacunas, até mesmo inexatidões que, espero, serão sinalizadas pelos leitores. Efetivamente, esta primeira versão poderá servir de texto de orientação para um segundo volume que, de acordo com as diversas "vias", reuniria, em uma espécie de enciclopédia inacabada e destinada a permanecer assim, a soma das iniciativas criadoras e portadoras de futuro das quais não forneci aqui senão algumas pistas. Esse segundo volume, acima de minhas forças, será redigido sob a responsabilidade de um comitê competente. Além disso, em razão da imensidade de domínios tratados, a presente obra não contém uma bibliografia geral.

Como introdução a esta derradeira obra, não posso repetir aqui senão o que escrevi no fim de meu prefácio de *O método*: "Sinto-me conectado ao patrimônio planetário, animado pela religião do que religa, pela rejeição daquilo que rejeita, por uma solidariedade infinita..."

E. M.

PREFÁCIO

Sparsa colligo[1]

Se tento remontar às fontes subjetivas deste livro, *A via*, encontro em meus anos de infância, desde a leitura de *A cabana do pai Tomás*, dos romances de Gustave Aimard e de Fenimore Cooper, um irresistível sentimento de compaixão pelos negros escravizados e pelos povos subjugados, dominados, desprezados das Américas. Adolescente, senti compaixão semelhante pela miséria humana, não apenas a miséria material que se via, por exemplo, no filme de Pabst, *A ópera dos três vinténs*, mas também a miséria interior proveniente da humilhação e da solidão que Dostoiévski me revelou quando eu tinha 15 anos.

Sem dúvida, meu sofrimento e minha própria solidão, posteriores à morte de minha mãe, quando eu tinha 10 anos, é que me predispuseram a me sensibilizar com a infelicidade dos outros. Sem dúvida, também, foi pelo fato de haver incorporado em mim a história da França, com suas vitórias e derrotas, seus desastres e suas ressurreições, pelo fato de me sentir *enraizado* como francês, que, mesmo sem jamais ter sofrido pessoalmente a rejeição, eu sentia em mim mesmo uma diferença, evocada continuamente por uma imprensa agressiva contra os judeus, os metecos, os imigrantes, que

---

[1] "Eu reúno o disperso."

Edgar Morin

desprezava os negros e os amarelos, que me colocava ao lado dos excluídos, dos quais eu me sentia, então, como um irmão. Mas era também a cultura francesa, que eu considerava minha, de Montaigne a Montesquieu, de Voltaire a Diderot, de Rousseau a Hugo, que me conduzia ao universalismo. Eu certamente era francês, mas, em primeiro lugar, fazia parte da espécie humana, prioridade ressaltada por Montesquieu, autor de *O espírito das leis*.

Foi com muita naturalidade que, nos turbulentos anos que precederam a guerra, tornei-me sensível às ideias de fraternidade internacional dos partidos revolucionários, e que os valores humanistas, incessantemente renovados desde a Revolução Francesa, fizeram de mim partidário da emancipação dos povos. Se o comunismo stalinista me repugnava por seus processos e mentiras (que eu já conhecia pelas leituras que fazia, entre elas as de Souvarine,* Trotski, Victor Serge, Gide), seu princípio universalista era algo incorporado em mim.

Aos 20 anos, sob a ocupação nazista, engajei-me não apenas para libertar meu país, mas também no que eu acreditava ser a grandiosa luta pela emancipação de toda a humanidade. Eu não sabia, então, que, pelo fato de ignorar a importância das nações, das etnias, das culturas, meu universalismo era abstrato.

No decorrer da excitante aventura da revista *Arguments* (1957-1962), descobri e incorporei, por intermédio de Kostas Axelos, a noção de era planetária de Heidegger. Compreendi, também, que era preciso não apenas inscrever a política na era planetária, como também considerá-la em suas dimensões humanas fundamentais:

---

* Boris Souvarine — pseudônimo de Boris Konstantinovich Lifschitz (1895-1984). (N.Ts.)

A VIA

daí decorre a ideia de antropolítica que formulei em meu ensaio *Introdução a uma política do homem* (1965).

Minhas duas primeiras grandes temporadas na América Latina (1961-1962) fizeram-me mergulhar nas civilizações mestiças: Brasil, Colômbia, México... Senti-me enfeitiçado pelos povos andinos e comecei a avaliar a riqueza humana representada pela diversidade cultural.

Minha pesquisa sobre a modernização em Plozévet (1965), na região de Bigouden,* revelou-me a resistência adequada de uma cultura étnica que, mesmo desejando a modernidade, se recusa a deixar-se desintegrar por ela.

No decorrer das décadas seguintes, já disposta a enfrentar as contradições, graças a Heráclito e Hegel, já formada para religar os conhecimentos separados (em *O homem e a morte* - 1951), minha mente elaborou em *O método* um modo de conhecimento e de reflexão apto a compreender as complexidades, situando no núcleo do pensamento complexo a ideia de *unitas multiplex*, a unidade da multiplicidade e da diversidade humana: a unidade humana engendra a diversidade humana, e a diversidade humana alimenta a unidade humana. Daí provém a seguinte constatação: "A diversidade é o tesouro da unidade humana; a unidade é o tesouro da diversidade humana." Dessa forma, ultrapassei o universalismo abstrato para ter acesso à consciência da complexidade planetária. Finalmente, a noção de Terra-Pátria veio enraizar meu universalismo no plano concreto.

Foi em *Para sair do século XX*, de 1981, que, vinte anos mais tarde, foi reintitulado *Para entrar no século XXI*, que formulei duas ideias

---

* A região Pays Bigouden, na Bretanha, tem seus próprios costumes, línguas e música. Recebeu esse nome por causa de um tipo específico de touca de renda bem alta feita à mão. (N.Ts.)

conjuntas para caracterizar a atual fase da era planetária: mais do que nunca estamos na "Idade de Ferro planetária" e na "Pré-história do espírito humano". No decorrer dos anos 1990, impõe-se em mim a ideia de que a nave espacial Terra, propulsada por quatro motores incontrolados — ciência, técnica, economia, lucro —, é conduzida na direção de três prováveis catástrofes em cadeia — nesse caso, o provável não significa o inelutável e não exclui a possibilidade de uma mudança de direção.

Foi em 1994 que tive a ideia de *Política de civilização*, uma reação contra os crescentes efeitos perversos causados pela civilização ocidental, que se tornou mundializada e mundializante. Essa *Política de civilização* era o prelúdio de um empreendimento mais amplo exposto neste livro: procurar a via capaz de salvar a humanidade dos desastres que a ameaçam.

Eu já me havia lançado em uma missão quase impossível ao começar *O método*. Ao mesmo tempo, porém, dizia a mim mesmo que era impossível renunciar a ela. Hoje sinto que o mesmo acontece com *A via*. Não posso renunciar a ela, mais ainda pelo fato de que seu germe já estava presente em *Introdução a uma política do homem*; ela já existia em maturação no decorrer dos trinta anos que me fizeram redigir os seis volumes de *O método,* principalmente os dois últimos, *A humanidade da humanidade* e *Ética*. Elaborei-a paralelamente nos artigos de interesse político que publiquei ao longo das últimas décadas e se encontram reunidos em *Ma Gauche.**

---

* Edgar Morin. *Ma Gauche.* Paris: François Bourin Éditeur, 2010. Edição brasileira: *A minha esquerda.* Trad. Edgard de Assis Carvalho e Mariza Perassi Bosco. Porto Alegre: Sulina, 2011. (N.Ts.)

A VIA

Estou consciente de que a possibilidade de mudar de via torna-se cada vez mais improvável. Ainda adolescente, nos anos 1930, no meio da crise econômica e da crise da democracia, empenhei-me em pesquisas voltadas para uma terceira via que se opusesse simultaneamente ao nazismo hitlerista e ao comunismo stalinista. Lia os artigos de Robert Aron e de Arnaud Dandieu, de Emmanuel Mounier, de Simone Weil e de outros que se esforçavam em formular seus princípios. Na época, inscrevi-me no partido frentista de Gaston Bergery, isso porque ele afirmava a necessidade de uma luta em duas frentes. Essa busca um tanto desordenada foi abalada pela guerra. Não existia mais, então, a possibilidade de uma terceira via. Nada mais havia senão a resistência e, para muitos, inclusive para mim, a escolha entre uma via inimiga contra a outra.

Hoje, tanto quanto antes, sinto que uma primavera aspira nascer. Mas sinto também que se anuncia uma nevasca para aniquilá-la antes que isso aconteça.

Pressinto, portanto, que o improvável ao qual me consagro corre o grande risco de se tornar impossível. Mas mesmo com o *Titanic* naufragando, talvez uma garrafa atirada ao mar consiga chegar às praias de um mundo no qual tudo estará pronto para recomeçar...

Ninguém jamais sabe se e quando é muito tarde para que isso ocorra.

A grande Via não tem porta. Milhares de estradas desembocam nela.

Provérbio zen

Existem aqueles que gostariam de melhorar os homens e existem os que acreditam que isso não pode acontecer sem que primeiro se melhorem suas condições de vida. Parece, porém, que uma coisa não acontece sem a outra e não se sabe por onde começar.

André Gide, *Journal 1942-1949*, p. 31

Seria necessário constatar, de um lado, se o projeto humano realizado durante esses seis milênios de anos pelo Homo historicus *é o único projeto humano possível e, de outro, observar se hoje não seria necessário fazer alguma outra coisa.*

Raimundo Panikkar

Se o domínio das ideias encontra-se revolucionado, a realidade não pode permanecer como ela é.

G. W. F. Hegel

Continuamos a procurar os solucionadores de problemas do planeta Alfa, embora nos encontremos no planeta Beta.

P. Caillé

Uma Terra finita pode suportar um projeto infinito?

Leonardo Boff

Qualquer um que acredite que um crescimento exponencial pode durar para sempre em um mundo finito ou é um louco ou um economista.

Kenneth Boulding

Cada coisa caminha a todo tempo com seu contrário.

As Mil e Uma Noites

Para atingir a humanidade, é preciso ter o sentido de um além da humanidade.

Friedrich Schlegel

Não se trata de encontrar "soluções" para certos problemas, mas outro modo de vida, que não será a negação abstrata da modernidade, mas sua superação [Aufhebung], sua negação determinada, a conservação de suas melhores aquisições e sua superação rumo a uma forma superior da cultura — uma forma que restituiria à sociedade certas qualidades humanas destruídas pela civilização burguesa industrial. Isso não significa um retorno ao passado, mas um desvio pelo passado rumo a um novo futuro...

Michaël Lowy

A humanidade é para si mesma simultaneamente seu pior inimigo e sua melhor oportunidade.

Patrick Viveret

Existe uma maneira de contribuir para a mudança. Não se resignar.

Ernesto Sábato

Não duvidemos jamais que um pequeno grupo de indivíduos conscientes e engajados possa mudar o mundo. Foi exatamente dessa forma que isso sempre aconteceu.

Margaret Mead

INTRODUÇÃO GERAL

Mudar de via?

A DIFICULDADE DE PENSAR O PRESENTE

"No sabemos lo que pasa y eso es lo que pasa", escreveu Ortega y Gasset: "Não sabemos o que se passa e isso é o que se passa."

Efetivamente, sempre existe alguma distância entre o acontecimento e a consciência de sua significação; o conhecimento é mais lento do que o imediato: "O pássaro de Minerva (da razão) alça voo no crepúsculo" (Hegel).

O presente não é perceptível senão na superfície. Ele é trabalhado em profundidade por galerias subterrâneas, por correntes invisíveis, sob um solo aparentemente firme e sólido.

Além disso, o conhecimento fica desorientado pela rapidez das evoluções e das mudanças contemporâneas e, ao mesmo tempo, pela complexidade própria à globalização: inumeráveis inter-retroações entre processos extremamente diversos (econômicos, sociais, demográficos, políticos, ideológicos, religiosos etc.).

Enfim, nós, habitantes do mundo ocidental ou ocidentalizado, sem ter consciência disso, sofremos dois tipos de carência cognitiva:

- as cegueiras de um modo de conhecimento que, compartimentando os saberes, fragmenta os problemas fundamentais e globais que demandam de um conhecimento transdisciplinar;
- o ocidentalocentrismo, que nos instala no trono da racionalidade e nos dá a ilusão de possuir o universal.

Assim, não é apenas nossa ignorância; é também nosso conhecimento que nos cega.

Edgar Morin

Mesmo consagrando-me inteiramente ao conhecimento complexo, estou bem consciente de todas as dificuldades acumuladas para compreender o que vivemos e suportamos: sei que não sou o Observador/Idealizador estabelecido em Sirius. Juntamente com 7 bilhões de seres humanos, sou conduzido por uma aventura louca e grandiosa, terrível e poética, sou violentamente absorvido pelo local, pelo contingente. Não existe esperança que não seja um desafio; existe também o conhecimento. E eu não posso ignorar minhas ignorâncias.

DA MUNDIALIZAÇÃO À GLOBALIZAÇÃO

O processo de mundialização começou no fim do século XV, com a conquista das Américas e a circum-navegação de Vasco de Gama.

Desde os anos 1960-1970, cada indivíduo do mundo considerado desenvolvido traz em si, sem ter consciência disso, a presença do todo planetário. Pela manhã, ele toma um café sul-americano ou um chá asiático, retira frutas exóticas de sua geladeira alemã, põe sua camiseta de algodão do Egito ou da Índia, liga seu rádio japonês para ouvir as notícias internacionais, veste seu terno de lã da Austrália, tecido em Manchester, dirige seu automóvel coreano ouvindo um canto flamenco em seu iPhone californiano. Ele pode ver filmes americanos, japoneses, chineses, mexicanos, africanos. Ele assiste a uma ópera italiana na qual a diva é afro-americana e a orquestra é dirigida por um maestro japonês. Em seguida, sai para jantar e, eventualmente, come *chili con carne* ou arroz cantonês.

O miserável das periferias empobrecidas da África ou da América do Sul foi expulso de sua terra pela monocultura industrializada

A VIA

importada do Ocidente, veste uma camiseta estampada com uma inscrição americana, vive dos restos da civilização ocidental que ele mesmo bricola.

A globalização constitui o estado atual da mundialização. Começa em 1989, após a queda das economias ditas socialistas. É fruto da conjunção em circuito retroativo do desenvolvimento desenfreado do capitalismo que, sob a égide do neoliberalismo, se propaga pelos cinco continentes, e do desenvolvimento de uma rede de telecomunicações instantâneas (fax, telefone celular, Internet). Essa conjunção efetua a unificação tecnoeconômica do planeta.

Após a implosão da União Soviética e o desmascaramento do maoísmo, a globalização produziu uma onda democratizante em diversas nações, uma valorização dos direitos do homem e dos direitos da mulher cujos resultados permanecem incertos, limitados e até mesmo combatidos.

Ela englobou, igualmente, três processos culturais simultaneamente concorrentes e antagônicos: de um lado, um processo de homogeneização e de padronização segundo os modelos norte-americanos; do outro, um contraprocesso de resistências e refloresci-mentos de culturas autóctones; enfim, um processo de mestiçagens culturais.[1]

Finalmente, a globalização produziu a infratextura de uma sociedade-mundo. Uma sociedade requer um território que comporte

---

[1] Consultar *Vers l'abîme?* (L'Herne, 2007. Edição brasileira: *Rumo ao abismo? Ensaio sobre o destino da humanidade.* Trad. Edgard de Assis Carvalho e Mariza Perassi Bosco. Rio de Janeiro: Bertrand Brasil, 2011), no qual esses temas são desenvolvidos.

Edgar Morin

intercomunicações permanentes e inumeráveis — foi o que aconteceu no planeta; ela necessita de uma economia própria — é o caso da economia mundializada; mas uma sociedade deve controlar sua economia, e esse controle agora exibe falhas; faltam, igualmente, as autoridades legítimas, dotadas de poderes de decisão; ausente, também, é a consciência de uma comunidade de destino, indispensável para que essa sociedade se transforme em Terra-Pátria. A ONU não possui senão uma fraca autoridade e uma fraca legitimidade. A FAO, a OMC, a Unesco não são senão embriões de instituições das quais uma sociedade-mundo poderia dispor. Propícios a uma sociedade desse tipo, mas dispersos como blocos erráticos em pleno deserto, apareceram isoladamente a noção de crimes contra a humanidade, o Tribunal Internacional com competências limitadas e uma corrente altermundialista que ainda não pôde elaborar seu pensamento. Hoje, a consciência da humanidade não é mais personificada por grandes intelectuais como Victor Hugo, Romain Rolland (em 1914) e, em data recente, por Raimundo Panikkar (falecido em 2010), mas pelo Clube de Roma e por ONGs humanitárias (International Survival, Anistia Internacional, Greenpeace, Médicos sem fronteiras etc.).

Não são apenas as soberanias absolutas dos Estados-nação que impedem a formação de uma sociedade-mundo. É também o movimento tecnoeconômico da globalização que, ao criar sua infratextura, provoca resistências — étnicas, nacionais, culturais, religiosas — à homogeneização mundializante. De fato, as consequências da falência histórica do comunismo foram enormes: não apenas os excessos do capitalismo, mas também os desencadeamentos etnorreligiosos (inclusive e, por vezes, sobretudo nos países ex-socialistas) não encontraram mais nenhum entrave.

A VIA

Tudo isso contribui para que a globalização desenvolva uma crise planetária de múltiplas facetas. Como indicou Mohamed Arkoun,* "o colapso da União soviética foi um Chernobil sociopolítico". Por algum tempo, ele eliminou do globo o totalitarismo insaciável. Mas fez reaparecerem outros dois totalitarismos insaciáveis: o do capitalismo financeiro e o do fanatismo etnorreligioso.

A CRISE PLANETÁRIA

A crise da unificação

A unificação tecnoeconômica do globo está em crise. Existe uma coincidência entre a proliferação de Estados soberanos, o crescimento de sua interdependência e de seu fechamento etnorreligioso. Essa coincidência não é fortuita. Ela se explica: a) pelas resistências nacionais, étnicas e culturais à ocidentalização; b) pela queda generalizada da esperança depositada no Progresso. Grande mito providencial do Ocidente, o Progresso havia invadido o planeta inteiro na segunda metade do século XX. Ele assegurava a melhor sociedade possível para o Oeste, um futuro radioso para o Leste e, para o Sul, a emancipação, seja pela democracia do Oeste, seja pelo socialismo do Leste. A ilusão de um progresso concebido como uma lei da História dissipou-se simultaneamente com os desastres do Leste, as crises do Oeste, os reveses do Sul, a descoberta de ameaças de toda ordem,

---

* Mohamed Arkoun (1928-2010) — filósofo argelino, professor emérito de História do Islamismo na Universidade de Paris-Sorbonne, e um dos mais influentes estudiosos do Islã. (N.Ts.)

principalmente as nucleares e ecológicas, que pairam sobre toda a humanidade, e a invasão do horizonte do futuro por uma extraordinária incerteza. Assim, a perda de um futuro assegurado, somada à precariedade e às angústias do presente, provocam retrocessos ao passado, ou seja, em direção às raízes culturais, étnicas, religiosas e nacionais.

Concomitantemente, e a despeito da hegemonia tecnoeconômica e militar dos Estados Unidos, desenvolve-se um mundo multipolar dominado por blocos de interesses simultaneamente cooperativos e conflitantes, em que as múltiplas crises aumentam as necessidades de cooperação e, ao mesmo tempo, os riscos de conflito.

Dessa forma, a globalização, simultaneamente una e plural, conhece sua própria crise, que reúne e desune, unifica e separa.

As policrises

A globalização não faz senão alimentar sua própria crise. Seu dinamismo suscita crises múltiplas e variadas em escala planetária.

A crise econômica mundial surgida em 2008 resulta fundamentalmente da ausência de verdadeiros dispositivos de regulação. Ela não se resume a um acidente provocado por uma hipertrofia do crédito, que, por sua vez, não se deve somente à inquietude de uma população empobrecida pelo aumento do nível dos preços, e que só mantém seus padrões de vida pelo endividamento. Essa hipertrofia deve-se, igualmente, às especulações do capitalismo financeiro sobre o petróleo, os minerais, os cereais etc. Ao escrever sobre André Gorz, o filósofo Patrick Viveret cita dois autores que falam a partir do interior do sistema: Patrick Artus, diretor de pesquisa do Banco Natixis, e Marie-Paule Virard, redatora-chefe da revista

A VIA

econômica *Enjeux-Les Échos,* de 2003 a 2008. O livro *Globalisation: le pire est à venir* foi escrito por eles antes da grande crise de setembro de 2008. A página de apresentação da obra profetiza: "O pior está por vir pela conjunção de cinco características principais da globalização: uma máquina desigual que mina os tecidos sociais e fomenta as tensões protetoras; um caldeirão que queima os recursos raros, encoraja as políticas especulativas e acelera o reaquecimento do planeta; uma máquina pronta para inundar o mundo de modalidades de liquidez financeira e para encorajar a irresponsabilidade bancária; um cassino no qual se efetivam todos os excessos do capitalismo financeiro; uma centrífuga que pode fazer a Europa explodir."[2] Em seu livro, *Les Temps des turbulences,*[3] o antigo diretor do Sistema de Reserva Federal dos Estados Unidos, Alan Greenspan, reconhece que o mercado financeiro mundial se transformou em um barco à deriva, desconectado das realidades produtivas.

A crise ecológica acentua-se com a degradação crescente da biosfera, que, por si mesma, vai provocar novas crises econômicas sociais e políticas.

A crise das sociedades tradicionais decorre da ocidentalização, cuja tendência é desintegrá-las.

A própria civilização ocidental, que produz as crises da globalização, encontra-se em crise. Os efeitos egoístas do individualismo

---

[2] P. Artus et M.-P. Virard, *Globalisation: le pire est à venir* [Globalização, o pior está por vir]. La Découverte, 2008.

[3] Alan Greenspan. *Le Temps des turbulences.* Lattés, 2007. *(The Age of Turbulence: Adventures in a New World.* Penguin, 2007. Edição brasileira: *A era da turbulência.* Trad. Afonso Celso da Cunha Serra. Rio de Janeiro: Campus, 2007).

destroem as antigas solidariedades. Um mal-estar psíquico e moral instala-se no coração do bem-estar material. As intoxicações consumistas das classes médias se desenvolvem, enquanto a situação das classes desvalidas se degrada e as desigualdades se agravam. A crise da modernidade ocidental torna derrisórias as soluções modernizadoras para as crises.

A crise demográfica amplifica-se pela conjunção da superpopulação dos países pobres, da baixa populacional da maioria dos países ricos e da intensificação dos fluxos migratórios engendrados pela miséria.

A crise urbana desenvolve-se nas megalópoles asfixiadas e asfixiantes, poluídas e poluentes, em que os habitantes são submetidos a inumeráveis fontes de estresse, e enormes guetos pobres se ampliam, enquanto os guetos ricos constroem muros ao seu redor.

A crise das zonas rurais é uma crise de desertificação provocada não apenas pela importante concentração urbana, mas também pela extensão das monoculturas industrializadas entregues aos pesticidas, privadas da vida animal, bem como pela dimensão concentracionária da criação de gado industrializada, produtora de alimentos degradados pelos hormônios e antibióticos.

A crise da política agrava-se pela incapacidade de pensar e de enfrentar a novidade, a amplitude e a complexidade dos problemas.

As religiões, que, graças aos avanços da laicidade, haviam regredido, estão progredindo em detrimento dela, mas elas mesmas estão em crise, pois, divididas entre modernismo e conservadorismo, atormentadas por conflitos internos entre cultos rivais, mostram-se mais do que nunca incapazes de assumir seus princípios de fraternidade universal.

A VIA

As laicidades, por sua vez, perdem cada vez mais sua energia e são corroídas pelas recrudescências religiosas.

O humanismo universalista decompõe-se em proveito das identidades nacionais e religiosas sem ter ainda se tornado um humanismo planetário, que respeita o laço indissolúvel entre a unidade e a diversidade humanas.

A crise do desenvolvimento

O conjunto dessas múltiplas crises interdependentes e interferentes é provocado, a exemplo da Trindade Cristã, por uma mundialização simultaneamente una e tripla: globalização, ocidentalização, desenvolvimento.

Enquanto a ocidentalização está subentendida, o termo "desenvolvimento" tornou-se a palavra-chave que adorna o complexo trinitário com um rótulo de solução e progresso. Ele ainda é considerado um pouco por toda parte como a via de salvação para a humanidade.

A noção de desenvolvimento engloba os múltiplos desenvolvimentos da prosperidade e do bem-estar, a melhoria geral das condições de vida, a redução das desigualdades, a paz social, a democracia. Presume-se que a locomotiva do desenvolvimento tecnoeconômico deve puxar os vagões do bem-estar, da harmonia social, da democracia. Os fatos indicam que o desenvolvimento tecnoeconômico é compatível com as ditaduras nas quais a escravização dos trabalhadores e a repressão policial se destacam, como foi o caso no Chile e no Brasil e como demonstra o hiperdesenvolvimento atual da China.

O crescimento é concebido como o motor evidente e infalível do desenvolvimento, e o desenvolvimento como o motor evidente e infalível do crescimento. Ambos os termos são simultaneamente fim e meio um do outro. Por isso, como afirmou Kenneth Boulding, citei em epígrafe, "qualquer um que acredite que um crescimento exponencial pode durar para sempre num mundo finito ou é um louco, ou um economista"! Foi calculado que, se a China alcançasse a taxa de três automóveis para cada quatro habitantes, como é o caso hoje nos Estados Unidos, isso representaria 1,1 bilhão de automóveis, enquanto o planeta conta atualmente com 800 milhões de veículos e a infraestrutura necessária (redes rodoviárias, estacionamentos) ocuparia uma superfície mais ou menos igual àquela que é usada na cultura do arroz.

Como indicaremos mais adiante, a ideia fixa de crescimento deveria ser substituída por um complexo que comportasse diversos crescimentos, diversos decrescimentos, diversas estabilizações.

Assim como a mundialização e a ocidentalização, das quais faz parte e que fazem parte dele, o desenvolvimento é complexo, ambivalente, ou seja, simultaneamente positivo e negativo.

De seu lado positivo, ele suscitou em todo planeta zonas de prosperidade segundo o modelo ocidental e determinou a formação de classes médias que têm condição de ter acesso aos padrões de vida das classes médias ocidentais. Permitiu autonomias individuais emancipadas da autoridade incondicional da família, o acesso ao casamento escolhido e não mais imposto, o surgimento das liberdades sexuais, de novos lazeres, do consumo de produtos desconhecidos, a descoberta de um mundo estrangeiro "mágico", inclusive sob o aspecto do McDonald's ou da Coca-Cola. Ele suscitou grandes aspirações democráticas.

Para as novas classes médias dos países emergentes, porém, ele trouxe também as intoxicações consumistas próprias a seus homólogos ocidentais, o crescimento do componente imaginário dos desejos,

A VIA

bem como a insaciabilidade das necessidades incessantemente novas. Trouxe os lados sombrios do individualismo, como o egocentrismo, a autojustificação (que suscita a incompreensão do outro), a sede de lucro.

O desenvolvimento criou novas corrupções nos Estados, nas administrações e nas relações econômicas. Destruiu as solidariedades tradicionais sem criar novas, dando origem à multiplicação das solidões individuais. Ao desenraizar e criar guetos, ele provocou um crescimento da criminalidade, encorajada pela formação de gigantescas máfias internacionais. Nesse sentido, o desenvolvimento é antiético. Enfim, ele criou enormes zonas de miséria, fato testemunhado pelos desmesurados cinturões de periferias empobrecidas que circundam as megalópoles da Ásia, da África, da América Latina.

Nas condições da globalização neoliberal (privatização dos serviços públicos e das empresas do Estado, recuo das atividades públicas em prol das atividades privadas, primazia dos investimentos especulativos internacionais, desregulamentações generalizadas), o desencadeamento de um capitalismo planetário desenfreado, desde os anos 1990, amplificou todos os aspectos negativos do desenvolvimento. O crescimento permanente dos rendimentos do capital em detrimento dos do trabalho aprofunda continuamente as desigualdades. Dessa maneira, o desenvolvimento aumentou o número de trabalhadores escravizados na China, na Índia e em inúmeras regiões da América Latina. O abandono das culturas alimentares em prol das monoculturas industrializadas de exportação expulsa os pequenos agricultores ou artesãos, que, ao disporem de suas policulturas ou de seus instrumentos de trabalho, desfrutavam de uma relativa autonomia, transformando sua pobreza em miséria nas periferias empobrecidas

Edgar Morin

das megalópoles. Um relatório das Nações Unidas sobre o desenvolvimento, publicado em 2003, mencionava 54 países que se tornaram mais pobres do que em 1990 — a expectativa de vida baixou em 36 deles. Quem foi que disse: "O desenvolvimento é uma viagem que conta com mais náufragos do que passageiros..."?

Por outro lado, o desenvolvimento instaura um modo de organização da sociedade e das mentes em que a especialização compartimentaliza os indivíduos uns em relação aos outros, não dando a nenhum deles senão uma parte limitada das responsabilidades. Em razão desse fechamento, perde-se de vista o conjunto, o global, e, com isso, a solidariedade. Sem contar que a educação hiperespecializada substitui as antigas ignorâncias por uma nova cegueira; essa cegueira é alimentada pela ilusão de que a racionalidade determina o desenvolvimento, enquanto o desenvolvimento confunde racionalização tecnoeconômica e racionalidade humana.

Essa cegueira resulta igualmente da concepção tecnoeconômica do desenvolvimento que não conhece senão o cálculo como instrumento de conhecimento (índices de crescimento, de prosperidade, de lucros, estatísticas que pretendem medir tudo). O cálculo ignora não apenas as atividades não monetarizadas como as produções domésticas e/ou de subsistência, os serviços mútuos, o uso dos bens comuns, a parte gratuita da existência, mas também e, sobretudo, o que não pode ser calculado nem medido: a alegria, o amor, o sofrimento, a dignidade, dito de outra forma, o próprio tecido de nossa vida.

Enfim, durante muito tempo, o desenvolvimento permaneceu cego diante das degradações ecológicas que ele continua a provocar (indústrias poluentes, cidades poluídas, agricultura, criação de gado, piscicultura industrializadas); colocou — e coloca — a biosfera cada vez mais em risco pela exploração desenfreada do petróleo, do carvão,

A VIA

pelo desmatamento em massa, pelas desnaturações provocadas pelas culturas e pela agricultura industrializada.

A ideia geralmente admitida do desenvolvimento também é cega diante das devastações e degradações que produz. A ideia de desenvolvimento é uma ideia subdesenvolvida!

O desenvolvimento é uma fórmula-padrão que ignora os contextos humanos e culturais. Ele se aplica de forma indiferenciada a sociedades e a culturas muito diversas, sem levar em conta suas singularidades, seus saberes e fazeres, suas artes de viver, presentes em populações das quais se denuncia o analfabetismo sem perceber as riquezas de suas culturas orais tradicionais. Ele constitui um verdadeiro etnocídio para as pequenas populações.

Na verdade, o desenvolvimento oferece o modelo ocidental como arquétipo universal para o planeta. Ele supõe que as sociedades ocidentais constituem a finalidade da história humana. Produto do sociocentrismo ocidental, ele é também o motor de uma ocidentalização desenfreada. De fato, se ele necessariamente não traz para o resto do mundo o que a civilização ocidental tem de positivo (direitos humanos, liberdades, democracia), inevitavelmente transfere seus vícios.

O desenvolvimento que pretenderia ser solução ignora que as sociedades ocidentais estão em crise exatamente por causa de seu desenvolvimento. Na verdade, esse desenvolvimento produziu um subdesenvolvimento intelectual, psíquico e moral. Intelectual, porque, ao nos ensinar a dissociar tudo, a formação disciplinar que nós, ocidentais, recebemos nos faz perder a aptidão de religar e, com isso, a de pensar os problemas fundamentais e globais. Psíquica, porque somos dominados por uma lógica puramente econômica que não vê como perspectiva política senão o crescimento e o desenvolvimento,e porque somos obrigados a considerar tudo em termos quantitativos e materiais. Moral, porque por toda parte o egocentrismo predomina sobre a solidariedade. Além disso, a hiperespecialização, o hiperindividualismo, a perda das solidariedades conduzem ao mal-estar, inclusive no próprio cerne do conforto material.

O Ocidente sente em si um vazio, uma falta: cada vez mais, os espíritos desamparados apelam aos psicanalistas e às psicoterapias, à ioga, ao zen-budismo, aos marabutos etc. Alguns tentam encontrar nas culturas e sabedorias de outros continentes os remédios para a vacuidade criada pelo caráter quantitativo e competitivo de sua existência. Vivemos, assim, em uma sociedade em que as soluções que queremos levar aos outros se transformaram nos nossos problemas.

A tomada de consciência da crise do desenvolvimento não chegou a desembocar senão de maneira parcial, insuficiente e limitada na problemática ecológica, o que levou a "atenuar" a noção de desenvolvimento, justapondo-lhe o epíteto *sustentável*. Mas a "dificuldade" permanece!

A ideia de "suportabilidade" (ou sustentabilidade) acrescenta ao desenvolvimento um conjunto de ações voltado à salvaguarda da biosfera e, correlativamente, à salvaguarda das gerações futuras. Essa noção contém um componente ético importante, mas não poderia aperfeiçoar em profundidade a própria ideia de desenvolvimento. Ela não faz senão suavizá-la, recobri-la com uma pomada calmante.

Finalmente, visto que o desenvolvimento, a ocidentalização e a globalização constituem os motores uns dos outros, todas as crises que enumeramos podem ser consideradas componentes de uma megacrise com três facetas inseparáveis: crise do desenvolvimento, crise da ocidentalização, crise da mundialização. O fato de que esse caráter complexo da crise planetária é geralmente ignorado indica que a multicrise é também cognitiva.

A crise da humanidade

A globalização, a ocidentalização, o desenvolvimento são, assim, os três alimentos da mesma dinâmica que produz uma pluralidade de crises interdependentes, justapostas, entre elas a crise cognitiva, as crises políticas, as crises econômicas, as crises sociais que, por si sós, produzem as crises da globalização, da ocidentalização, do desenvolvimento. *A gigantesca crise planetária é a crise da humanidade que não consegue atingir o estado de humanidade.*

Encontramo-nos no momento crucial de uma louca aventura, iniciada há 8 mil anos, repleta de crueldade e grandiosidade, de apogeus e desastres, de servidões e emancipações, que hoje envolve 7 bilhões de seres humanos. E como não sentir que, nessa crise e por meio dela, recrudesce a fantástica luta entre as forças de morte e as forças de vida? Ambas não apenas se entrecombatem, como também se entrealimentam, as decomposições mortais permitem os renascimentos ou as metamorfoses, mas também asfixiam os renascimentos e as metamorfoses possíveis: "Viver de morte, morrer de vida", a formulação de Heráclito expressa a ambivalência da crise planetária.

Rumo ao abismo?

O desenvolvimento do desenvolvimento engendra e acentua a crise do desenvolvimento e conduz a humanidade a prováveis catástrofes em cadeia.

Edgar Morin

A nave espacial Terra é propulsada por quatro motores incontrolados: ciência, técnica, economia, lucro, cada um deles alimentado por uma sede insaciável: a sede de conhecimento (ciência), a sede de poder (técnica), a sede de possuir, a sede de riquezas. Seus efeitos são ambivalentes. Sem dúvida, a ciência permitiu elucidações e suscitou aplicações benéficas, mas produziu armas de destruição em massa, principalmente nucleares, e possibilidades desconhecidas de manipulações de genes e de cérebros humanos. Ambivalente por natureza, a técnica dominou as energias naturais, mas também os seres humanos. A economia produziu, ao mesmo tempo, riquezas fantásticas e misérias infindáveis, sua falta de regulações dá livre circulação ao lucro, ele mesmo propulsado e propulsor de um capitalismo desenfreado, fora de qualquer controle, que contribui para a corrida rumo ao abismo.

A dominação de um capitalismo financeiro desconectado da economia real, voltado para o interesse exclusivo dos especuladores, provocou a crise econômica de 2008 e, como um vampiro, continua a se saciar de nossas substâncias vivas. Como afirmou Alain Touraine em *Après la crise*,[4] ele se colocou acima da humanidade e nós deveríamos bani-lo da humanidade.

A tudo isso combina-se o agravamento das diversas crises interligadas que, em um mundo desarticulado, acentuam os antagonismos que, por sua vez, agravam ondas ideológico-político-religiosas que intensificam os maniqueísmos, os ódios cegos, e suscitam histerias que favorecem as guerras e as expedições punitivas. Duas barbáries

---

[4] A. Touraine, *Après la crise* [Depois da crise]. Seuil, 2010.

A VIA

encontram-se mais do que nunca aliadas: a barbárie oriunda de eras históricas imemoriais, que mutila, destrói, tortura, massacra; e a barbárie fria e insensível da hegemonia do cálculo, do quantitativo, da técnica, do lucro nas sociedades e nas vidas humanas.

Mergulhamos em uma Idade de Ferro planetária. Inimigos da humanidade, os bárbaros atualmente se encontram em atividade eruptiva; quando eles próprios estão em oposição, seu antagonismo contribui para a ampliação de um maniqueísmo cego e odioso. O capitalismo desenfreado de hoje não é a única ameaça para a humanidade: há os fanatismos desenfreados, as ditaduras implacáveis, a possibilidade de novos totalitarismos e, até mesmo, de guerras aniquiladoras.

O pior e o melhor

Assim, a saída catastrófica do curso atual das coisas é altamente provável, sendo a probabilidade definida pelo que um observador, em um tempo e um lugar dados, pode induzir a partir da continuidade dos processos em curso.

Dessa forma, pode-se afirmar que a globalização constitui a pior coisa que possa ter acontecido à humanidade.

É preciso afirmar, igualmente, que ela constitui a melhor coisa. Esse melhor significa que, pela primeira vez na história humana, foram reunidas as condições de se ultrapassar essa história feita de guerras cujos poderes de morte se reforçaram até o ponto de permitirem, de agora em diante, um suicídio global da humanidade.

O melhor é que doravante no planeta Terra exista uma interdependência cada vez maior entre cada um e entre todos, nações, comunidades, indivíduos, que as simbioses e mestiçagens culturais se

Edgar Morin

multipliquem em todos os domínios, que as diversidades resistam, a despeito dos processos de homogeneização que tendem a destruí-las. O melhor é que as ameaças mortais e os problemas fundamentais criem uma comunidade de destino para a humanidade inteira.

O melhor é que a globalização tenha produzido a infratextura de uma sociedade-mundo; que, nessas condições de uma comunidade de destino e de uma possível sociedade-mundo, possamos visualizar a Terra como pátria sem que ela negue as pátrias existentes, mas, ao contrário, as englobe e as proteja.

A consciência dos perigos ainda é bem fraca e dissipada. A consciência da necessidade de ultrapassar a história ainda não emergiu, mas a consciência de uma comunidade de destino permanece deficiente. A consciência de uma Terra-Pátria ainda é marginal e dispersa. A globalização tecnoeconômica impede a emergência da sociedade-mundo cujas infratexturas, entretanto, ela criou. Há contradição entre as soberanias nacionais, ainda absolutas, e a necessidade de autoridades supranacionais para tratar os problemas vitais do planeta. As convulsões da crise da humanidade correm, porém, o risco de ser mortais.

Efetivamente, a mundialização é, simultaneamente, o melhor (a possibilidade de emergência de um mundo novo) e o pior (a possibilidade de autodestruição da humanidade). Ela traz consigo perigos inacreditáveis; traz, também, oportunidades extraordinárias. Ela traz consigo a probabilidade da catástrofe; mas traz também a improvável mas possível esperança.

Em si mesmos, todos os processos atuais contêm ambivalências. Toda crise — e, de forma paroxística, a crise planetária — oferece riscos e chances. A chance reside no risco. A chance cresce com o risco. "Lá onde cresce o perigo, cresce também aquilo que salva" (Hölderlin).

A chance, porém, só é possível se for possível mudar de via.
Isso é possível?

Rumo à metamorfose?

Quando um sistema é incapaz de tratar seus problemas vitais, ou ele se degrada, se desintegra, ou se revela capaz de suscitar um metassistema apto a tratar de seus problemas: ele se *metamorfoseia*.

De forma semelhante, o sistema Terra é incapaz de se organizar para tratar seus problemas vitais:

- Riscos nucleares que se agravam com a disseminação e logo, talvez, com a privatização da arma atômica;
- Degradação da biosfera;
- Economia mundial desprovida de um sistema de controle/regulação;
- Retorno das fomes;
- Conflito etno-político-religioso que pode degenerar em guerras de civilizações.

A amplificação e a aceleração de todos esses processos podem ser consideradas o desencadeamento de um extraordinário *feedback* positivo, processos irremediáveis de desintegração dos sistemas físicos, mas que podem transformar os sistemas humanos.

O provável é a desintegração.

O improvável, mas possível, é a metamorfose.

Edgar Morin

O que é uma metamorfose? Encontramos inúmeros exemplos de metamorfose no reino animal, principalmente nos insetos. Uma lagarta aprisiona-se em uma crisálida. Ela dá início, então, a um processo simultâneo de autodestruição e de autorreconstrução em uma organização e uma forma diferentes. Quando a crisálida se rompe, formou-se uma borboleta que, embora permaneça o mesmo ser, tornou-se outro. A identidade é mantida e transformada na alteridade.

O nascimento da vida pode, então, ser concebido como a metamorfose de uma organização físico-química que, ao chegar a um ponto de saturação, criou uma metaorganização, a autoeco-organização viva que, portadora exatamente dos mesmos constituintes físicoquímicos, produziu qualidades novas, entre elas a autorreprodução, a autorreparação, a alimentação a partir da energia externa, a capacidade cognitiva.

A formação de sociedades históricas no Oriente Médio, Índia, China, México e Peru constitui uma metamorfose, a partir de um agregado de sociedades arcaicas de caçadores-coletores. Essa metamorfose produziu as cidades, o Estado, as classes sociais, a especialização do trabalho, as grandes religiões, a arquitetura, as artes, a literatura, a filosofia. E isso tanto para o melhor quanto para o pior (a guerra, a escravidão, a barbárie).

A partir do século XXI, coloca-se o problema da metamorfose das sociedades históricas em uma sociedade-mundo de um novo tipo que englobaria os Estados-nação sem suprimi-los. Isso porque a continuidade da História, ou seja, das guerras por meio dos Estados que dispõem de armas de aniquilação, conduz à quase destruição da humanidade. Existe a necessidade vital de uma meta-história.

A VIA

Enquanto, para Fukuyama, as capacidades criadoras de evolução humana encontram-se esgotadas em razão da democracia representativa e a da economia liberal, devemos pensar, ao contrário, *que foi essa bvv história que se esgotou, e não as capacidades criadoras da humanidade.*

É na metamorfose que se regenerarão essas capacidades criadoras. A noção de metamorfose é mais rica do que a de evolução. Ela conserva sua radicalidade inovadora, mas conecta-a à conservação (da vida, das culturas, da herança de pensamentos e sabedorias da humanidade). Não se podem prever as modalidades nem as formas: toda mudança de escala provoca um surgimento criador. Da mesma forma que a sociedade histórica, criadora da cidade, do Estado, das classes sociais, da escrita, das divindades cósmicas, dos monumentos grandiosos, das grandes artes, era inconcebível para os humanos das sociedades arcaicas de caçadores-coletores, assim também não podemos conceber ainda a face de uma sociedade-mundo que resultasse da metamorfose.

Mudar de via

Para chegar à metamorfose, é necessário mudar de via. Mas, se parece possível desviar de certos caminhos, de corrigir certos males, o que parece impossível seria frear a supremacia técnica-científica-econômica-civilizacional que conduz o planeta ao desastre.

No entanto, a história humana mudou frequentemente de via. Como?

Tudo sempre começa com uma iniciativa, uma inovação, uma nova mensagem de caráter desviante, marginal, com frequência

Edgar Morin

invisível aos contemporâneos. Foi assim que começaram as grandes religiões. O príncipe Sakyamuni elaborou o budismo no fim de uma meditação solitária sobre a vida, depois, começando com alguns discípulos, uma grande religião disseminou-se pela Ásia. Jesus era um xamã galileu que, sem sucesso, enunciou suas prédicas ao povo hebreu, mas sua mensagem, retomada e universalizada por um fariseu dissidente, Paulo de Tarso, difundiu-se lentamente no Império Romano, para se tornar, finalmente, sua religião oficial. O profeta Maomé precisou fugir de Meca e refugiar-se em Medina; o Corão propagou-se de discípulo em discípulo e tornou-se o texto sagrado de inumeráveis populações na África, na Ásia, na Europa. O capitalismo desenvolveu-se como parasita das sociedades feudais para, com a ajuda das realezas, finalmente desintegrá-las. Em 1492, o solitário, porém obstinado, genovês Cristóvão Colombo consegue, por sua insistência, obter dos reis católicos, Isabel I e Fernando II de Espanha, as caravelas que o farão desembarcar na América. A ciência moderna formou-se a partir de algumas mentes desviantes dispersas: Galileu, Bacon, Descartes. Em seguida, criou suas redes, suas associações, introduziu-se nas universidades no século XIX e, depois, no século XX, nas grandes economias e nos Estados, para se tornar um dos quatro potentes motores da nave espacial Terra. O socialismo nasceu no século XIX, em algumas mentes autodidatas e marginais, para se transformar em uma extraordinária força histórica no século seguinte.

A efervescência criativa

Nossa época deveria ser, como foi a do Renascimento, e mais ainda do que ela, a oportunidade de uma reproblematização generalizada. Tudo está para ser repensado. Tudo está para ser começado.

A VIA

Na verdade, tudo já começou, mas sem que se saiba disso. Estamos ainda na fase das preliminares modestas, invisíveis, marginais, dispersas. Em todos os continentes, em todas as nações, já existem efervescências criativas, uma profusão de iniciativas locais no sentido da regeneração econômica, ou social, ou política, ou cognitiva, ou educacional, ou ética, ou existencial. Mas tudo o que devia ser religado encontra-se disperso, separado, compartimentado. As iniciativas desconhecem a existência umas das outras, nenhuma administração as menciona, nenhum partido toma conhecimento delas. Elas, porém, são o viveiro do futuro. Trata-se de reconhecê-las, de enumerá-las, de examiná-las, de repertoriá-las, a fim de abrir uma pluralidade de vias reformadoras. São essas múltiplas vias que, ao se desenvolverem em conjunto, poderão conjugar-se para formar a nova Via, que, por sua vez, desarticulará a via que seguimos e nos dirigirá rumo à ainda invisível e inconcebível Metamorfose.

A salvação começou pela base.

Para além das alternativas

Para elaborar as vias que se reunirão na Via, é necessário que nos libertemos das alternativas:

mundialização/desmundialização
crescimento/decrescimento
desenvolvimento/envolvimento
conservação/transformação

É preciso *simultaneamente* mundializar e desmundializar, crescer e decrescer, desenvolver e reduzir, conservar e transformar.

A orientação mundialização/desmundialização significa que, se é preciso multiplicar os processos de comunicação e de planetarização culturais, se é necessário que se constitua uma consciência de Terra-Pátria, uma consciência de comunidade de destino, é preciso promover, também, o desenvolvimento do local no global. A desmundialização daria uma nova viabilidade à economia local e regional.[5] Ela renovaria a alimentação de proximidade, os artesanatos e os comércios de proximidade, a cultura de vegetais periurbana, as comunidades locais e regionais. A restauração dos serviços sanitários, escolares e postais de proximidade, a revitalização das cidades interioranas, — com a reinstalação de padarias, mercearias, restaurantes — deveriam constituir processos de reumanização da zona rural. A valorização dos recursos endógenos, materiais e imateriais, asseguraria autonomia e qualidade alimentares, higiene ecológica; propiciaria a reconquista da agricultura de subsistência no Sul e a da agricultura camponesa no Norte, bem como o restabelecimento dos serviços públicos locais.

Ao mesmo tempo, as relocalizações e reterritorializações das atividades deveriam caminhar em paralelo com a democracia participativa local e regional, bem como com a ativação de uma política de civilização que revitalizaria a convivialidade e regeneraria as solidariedades.

Acrescentemos que, se elas se impõem em período de desenvolvimento mundial, elas impõem-se mais ainda na hipótese, que não se pode mais excluir, de uma gigantesca crise econômica cujas

---

[5] Pela multiplicação dos transportes por caminhões, navios, aviões, a deslocalização econômica provoca desperdício de energia e uma grande produção de gases causadores do efeito estufa. A produção de um jeans precisa, no total, de um périplo de 30 mil quilômetros para reunir os materiais e componentes. A de um iogurte de frutas, de 10 mil quilômetros.

A VIA

consequências sociais, políticas e, até mesmo, bélicas seriam gravíssimas. Em caso de desastre planetário, a soberania alimentar e um mínimo de autossuficiência econômica seriam fatores de sobrevivência para inúmeras populações.

Enfim, a desmundialização significa igualmente um retorno à autoridade dos Estados, abandonada nas privatizações em prol de um capitalismo desterritorializado, incluindo o retorno aos serviços públicos dos correios e comunicações, das estradas de ferro, dos hospitais, das escolas.

Assim, a desmundialização constitui um antagonismo necessário, ou seja, complementar da mundialização. Isso significa que não se deveria contrapor totalmente a liberdade internacional das trocas às proteções aduaneiras. Elas se impõem no caso e nos âmbitos da salvaguarda da autonomia das pequenas agriculturas de subsistência e da proteção de um ramo econômico vital para uma nação. Entretanto, as proteções parciais não poderiam transformar-se em protecionismo. Dito de outra forma, é preciso desenvolver simultaneamente o global e o local, sem que um degrade o outro. É preciso desenvolver simultaneamente o desterritorializado e o reterritorializado. Em consequência, o mundo humano evoluiria em espiral, retornando parcialmente ao passado (ou seja, aos camponeses, às aldeias, ao artesanato) para caminhar melhor rumo ao futuro.

A orientação *crescimento/decrescimento* significa que é preciso fazer crescerem os serviços, as energias verdes, os transportes públicos, a economia plural, da qual a economia social e solidária, a organização de instalações visando à humanização das megalópoles, as agriculturas e criações de gado rurais e biológicas, mas, também, fazer decrescerem as intoxicações consumistas, a comida industrializada, a produção de objetos descartáveis e não recicláveis, a dominação dos intermediários (principalmente os grandes hipermercados) sobre a produção e o consumo, o tráfego de automóveis particulares, o transporte rodoviário das mercadorias (em prol do ferroviário).

A orientação *desenvolvimento/envolvimento* significa que, fundamentalmente, o objetivo não é mais o desenvolvimento de bens materiais, de eficácia, de rentabilidade, do calculável; é também o retorno de cada um às suas necessidades interiores, à estimulação das aptidões de compreender o outro, próximo e distante, o retorno ao tempo longo de seu ritmo interior, não interrompido e não estritamente cronometrado. O envolvimento significa a manutenção da inserção em sua cultura, suas comunidades, a primazia da qualidade poética do viver. O desenvolvimento favorece o individualismo. O envolvimento favorece a comunidade. Como veremos, a tendência do desenvolvimento/envolvimento é responder à aspiração do ser humano de associar autonomia e comunidade.

A orientação *conservação/transformação* significa que muitas perspectivas de futuro, como a agricultura e a criação da gado rurais, o redesenvolvimento dos artesanatos, o abandono dos produtos descartáveis por produtos recicláveis, necessitam da salvaguarda de saberes e de práticas herdadas do passado. Uma grande parte das tecnologias "limpas" reside nos saberes ancestrais e nas comunidades marginais. E precisamos conservar, sobretudo, a vida do planeta, a diversidade biológica, humana, continuar a nos emocionar e a nos enriquecer com os tesouros sublimes das grandes culturas e dos grandes pensadores.

* * *

A VIA

Não basta mais denunciar. Doravante precisamos enunciar.

Não basta apenas relembrar a urgência. É preciso também saber começar, e começar por definir as vias capazes de conduzir à Via. A mensagem indicadora da Via está em curso de elaboração e é com isso que tentamos contribuir aqui.

A origem está diante de nós, afirmava Heidegger. A Metamorfose será verdadeiramente uma nova origem.

AS VIAS RUMO À VIA

Em si mesmas, as reformas políticas, as reformas econômicas, as reformas educativas, as reformas de vida foram, são e serão condenadas à insuficiência e ao fracasso. Cada reforma só pode progredir se as outras progredirem. As vias reformadoras são correlativas, interativas, interdependentes.

Não existe reforma política sem reforma do pensamento político, que, por sua vez, pressupõe uma reforma do próprio pensamento, que pressupõe uma reforma da educação, que pressupõe uma reforma política. Não existe reforma econômica e social sem uma reforma política que pressuponha uma reforma do pensamento. Não existe reforma de vida nem reforma ética sem a reforma das condições econômicas e sociais do modo de viver, e não há reforma social sem reforma de vida e sem reforma ética.

Mais profundamente ainda, a consciência da necessidade vital de mudar de via é inseparável da consciência de que o grande problema da humanidade nunca deixou de ser o da situação, com frequência miserável e monstruosa, das relações entre indivíduos, grupos, povos. A questão muito antiga da melhoria das relações humanas, que suscitou tantas aspirações revolucionárias, tantos projetos políticos, econômicos, sociais, éticos, de agora em diante encontra-se indissoluvelmente vinculada à questão vital do século XXI, que é a da nova Via e a da Metamorfose.

Edgar Morin

Como já indiquei, em todas as sociedades civis há uma multiplicidade de iniciativas dispersas, ignoradas pelos partidos, pelas administrações, pelas mídias. Indicamos aqui que as religações, desenvolvimentos e convergências das inumeráveis iniciativas permitiriam traçar as vias que convergiriam para formar a Via.

PRIMEIRA PARTE

As políticas da humanidade

Capítulo 1

Regeneração do pensamento político

A política é uma arte; por mais numerosos que sejam os conhecimentos em que se apoia, ela continua a ser uma arte, não apenas pelas qualidades inventivas e criadoras que exige, como também por sua capacidade de enfrentar a ecologia da ação.[1] O político e revolucionário francês Saint-Just revelou suas dificuldades ao afirmar: "Todas as artes produziram suas maravilhas; somente a arte de governar produziu monstros." A arte política implica inevitavelmente um desafio e, por isso, o risco de erro. Como qualquer estratégia, ela deve saber aliar um princípio de risco a um princípio de precaução. Nenhuma dosagem entre esses dois princípios pode ser indicada *a priori*. A preeminência de um ou de outro depende da arte da política. Ao mesmo tempo, a arte política, que tem como missão não apenas realizar um ideal humano de liberdade, de igualdade, de fraternidade, mas também abrir a Via que salvaria a humanidade do desastre, deve

---

[1] Consultar *La Méthode*, t. 6, Étique I, III [*O método*, t. 6, Ética I, III]. Por "ecologia da ação", entende-se que toda ação, uma vez iniciada, entra em um jogo de inter-retroações no meio em que se desenvolve e pode não somente desviar de sua via, como desencadear forças adversas mais poderosas do que as que a iniciaram e, finalmente, retornar como um bumerangue, atingindo a cabeça de seus autores.

Edgar Morin

associar-se ao real para modificá-lo. Deve proteger-se do sonho utópico da harmonia sobre a face da Terra, mas também do realismo que ignora que o hoje é provisório. A arte política é, então, compelida a navegar entre "realpolitik" e "ideal politik".[2] Por isso, ela deve praticar o autoexame e a autocrítica permanentes.[3]

Implícita ou explicitamente, a ação política sempre baseou-se em uma concepção do mundo, do homem, da sociedade, da história, ou seja, em um pensamento. Foi assim que uma política reacionária pôde fundar-se com Louis de Bonald, Joseph de Maistre, Charles Maurras, que uma política moderada pôde se fundar com Tocqueville, que políticas revolucionárias puderam se fundar com Marx, Proudhon, Bakunin. Mais do que qualquer outra, uma política que visa aprimoramento das relações entre seres humanos (povos, grupos, indivíduos) deve fundar-se não apenas em uma concepção do mundo, do homem, da sociedade, da história, mas também em

---

[2] Encontros de Châteauvallon, *Pour une utopie réaliste. Autour d'Edgar Morin* [Por uma utopia realista. Em torno de Edgar Morin]. Arléa, 1996.

[3] Escrevi em 1958: "A política é a mais bárbara de todas as artes. A justiça penal já é muito bárbara, mas não pune com a morte senão por crimes cometidos. A política é mais bárbara ainda: ela pode matar por um perigo impreciso, por uma precaução [...]. É necessário muito pouco para que a arte política se degrade em carnificina [...]. Mas por mais repugnante que ela seja, pela purulência e o sangue, pelo pus amarelado da imbecilidade, ela constitui, igualmente, a grande arte [...]. A profunda arte política que joga com nossas vidas, em um jogo necessário e atento, exige dos artistas uma paciência e uma intransigência prodigiosas, de uma bondade infinita..." ("A dialética e a ação", *Arguments*, 1958, retomado em *Pour et contre Marx* [Por e contra Marx]. Temps Présent, 2010).

A VIA

uma concepção da era planetária. Tentei fazer isso em meus livros *Introduction à une politique de l'homme* [Introdução a uma política do homem], *Pour une politique de civilization* [Para uma política de civilização] e *Terre-Patrie* [Terra-Pátria].

Precisamos, então, de um diagnóstico pertinente sobre o curso atual da era planetária que conduz a espécie humana em seu percurso: foi o que tentei fazer em *Vers l'abîme?*,* e é uma renovação desse diagnóstico que aparece na Introdução da presente obra.

Atualmente, o pensamento político encontra-se no grau zero. Ele ignora os trabalhos sobre o devir das sociedades e sobre o devir do mundo. "A marcha do mundo deixou de ser pensada pela classe política", afirmou o economista Jean-Luc Gréau. A classe política se satisfaz com os relatórios dos especialistas, com as estatísticas e as pesquisas de opinião. Ela não pensa mais. Ela não tem mais cultura. Ela não sabe que Shakespeare lhe diz respeito. Ela ignora as ciências humanas. Ela desconhece os métodos que seriam adequados para conceber e tratar a complexidade do mundo, para ligar o local ao global, o particular ao geral.

Privada do pensamento, ela se colocou a reboque da economia. Como afirmava Max Weber, a humanidade passou da economia da salvação à salvação da economia. A economia acredita resolver os problemas políticos e humanos por meio da competição, da desregulação, do crescimento, do aumento do PIB, e, em caso de crise, pelo rigor, ou seja, pelos sacrifícios impostos aos povos. Da mesma

---

* Edgar Morin. *Vers L'abîme?* Paris: L'Herne, 2007. Edição brasileira: *Rumo ao abismo? Ensaio sobre o destino da humanidade.* Trad. Edgard de Assis Carvalho e Mariza Perassi Bosco. Rio de Janeiro: Bertrand Brasil, 2011. (N.Ts.)

forma que a coruja foge do sol, a classe política se desvia de qualquer pensamento que possa esclarecer os caminhos do bem comum.

A regeneração do pensamento político pressupõe, conjuntamente, uma reforma do pensamento que apresentaremos mais adiante. Digamos de antemão que o pensamento político só pode ser complexo, ou seja, deve levar em conta os contextos, as interações, as retroações, reconhecer as ambivalências e as contradições, conceber as emergências,[4] visualizar as reações em circuito do global ao local e do local ao global. Ele deveria fundar-se em uma concepção trinitária do humano (inseparavelmente, indivíduo-sociedade-espécie), uma concepção complexa do indivíduo (*sapiens/demens, faber/mytologicus, economicus/ludens*).[5] Ele deveria estar apto a pensar a era planetária e a preparar a Via da salvação comum.

A nova política obedeceria a uma dupla orientação: a de uma política da humanidade e a de uma política da civilização. Ela se empenharia em pensar de modo permanente e simultâneo o planetário, o continental, o nacional e o local.

---

[4] Ou seja, as novas qualidades e propriedades de um todo, ausentes dos elementos considerados isoladamente, que produz a conjunção desses elementos. Assim, o que denominamos vida é constituído de emergências da organização complexa nucleoproteinada de moléculas físico-químicas que são a autorreprodução, a autorreparação, a autoeco-organização, as aptidões cognitivas.

[5] Consultar *La Méthode*, t. 5, "L'Identité humaine" [*O método*, t. 5, "A identidade humana"].

Capítulo 2

Política da humanidade

Diante dos problemas vitais e mortais comuns, a comunidade de destino da espécie humana exige uma política da humanidade; essa política seria fundada no conceito de Terra-Pátria, que inclui a consciência do destino comum, da identidade comum, da origem terrena comum da humanidade. Longe de negar as pátrias singulares, a Terra-Pátria as integraria em uma grande pátria comum. Os internacionalismos ignoravam a importância das diversidades culturais e nacionais. A Terra-Pátria englobaria a preocupação de salvaguardar indissoluvelmente a UNIDADE/DIVERSIDADE humana: o tesouro da unidade humana é a diversidade humana, o tesouro da diversidade humana é a unidade humana.[1]

A política da humanidade obedeceria às normas complementares-antagônicas que indicamos na Introdução:

Mundialização/desmundialização

Crescimento/decrescimento

Desenvolvimento/envolvimento

Conservação/transformação

---

[1] Consultar *Terre-Pátrie*, com Anne-Brigitte Kern. Le Seuil, 1993. Edição brasileira: *Terra-Pátria*. Trad. Paulo Azevedo Neves da Silva. Porto Alegre: Sulina, 2002.

Edgar Morin

Ela partiria da constatação de que a globalização criou o substrato de uma sociedade-mundo (rede de comunicações múltiplas e imediatas no globo, economia de agora em diante planetária), mas sem criar instituições adequadas, nem uma consciência comum. A princípio, a começar de uma ONU reformada, seria necessário elaborar não um governo mundial, mas uma governança global que disporia de instituições de peso, dotadas de poderes efetivos para a prevenção das guerras (dentre eles, a decretação de um desarmamento progressivo e generalizado, iniciando pelas armas de destruição em massa), a aplicação de normas ecológicas vitais e de normas econômicas de interesse planetário.

Além disso, trata-se de instituir instâncias empenhadas no estudo da redução das enormes desigualdades existentes no mundo, bem como no da regulação dos fluxos migratórios.

Depois disso, o conjunto dessas instâncias poderia constituir o embrião da primeira forma de governança confederada de uma sociedade-mundo em formação.

PARA ALÉM DO DESENVOLVIMENTO

A política da humanidade operaria a superação da ideia de desenvolvimento, mesmo suportável (dito "sustentável", evocado na p. 32) e, inseparavelmente, a rejeição da ideia de subdesenvolvimento.

Denominamos subdesenvolvidas as culturas que comportam saberes, fazeres (em medicina, por exemplo), sabedorias, artes de viver, com frequência ausentes ou desaparecidas entre nós; elas preservam riquezas culturais, inclusive em suas religiões, com belas mitologias,

A VIA

algumas ignoram os fanatismos dos grandes monoteísmos, preservando a continuidade das linhagens no culto aos ancestrais, conservando a ética comunitária, mantendo uma relação de integração com a Natureza e com o Cosmo.

É claro que elas contêm superstições, ilusões, mas nós mesmos não nos alimentamos de inúmeras ilusões, entre elas a do mito do Progresso como lei da História, e, sendo a última dessas ilusões, a capacidade da economia liberal de resolver os problemas humanos? Temos de nos livrar da arrogância intelectual que elegeu o Ocidente como centro de tudo.

Não se trata aqui, de modo algum, de idealizar as sociedades tradicionais que têm suas carências, seus fechamentos, suas injustiças, seus autoritarismos. É preciso considerar suas ambivalências e também perceber suas qualidades. Devemos delimitar, igualmente, todas as ambivalências do desenvolvimento e promover os aspectos positivos da ocidentalização (os direitos do homem, os da mulher, as autonomias individuais, a cultura humanista, a democracia). Esses elementos positivos podem e devem fecundar uma política da humanidade, enquanto uma política de civilização, tal como a enunciaremos mais adiante (p. 66 e seguintes.), deverá deixar em segundo plano o elemento negativo, que hoje ocupa o primeiro plano, ou seja, a hegemonia do lucro, a redução da política à economia, a redução do conhecimento ao cálculo (que ignora a multidimensionalidade da existência humana), o domínio da racionalização (que descarta tudo o que escapa à sua lógica fechada) sobre uma racionalidade aberta.

Por isso mesmo, a política da humanidade implica o respeito aos saberes, aos fazeres, às artes de viver das diversas culturas, inclusive as orais. Ela integra o que há de valioso na ideia atual de

Edgar Morin

desenvolvimento, mas para inseri-lo nos contextos singulares de cada cultura ou nação. Ou seja, como já indiquei, é preciso completar a noção de desenvolvimento com a noção de envolvimento, isto é, de conservação das proteções comunitárias, de salvaguarda das qualidades que o desenvolvimento tende a destruir, de retorno aos valores não materiais de sensibilidade, de coração e de alma.

A política da humanidade implica o respeito à autonomia das sociedades, incluindo-as integralmente nas trocas e interações planetárias. Com isso, ela encoraja a autonomia alimentar voltada para produtos de base e, como já indicamos, reforça o local, o regional, o nacional e, ao mesmo tempo, o mundial.

A via simbiótica

Uma política da humanidade pode e deve assumir a responsabilidade pelos problemas que normalmente o desenvolvimento deveria resolver, por exemplo, o problema crescente da fome (que trataremos mais adiante no capítulo "Alimentação"), o da água, o da saúde, que exige o envio gratuito de medicamentos aos países do Sul, principalmente contra a Aids. Uma política da humanidade deveria incitar o fornecimento gratuito, a esses mesmos países, de todos os dispositivos produtores de energias verdes, entre elas as eólicas, as centrais solares e as movidas pela água do mar. A política da humanidade é também uma política humanitária em escala planetária que deveria mobilizar não apenas os recursos materiais, mas também a juventude dos países que denominamos desenvolvidos, para engajá-la em um serviço cívico planetário que substituiria os serviços militares, a fim de ajudar localmente as populações necessitadas.

A VIA

Uma política da humanidade englobaria os diferentes problemas que surgem nas diferentes regiões do globo e, em vez de uma fórmula-padrão aplicada em contextos os mais diversos, ela elaboraria ações convenientes a esses contextos. Assim, por exemplo, os países ricos deveriam combinar os crescimentos necessários com os decrescimentos não menos necessários, enquanto, no restante do mundo, seriam adotados crescimentos diferenciados segundo necessidades vitais e urgentes.

Enfim, uma política da humanidade seria a simbiose entre o que há de melhor na civilização ocidental e as contribuições extremamente ricas das outras civilizações; nesse sentido, ela seria geradora da *nova civilização*.

A civilização ocidental pode e deve propagar o que tem de melhor: a tradição humanista, o pensamento crítico e o pensamento autocrítico, os princípios democráticos, os direitos da mulher, da criança e do homem. As sociedades tradicionais mantêm uma relação com a Natureza, um sentido de inclusão no Cosmo, laços sociais comunitários que devem conservar, mesmo introduzindo nelas o que existe de melhor do Ocidente.

A política da humanidade é uma política de simbioses planetárias: ela preconiza o grande encontro do dar e do receber de que falava Léopold Sédar Senghor.* Assim, para os médicos, ela implica a contribuição da medicina ocidental em matéria de higiene, de tratamentos para combater a Aids etc.; mas também sua simbiose com a medicina indígena, não apenas nas nações de tradições médicas

---

* Léopold Sédar Senghor (1906-2001) — político e escritor senegalês. (N.Ts.)

Edgar Morin

milenares (Índia e China), como também nos povos arcaicos conhecedores das virtudes das plantas e dos venenos, bem como das terapias xamânicas. Ao mesmo tempo, o Ocidente poderia integrar — ele já começou a fazer isso quando faz uso da acupuntura — as virtudes dessas práticas e desses recursos medicinais.

A via mestiça

O planeta oferece extrema diversidade de culturas singulares. Mas, com exceção dos últimos povos primitivos, testemunhos de nossa pré-história, todas as culturas históricas, inclusive as mais antigas, sofreram mestiçagens genéticas e culturais. As mestiçagens genéticas originaram-se, de um lado, das guerras (estupros), de outro, das escravizações, que conduziram a uniões clandestinas ou abertas, como as que se estabeleceram entre os senhores e as escravas nas fazendas do Brasil (que conduziram à civilização mestiça dessa grande nação). Originaram-se, igualmente, da integração de etnias muito diversas em impérios de longa duração (como o Império Romano, o Império Austro-húngaro, o Império Otomano, o Império Russo), ou em nações modernas como a França, na qual multiplicaram-se as uniões entre elementos oriundos de etnias que se tornaram províncias. Elas resultaram, também, das grandes migrações que, no curso da história, se expandiram por todos os continentes. Originaram-se das colonizações nas Américas — principalmente espanhola, portuguesa, norte-europeia —, seguidas das migrações forçadas (africanos deportados como escravos) e de imigrações de europeus de todas as origens. As primeiras civilizações mestiças também começaram a se formar na América Latina (principalmente no Brasil, no México, na Colômbia), predestinadas a nascer no mesmo lugar em que os povos

A VIA

andinos subjugados alcançaram igualdade política. Efetivamente, a civilização mestiça democrática necessita da emancipação prévia dos povos subjugados ou minoritários. Oriunda das antigas civilizações aimará e inca, a nação boliviana alcançou, a partir de agora, seus direitos políticos e a afirmação de sua cultura pré-colombiana, como comprovou a cerimônia de investidura do presidente Morales.

Com suas viagens e trocas múltiplas, seus novos fluxos migratórios, a era planetária abre uma nova era de mestiçagem. De fato, essas mestiçagens genéticas se acrescentam ou se combinam às mestiçagens culturais. As culturas originais mostraram-se simultaneamente abertas e fechadas à influência estrangeira. Com frequência, adotaram as técnicas, as ideias, os mitos, os deuses vindos do estrangeiro. Dessa forma, não existe cultura "pura" que se tenha mantido em sua integridade inicial; ao contrário, mesmo mantendo seus fundamentos identitários (língua e costumes), as culturas tradicionais assimilaram as múltiplas contribuições exteriores. As culturas nacionais que integram as culturas de etnias provincializadas no seio da nação por vezes rejeitaram ou proibiram as línguas secundárias; na França, nas últimas décadas do século XX, elas foram finalmente reconhecidas, depois que a língua francesa se enraizou como língua nacional comum.

A era planetária constituiu e desenvolveu uma realidade transcultural que associa as diferentes culturas em uma cultura mundial simultaneamente una e diversa. Dessa forma, o cinema não apenas difundiu-se pelo mundo segundo um modelo originalmente hollywoodiano, como também permitiu o florescimento de uma multiplicidade de cinemas nacionais surpreendentemente diversos, primeiro francês, alemão e italiano, depois japonês, sul-coreano,

Edgar Morin

chinês, iraniano, egípcio, marroquino, senegalês, marfinês etc., cada um deles simultaneamente assimilador, original e criador.

As mestiçagens e simbioses (genéticas, étnicas, culturais) são simultaneamente unificadoras e diversificadoras. As da era planetária contribuem para a formação e o desenvolvimento de uma vasta cultura planetária portadora de formas as mais diversificadas. Sem dúvida, quando um imperialismo dotado de uma potente arma econômica se impõe, existe uma tendência à homogeneização cultural por desnaturação e, até mesmo, por dissolução das culturas originais. Mas, mesmo nesse caso, inúmeras culturas específicas resistem e se desenvolvem utilizando-se da mundialização: dessa forma, embora moribundo na Andaluzia, o flamenco sobreviveu, retornou às origens e desenvolveu-se novamente graças às novas gerações andaluzas e, também, graças à internacionalização das gravadoras de discos (conferir a admirável antologia do *canto flamenco* de Ducretet-Thomson, que traz as *recompilações* de gravações dos anos 1930-1950). Com isso, em nossa era planetária, observamos três tendências que atuam em antagonismo, complementaridade e concorrência: a tendência à homogeneização, a tendência à regeneração das singularidades culturais, a tendência às novas simbioses (como o flamenco rock e o flamenco raï).* O mesmo ocorre com os filmes realizados em coprodução, tais como, por exemplo, *O leopardo,* de Luchino Visconti, que fez com que o americano Burt Lancaster e o francês Alain Delon personificassem aristocratas sicilianos, que não deixam de permanecer menos profundamente enraizados em sua cultura, nesse caso a italiana, graças ao gênio de seu diretor.

---

* O autor refere-se à música popular árabe, de origem magrebina, cuja característica principal reside na improvisação do canto. (N.Ts.)

A VIA

Uma política da humanidade e uma política de civilização têm igualmente por missão lutar contra os preconceitos racistas, religiosos, xenófobos, que servem de obstáculo às tendências naturais, criadoras de simbioses e de mestiçagens, sempre cuidando de encorajar a proteção das fontes naturais ameaçadas por um imperialismo econômico (como se faz com o incentivo ao cinema nacional de qualidade na França e em outros países). Aqui, ainda, é preciso simultaneamente mundializar e desmundializar, o que permite difundir internacionalmente o nacional, o regional, o local, protegendo-os.

Mais fundamentalmente, as novas diversidades encontram-se em germe ou em formação no futuro mestiçado da humanidade. Mais do que nunca, o laço fundamental entre a unidade e a diversidade humanas deve ser forjado e encorajado na via mestiça. Essa via deveria elaborar um humanismo planetário e incorporar o melhor das culturas arcaicas, o melhor das culturas tradicionais, o melhor da modernidade ocidental.

Capítulo 3

Política de civilização

A política de civilização deveria ser exercida contra os efeitos negativos crescentes do desenvolvimento de nossa civilização ocidental, aprimorando seus efeitos positivos. Ela não poderia limitar-se às sociedades ocidentais; ela é válida, também, para todas as partes ocidentalizadas do mundo.

O problema de fundo colocado por nossa civilização é de extrema complexidade, isso porque ela detém, de maneira complementar, traços excepcionalmente positivos e excepcionalmente negativos.

Esboçarei aqui uma espécie de *tipo ideal*, com base em traços negativos que descreverei: se, em um primeiro momento, pareço esquecer os caracteres positivos e as resistências aos processos negativos, eu os lembrarei em um segundo momento.

O mal de civilização

Um problema de fundo foi colocado por e para aquilo que um progresso de civilização generalizado e irreversível deveria trazer. Para além do mal-estar pelo qual, segundo Freud, toda civilização desenvolve os fermentos de sua própria destruição, na nossa apareceram sintomas específicos de um novo mal de civilização.

A VIA

A conjunção dos desenvolvimentos urbanos, técnicos, burocráticos, industriais, capitalistas e individualistas corrói internamente a civilização que essa mesma conjunção produziu e desenvolveu. Com isso, o inverso negativo das benesses das quais continuamos a desfrutar não cessou de crescer. Os males de nossa civilização são exatamente os que fizeram surgir o inverso da individualização, da tecnicização, da monetarização, do desenvolvimento, do bem-estar.

Assim, a técnica é o que permite aos seres humanos dominar as energias naturais. Mas é também o que permite subjugar os humanos à lógica determinista, mecanicista, especializada, cronometrada, da máquina artificial. Ela impõe essa lógica em setores cada vez mais amplos da vida humana, substituindo as comunicações de pessoa a pessoa nas empresas, nos escritórios, na vida urbana, nos lazeres, pela organização anônima; ela fixa critérios padronizados e impessoais aos quais as convivialidades resistem em maior ou menor grau. Essa lógica, que já substituiu os seres humanos por máquinas distribuidoras de bilhetes nas estações, nos trens, no metrô, nos pedágios das estradas, nos estacionamentos, tende a fazer da vida social uma gigantesca maquinaria automática.

O desenvolvimento industrial traz uma elevação dos níveis de vida com a produção em massa, com preços cada vez mais acessíveis, com seus produtos de uso e consumo. Mas esse desenvolvimento, que há cinquenta anos ainda parecia providencial, de agora em diante faz pesar duas ameaças sobre as sociedades e os seres humanos: uma, exterior, resulta da degradação ecológica dos meios de vida; a outra, interior, provém da degradação das qualidades de vida.

Além disso, no contexto ampliado da economia mundializada, a corrida do crescimento tende a sacrificar o que não obedece à lógica da competição.

Edgar Morin

O desenvolvimento capitalista certamente promoveu a ampliação das produções, das trocas, das comunicações; deu origem também a uma mercantilização generalizada, inclusive nos locais em que reinavam as cooperações, as solidariedades, os bens comuns não monetários, destruindo, com isso, numerosas redes de convivialidade. Diferentemente disso, os bens mais comuns tornam-se mercadorias: a água potável que é vendida em garrafas, a água do mar que se vende nas praias particulares, o ar "puro" e o sol vendidos pelas agências de turismo etc. Os bens mais pessoais podem tornar-se mercadorias: até mesmo as crianças são compradas: um bebê brasileiro por 800 a 1.000 euros. E também órgãos do corpo humano. Compra-se um rim de um miserável da Índia ou da Moldávia por 500 euros.

Em todas as ocasiões, o mercado privilegia o cálculo do juro do capital, e dessolidariza na mesma medida. O inverso da monetarização é a diminuição da parte do serviço gratuito, da dádiva, isto é, da amizade e da solidariedade, e a necessidade de dispor de somas cada vez maiores de dinheiro apenas para se sobreviver.

Os desenvolvimentos econômicos e estatais suscitaram e favoreceram a formação de enormes maquinarias tecnoburocráticas que, de um lado, dominam tudo o que é individual, singular, concreto, e, do outro, produzem irresponsabilidade. O caso do sangue contaminado foi um exemplo disso: nele se concentraram as carências e os malfeitos de uma organização tecnoburocrática científica na qual o sangue se tornou uma mercadoria submetida à rentabilidade econômica.

O desenvolvimento urbano trouxe expansões individuais, de liberdades e lazeres, mas veio acompanhado das constrições da rotina de tomar o metrô, ir trabalhar, voltar para casa e dormir.

A VIA

A cidade é englobada pela aglomeração, conjunto informe destinado a populações segregadas em guetos pobres e guetos ricos.

Certamente, a grande cidade resplandece com suas luzes, néons, vitrinas, cinemas, espetáculos, concertos, mas sofre cada vez mais as devastações da anonimização. As imensas cidades-escritórios, os subúrbios-dormitórios estão em expansão. Após o desaparecimento das fontes, dos lavadouros, dos cavalos, assistimos à decadência dos bairros, à compartimentalização das grandes aglomerações, à pressa e ao *estresse*. Nos grandes conjuntos imobiliários, substituem-se os *concierges* pelos zeladores. Os seguranças substituem os porteiros tagarelas. O comércio de proximidade desaparece lentamente, preservado em alguns recantos de Paris pelos merceeiros magrebinos. Os produtos congelados e os grandes hipermercados, aos quais se juntam as televendas, diminuem as oportunidades de troca nas ruas de comércio, destroem as relações de confiança entre fornecedores e clientes, esgotam as conversações e fofocas dos bairros. "A essência comunitária da cidade está em vias de ser mentalmente riscada do pensamento e da sensibilidade humanas", constata Michel de Sablet.[1] Acrescenta-se a isso a asfixia provocada pela circulação de automóveis, que, por sua vez, contribui com o sufocamento da sociabilidade, com a irritabilidade dos espíritos e com a intoxicação dos pulmões.

A individualização constitui, simultaneamente, a causa e o efeito das autonomias, liberdades e responsabilidades pessoais, mas seu reverso é a degradação das antigas solidariedades, a atomização das

---

[1] *Des espaces urbains agréables à vivre, places, rues, squares et jardins* [Espaços urbanos agradáveis para se viver, praças, ruas, parques e jardins]. Éd. du Moniteur, 1991.

Edgar Morin

pessoas, o egocentrismo e, tendencialmente, o que se pode denominar "a metástase do ego".

Jacques Lévine refere-se à desvinculação entre família e escola, pais e filhos (o bebê primeiro é cuidado, depois colocado na creche), o distanciamento entre os saberes, a perda do diálogo consigo mesmo, o desbloqueamento do Id pulsional, a disjunção Supereu/Eu/Id.[2] Existe a crise na relação fundamental entre o indivíduo e a sociedade, o indivíduo e sua família, o indivíduo consigo mesmo. A pressão de disjunção de nossa civilização desenvolve um distanciamento e uma compartimentalização generalizados.

A grande família desintegrou-se, as solidariedades dos vilarejos ou da vizinhança reduziram-se a pó, as solidariedades regionais encontram-se muito enfraquecidas, a solidariedade nacional, que sempre precisou da ameaça vital do inimigo "hereditário", não desperta senão nas copas mundiais de futebol; a proteção mútua foi deixada nas mãos de administrações burocratizadas, desresponsabilizando cada um de qualquer iniciativa.

A dissolução das solidariedades tradicionais não suscitou, por isso, a formação de novas solidariedades. Sem dúvida, o Estado assume cada vez mais as funções desse tipo, mas de maneira anônima, impessoal, tardia. Segundo a expressão de Otávio Paz, ele se tornou um "ogro filantrópico". O Estado assistencial é cada vez mais indispensável, mas contribui com a degradação das solidariedades

---

[2] Consultar J. Lévine. *Fiction et déliaison, art et thérapie* [Ficção e desvinculação, arte e terapia], 1993, nº 48-49. E J. Lévine e M. Develay. "Pour une anthropologie des savoirs scolaires" [Por uma antropologia dos saberes escolares]. ESF: Paris, 2003.

A VIA

concretas, sem, por isso, responder aos problemas cada dia mais gritantes da solidariedade humana.

Sem dúvida, o casulo da família nuclear tende a se fechar de modo protetor, mas encontra-se igualmente em crise, com a fragilidade do casamento, a inconstância dos amores. As solidões também crescem e se agravam em todas as classes da sociedade, e são mais assustadoras onde existe pobreza.

O *estresse* e o gênero de vida que prevalecem em nossa civilização desempenham seu papel nos males crônicos — hipertensão, lumbagos, dores ciáticas, artrites, depressões etc. — e afecções agudas em progresso — câncer e Aids. Mesmo alcançando admiráveis realizações (transplantes de fígado, rins, coração, reparações de ferimentos de guerra ou de acidente, controle sobre numerosas doenças infecciosas), a alta tecnologia médica vive as consequências de sua hiperespecialização e faz sofrerem os pacientes, cujos órgãos considera separadamente do organismo e o organismo separadamente do ser global, simultaneamente biológico, psíquico e social. Muitos males considerados puramente privados, contra os quais cada um luta individualmente como pode, também são indicadores do mal-estar geral de uma civilização e exigem uma política de civilização.

Muitos problemas existenciais nascem em um contexto de civilização, como o sentimento de um divórcio entre a alma e o corpo, a perda de controle de seu próprio corpo. É chocante que uma pesquisa sobre as aspirações dos americanos, mas igualmente dos franceses, tenha indicado serem muito numerosos os que desejavam "emagrecer", revelando, com isso, que, a partir de então, seus corpos estavam separados de suas mentes. O recurso às diversas formas de ginástica,

Edgar Morin

à corrida, à aeróbica, aos professores de ioga, psicanalistas, psicoterapeutas, treinadores diversos, traduz uma falta, uma necessidade de encontrar conciliação e harmonia entre o ser psíquico e o ser físico.

Um mal-estar interior parasita o bem-estar exterior. Naqueles que desfrutam da elevação do nível de vida, ela é compensada pela redução da qualidade de vida.

O mal-estar geral é difuso, intermitente, vivido diversamente. Os problemas da juventude e da velhice revelam-se de forma intensificada. Tomemos como exemplo o mal das periferias, localizado de maneira topográfica, sociológica, geracional, nos adolescentes. Ele se desenvolve em uma esfera exterior ao universo considerado "normal" e requer soluções específicas. Entretanto, o que o adolescente das periferias vive constitui a expressão local, periférica e paroxística de um mal geral e difuso: o da decomposição generalizada do laço social. A desintegração da família conduziu essa situação ao extremo e, para ele, somente o bando ou a gangue restabelecem uma forma de solidariedade, mais fechada e agressiva, se comparada com a do exterior. Nesse caso, o distanciamento entre o Eu, o Id (a pulsão) e o Supereu (a autoridade) tornou-se uma disjunção.

A conjunção do egocentrismo — que reduz o horizonte ao interesse pessoal —, da especialização — que dissocia a inteligência do que é global — e da compartimentalização — que isola no trabalho tecnoburocratizado — determina o enfraquecimento do sentido de solidariedade, que, por sua vez, determina o enfraquecimento do sentido de responsabilidade.

A desresponsabilidade favorece o egocentrismo, que, na perda da responsabilidade e da solidariedade, conduz à degradação do senso moral. A desresponsabilização e a desmoralização favorecem a propagação da irresponsabilidade e da imoralidade.

A VIA

O admirável progresso dos conhecimentos vem acompanhado de uma regressão do conhecimento pela dominação do pensamento parcelar e compartimentalizado, em detrimento de toda visão de conjunto.

Desse modo, o desenvolvimento de nossa civilização conduz a um novo subdesenvolvimento intelectual, a um novo subdesenvolvimento afetivo (os seres humanos não conseguem encontrar senão parcialmente as respostas para suas necessidades de comunicação, de compreensão, de amor, de comunidade) e a um novo subdesenvolvimento moral, na degradação conjunta da responsabilidade e da solidariedade.

Após a Segunda Guerra Mundial, o desenvolvimento democrático na Europa Ocidental foi mutilado pelas regressões democráticas: destituição dos cidadãos levada a cabo pelos especialistas e pelos técnicos, crise das "ideologias" — de fato, dos ideais e projetos —, degradação do civismo sob o efeito da degradação da solidariedade e da responsabilidade.

As resistências colaboradoras

Diante do crescimento da técnica, da burocratização no interior das administrações, bem como nas empresas, a tirania do lucro, da eficácia, da produtividade, da rentabilidade, da atomização dos indivíduos que o desenvolvimento não fez senão acelerar, constata-se que esses indivíduos resistem, se defendem, e que a sociedade civil desenvolve contratendências.

A primeira dessas contratendências manifesta-se nas resistências privadas, de caráter espontâneo, à atomização e à anonimização. Os

Edgar Morin

indivíduos resistem por meio da busca dos amores e dos prazeres, do convívio das amizades, dos grupos de companheiros, algo que Michel Maffesoli denominou o "novo tribalismo". Eles resistem à urbanização e à suburbanização generalizada, multiplicando fins de semana, escapadas, férias, no decorrer dos quais mudam radicalmente seu modo de vida e seus comportamentos, tornando-se neorrurais ou neonaturistas. Na própria cidade, as pessoas retornam às alimentações rústicas, rodeiam-se de companheiros fiéis e de almas amantes, sob a forma de animais domésticos, enfeitam o interior e as varandas das casas com plantas. Os urbanos resistem ao mal-estar recorrendo aos medicamentos, aos tranquilizantes, aos diversos gurus, e sua resistência se exacerba, até mesmo se desespera na droga e no alcoolismo. Contra o mal instalado nos subúrbios, os jovens criam bandos ou reconstituem uma comunidade.

As resistências desse tipo de gente são frágeis: os amores se rompem, os bandos se dispersam, os prazeres se esgotam, a sexualidade liberada é assolada pela Aids, e os neonaturismos, neoarcaísmos e neorruralismos oferecem apenas remissões periódicas.

Por outro lado, a economia de mercado e o capitalismo não trazem senão homogeneização e massificação, criando novos desejos e novas necessidades apenas artificialmente e, desde que haja lucro envolvido, colocam-se a serviço das pulsões de busca de uma vida mais intensa, lúdica e poética. O universo televisivo ou cinematográfico contribui para prodigalizar a poesia estética como uma droga leve oferecida aos indivíduos submetidos à prosa cotidiana. Por procuração e de modo imaginário, ele fornece uma vida lúdica, intensa, amorosa, aventurosa, e, por isso mesmo, convida cada um a tentar

A VIA

viver sua própria vida amorosa estimulando os audaciosos a se eva-
direm.

Nos grandes estádios ou *via* televisão, as grandes partidas de futebol ou de rúgbi oferecem oportunidades de participar das epopeias
de equipes locais e nacionais.

Uma aspiração cada vez mais profunda a uma "verdadeira vida"
é suscitada e mantida pelo caráter individualista de nossa civilização;
inibida ao mesmo tempo por suas constrições, ela com frequência se
refugia no imaginário.

Uma economia da evasão coloca-se a serviço da busca pela "verdadeira vida": os clubes de encontros, de lazeres, de férias, as agências
de turismo, os refúgios rústicos, sob o sol do Mediterrâneo ou dos
trópicos, na montanha ou no campo, são empregados para propor
condições para essa outra vida, a fim de fornecer as possibilidades
de realização do que se encontra frustrado e inibido na vida cotidiana. O Clube Méditerranée conseguiu criar até mesmo comunidades temporárias nas quais a moeda é banida — sob a condição de
se pagar adiantado o preço da ausência de preço — e onde entre os
"gentis membros" as diferenças sociais se apagam sob a guarda tutelar
de "gentis organizadores".

Todas essas ambivalências, todas essas misturas de convites à
verdadeira vida e de fuga da verdadeira vida decorrem, simultaneamente, da diversão, do divertimento, da evasão, do retorno mítico
imaginário presente na aspiração à vida poética, mas permitem, igualmente, viver fragmentos, momentos, experiências de verdadeira vida.

De fato, trata-se, com frequência, de um fenômeno de resistência colaboradora: nossa sociedade civil resiste colaborando com o
sistema que perpetua seus males e, com isso, consegue atenuar alguns
deles. Por vezes, trata-se também de um fenômeno de resistência

Edgar Morin

regeneradora que contém em si a promessa de uma reforma, até mesmo de uma metamorfose de civilização. Essa resistência, porém, ainda se encontra muito dispersa e insuficientemente amadurecida. Sem dúvida, o limite entre o que fará predominar a resistência sobre a colaboração ou a colaboração sobre a resistência é indiscernível e flutuante. Uma política de civilização teria por missão encorajar e religar todas essas resistências, esboçando os contornos do que poderia ser uma reforma de nossa vida (o que examinaremos na quarta parte deste livro).

OS IMPERATIVOS DE UMA POLÍTICA DE CIVILIZAÇÃO

Podemos formular agora os imperativos de uma política de civilização:
- solidarizar (contra a atomização e a compartimentalização);
- retornar às origens (contra a anonimização);
- conviver (contra a degradação da qualidade de vida);
- moralizar (contra a irresponsabilidade e o egocentrismo).

UMA POLÍTICA DA SOLIDARIEDADE

A solidariedade anônima do Estado-Providência,* com seus dispositivos de segurança e assistências de todas as ordens, é insuficiente.

---

* Conceito da ciência política para o qual o Estado é mentor e organizador das atividades econômicas em geral. Embora originário da Europa, o papel do Estado-Providência se reafirmou na economia globalizada. (N.Ts.)

A VIA

Há necessidade de uma solidariedade concreta e vivenciada, de pessoa para pessoa, de grupos para pessoas, de pessoa para grupos. Existe em cada um e em todos um potencial de solidariedade — ele pode ser bem-visto em circunstâncias excepcionais — e uma minoria demonstra pulsão altruísta permanente. Não se trata, contudo, de promulgar a solidariedade, mas de liberar a força não empregada das boas vontades e de favorecer as ações de solidariedade. Segundo nossa concepção do indivíduo-sujeito, todo sujeito humano traz consigo dois quase-*softwares*: um é o da autoafirmação egocêntrica que o Ego-Eu expressa, vital para se alimentar, se defender, se desenvolver; o outro é o *software* do Nós, que inscreve o Eu em uma relação de amor ou de comunidade no seio de sua família, de sua pátria, de seu pertencimento religioso, de seu partido. Nossa civilização superdesenvolveu o primeiro *software* e subdesenvolveu o segundo. Mas este encontra-se apenas adormecido; trata-se de incitá-lo a despertar.

Sugeri que se experimentassem as "casas de solidariedade", que poderiam ser generalizadas nas cidades e nos bairros: elas concentrariam em um mesmo local as associações humanitárias e incluiriam uma *"central de crise"* específica, um centro de acolhimento para todas as aflições urgentes, dotado de um corpo de voluntários e de profissionais disponíveis e mobilizáveis, em caráter permanente, para todas as necessidades não atendidas pelo Samu e pelo pronto atendimento da polícia. Dentro dessa lógica, seria possível dispor de agentes solidários em cada administração, em todos os lugares estratégicos.

Ao mesmo tempo, haveria o favorecimento de uma "economia solidária" que, sob novas formas, prolongaria a economia mutualista: iniciativas apoiadas nas solidariedades locais ou, inversamente,

Edgar Morin

que suscitassem essas solidariedades; formação de cooperativas e de associações sem fim lucrativo para assegurar os serviços sociais de proximidade.

Uma sociedade só pode progredir em complexidade, ou seja, simultaneamente em liberdade, em autonomia e em comunidade, se progredir em solidariedade: efetivamente, a complexidade crescente comporta liberdades crescentes, possibilidades de iniciativa tão fecundas quanto destruidoras e geradoras de desordem. A desordem extrema torna-se sobretudo destruidora e a complexidade extrema se degrada, desintegrando-se do todo em elementos disjuntos. A única forma de salvaguardar a complexidade de uma sociedade, isto é, suas liberdades, com um mínimo de autoridade repressiva, não pode ser outra senão o sentimento vivido de pertencimento à comunidade.

UMA POLÍTICA DE QUALIDADE DE VIDA

A qualidade de vida apresenta múltiplas facetas. Uma, ecológica, já é reconhecida; a outra, convivial, foi enunciada há mais de quarenta anos por Ivan Illich, mas sua mensagem foi esquecida. A política ecológica é um componente da política de convivialidade, mas de modo algum ela é tudo. A convivialidade compreende as cordialidades de pessoa a pessoa, a partilha e a participação nas alegrias, prazeres e sofrimentos do outro, do vizinho, do próximo ou do visitante.

A qualidade de vida traduz-se pelo bem-estar no sentido existencial, e não basicamente no sentido material. Ela implica a qualidade da comunicação e das participações afetivas e afetuosas com os outros.

A VIA

Sem dúvida, a política não pode criar amizade e afeição. É preciso deixar até mesmo de acreditar que o objetivo da política seja a felicidade, segundo a ideia formulada na Constituição dos Estados Unidos e retomada na França por Saint-Just. Ela pode e deve eliminar as causas públicas de infelicidade (guerra, fome, perseguições), mas não pode criar a felicidade. Seu objetivo, portanto, não deve ser criar as condições de felicidade, que lhe escapam, mas favorecer e facilitar a possibilidade de cada um desfrutar as qualidades da vida, ou seja, de viver poeticamente.

O estado prosaico e o estado poético são duas polaridades de vida: se não existisse a prosa, não existiria a poesia. A primeira é aquela que usamos por obrigação ou constrição em situação utilitária e funcional; a outra é a de nossos estados amorosos, fraternais, estéticos. Viver poeticamente é viver para viver. É inútil sonhar com um estado poético permanente que, de resto, se esmaeceria por si mesmo. Somos destinados à complementaridade e à alternância poesia/prosa.

Neste começo de terceiro milênio, a hiperprosa progrediu em todos os setores da vida com a invasão da lógica da máquina artificial, a hipertrofia do mundo tecnoburocrático, a invasão do lucro, os excessos de um tempo simultaneamente cronometrado, sobrecarregado, estressante, à custa do tempo natural de cada um.

A política de civilização necessita de uma plena consciência das necessidades poéticas do ser humano. Ela deve esforçar-se para atenuar as pressões, servidões e solidões, deve opor-se à invasão desoladora da prosa, de modo a permitir que os seres humanos expressem suas virtualidades poéticas. Ela contém uma dimensão estética: a estética, voltaremos a ela, não é um luxo; as emoções suscitadas pela

Edgar Morin

beleza diante da natureza, da arquitetura, das obras de arte, são parte integrante da poesia da vida.

A política de civilização visaria restaurar as solidariedades, reumanizar as cidades, revitalizar as zonas rurais; ela inverteria a hegemonia do quantitativo em prol do qualitativo, privilegiando a qualidade de vida; preconizaria o melhor, e não o mais, e, com isso, contribuiria para reformar a vida.

Ela ultrapassaria as alternativas mundialização/desmundialização por meio de sua atenção ao concreto local e ao concreto planetário (desenvolvendo um e outro), e ultrapassaria a alternativa do desenvolvimento/envolvimento e a alternativa crescimento/decrescimento, levando em consideração o que deve crescer e o que deve decrescer.

Assim, sendo tudo em âmbito planetário, a política da civilização já pode ser iniciativa do alcance de uma nação e, ao mesmo tempo, contribuir para propagar, por exemplo, sua reforma com as outras.

Capítulo 4

A questão democrática

Não basta que uma democracia seja instaurada após a queda de uma ditadura. A democracia é um sistema frágil que crises graves podem arruinar e que demanda um longo enraizamento histórico para se consolidar. As crises das democracias preparam o terreno para as ditaduras, mas, felizmente, as crises das ditaduras preparam o terreno para as democracias, fato presenciado em inúmeras nações da América Latina. Não evocarei aqui as dificuldades para se chegar a um enraizamento generalizado das democracias no mundo. Vou limitar-me a indicar que a via democratizante só pode ser longa e aleatória.

A democracia precisa não apenas de um parlamento representativo, resultante das eleições, não apenas de uma separação entre poder executivo, poder legislativo e poder judiciário, mas também de uma pluralidade de concepções e de opiniões antagônicas na arena política, de liberdade de imprensa, de mídias e de opinião, de respeito aos direitos individuais, de proteção das minorias de ideias ou de origens.

Por mais necessária que seja, a democracia parlamentar é insuficiente. Ela se encontra até mesmo em vias de desvitalização por toda parte onde há insignificância do pensamento político, desinteresse dos cidadãos, incapacidade de enfrentar os grandes desafios da era planetária.

Edgar Morin

Seria necessário conceber e propor as modalidades de uma democracia participativa, principalmente em escalas locais. Seria útil favorecer os despertares e redespertares cidadãos, eles mesmos inseparáveis de uma regeneração do pensamento político, que, por sua vez, regeneraria as vocações militantes e as empregaria na compreensão dos grandes problemas. Seria igualmente útil multiplicar as universidades populares, que ofereceriam aos cidadãos uma iniciação ao pensamento complexo, permitindo agrupar os problemas fundamentais e globais e disponibilizar, de um lado, um conhecimento não mutilado, e, de outro, uma iniciação às ciências históricas, políticas, sociológicas, econômicas, ecológicas.

A democracia participativa está para ser inventada com base em diversas experiências locais como a de Porto Alegre, onde foi inaugurada a participação dos cidadãos no exame do orçamento municipal, principalmente no que diz respeito ao investimento. Ela pode assumir a forma de debates públicos em escala local ou regional e, com isso, submeter aos cidadãos os projetos passíveis de controvérsia (traçado de estrada, barragem, instalação de usina poluente, desflorestamento). Ela pode ensejar não apenas reuniões vinculadas a projetos públicos, mas também conselhos periódicos de bairro, de comunidade. Pode assumir, enfim, a forma de júris cidadãos que selecionam eleitos e especialistas em projetos de interesse (ou de perigo) público. A democracia participativa permitiria discutir em nível local os problemas de interesse nacional e até mesmo planetário. Efetivamente, esse tipo de democracia pode remediar as escleroses e insuficiências da democracia representativa. Mas ela inclui também seus próprios perigos, que são a sub-representatividade, no caso de um grande número de cidadãos abstencionistas, o risco muito frequente da ausência

A VIA

das mulheres, dos jovens, dos velhos, dos imigrantes, o risco de infiltração de um partido político. Existe também, o risco de uma liderança de fato dos "que falam muito e não dizem nada". Criada para se reencontrar a vitalidade cidadã, a democracia participativa não pode suscitar automaticamente cidadãos ativos e bem-informados. Sua virtude é poder tornar concretas as decisões sobre problemas concretos por si próprios, revitalizar o espírito de comunidade, solidariedade e responsabilidade, regenerar o civismo em sua base, lá onde fermentam tantas boas vontades subempregadas.

Um novo tipo de governança poderia ser instituído com a conjunção das instâncias participativas cidadãs, das instâncias políticas e administrativas, locais e regionais, dos profissionais competentes em domínios a serem debatidos e suprimidos.

A instauração e a vitalização da democracia participativa correspondem ao imperativo de política da humanidade já indicado: mundializar e desmundializar, nesse último sentido, significam localizar e relocalizar, sem que haja dúvida de que os problemas planetários devem fazer parte da reflexão e do debate em níveis locais.

Deveria, da mesma forma, adotar e adaptar uma espécie de neoconfucionismo nas carreiras da administração pública e nas profissões com uma missão cívica (professores, médicos, juízes, policiais), ou seja, promover um recrutamento tendo em conta os valores morais do candidato, sua habilidades de "benevolência" (atenção aos outros), compaixão, sua dedicação ao bem público, sua preocupação com a justiça e a equanimidade. Nesse caso, porém, encontramos o problema permanente do julgamento e da avaliação. Quem julgará os juízes quanto à ética? Quem os avaliará? Essa reforma é inseparável de uma reforma da educação que integraria a questão

Edgar Morin

da ética (consultar mais adiante o capítulo "Reforma da educação", principalmente a p. 191), da introdução dessa problemática na formação dos administradores, médicos, professores e, sem dúvida, da instituição de um alto conselho de ética cívica constituído por meio do recrutamento ou eleição de personalidades cujas qualidades morais fossem reconhecidas.

Capítulo 5

A demografia

A demografia não estuda apenas as condições biológicas do crescimento ou decrescimento das populações — crescimento e decrescimento dependem, também, do nível de vida, dos salários, da educação, da condição feminina no seio das sociedades. Ela implica, contudo, imprevistos: aumentos demográficos inesperados, como o que aconteceu na França, a partir de 1940, um país que mantinha 1 milhão de homens na condição de prisioneiros: declínios demográficos súbitos como o que teve início em Berlim, em 1957, e expandiu-se pela Europa inteira, exceto na Polônia.

Hoje em dia, o problema demográfico deve ser apresentado sob dois aspectos: o primeiro é o do crescimento da população mundial; o segundo, o dos fluxos migratórios.

O crescimento demográfico da humanidade é objeto de preocupação desde que Malthus parecia ter estabelecido que a população crescia com mais rapidez do que os recursos alimentares. Esse medo reapareceu na segunda metade do século XX e perdura nas projeções atuais para a primeira metade do século XXI. Em cinquenta anos, a população mundial passou de 3 bilhões e pouco para 6 bilhões e alcançará os 9 bilhões em 2040, depois se estabilizará. Essas previsões deveriam ser atenuadas pela seguinte constatação: a fertilidade decresce por toda parte onde as classes médias se desenvolvem à maneira ocidental e onde há educação para mulheres jovens.

Edgar Morin

A natalidade decresceu na Europa desde a segunda metade do século XX. A China impõe restrições drásticas de nascimentos à sua população. Apenas a África mantém uma média de cinco filhos por casal.

O temor de que o crescimento demográfico provoque penúria alimentar e fome tem fundamento? Hervé Le Bras contesta isso e sustenta que o volume de víveres produzidos cresce mais rápido do que a população. De fato, na segunda metade do século XX, a agricultura mecanizada e industrializada deu origem à "revolução verde", que respondeu ao aumento da população com um excedente alimentar. A partir de agora, porém, a agricultura e a pecuária industrializadas desperdiçam uma água que se tornou cada vez mais vital; ao absorverem dois terços da água consumida no planeta, elas poluem os lençóis freáticos e desertificam as terras com a superexploração. De um lado, o desenvolvimento dos biocarburantes reduz a área agrícola destinada à alimentação. A urbanização crescente (atualmente, mais da metade dos seres humanos vivem nas cidades) ocorre em detrimento das terras cultivadas. De outro, se a humanidade se alimentasse segundo o regime dinamarquês, extremamente carnívoro, não se poderia alimentar mais do que 4 bilhões de seres humanos; se ela se alimentasse segundo a dieta de Bangladesh, a terra poderia alimentar 9 bilhões de indivíduos. De fato, a superalimentação dos países ricos provoca a subalimentação no mundo pobre. Finalmente, o problema das subsistências e das novas fomes que acontecem na África depende de complexos políticos, econômicos, sociológicos. O déficit de alimento que atinge 800 milhões de pessoas em todo o mundo certamente depende da especulação, da corrupção, da destruição de pequenas culturas de subsistência, da superalimentação nos países ricos.

A VIA

Nesse caso, observamos ainda como problemas aparentemente distintos encontram-se ligados, demandando de vias de reforma simultâneas que se conjugariam: de um lado, a via de uma reforma da repartição e da distribuição que diminuiria o superconsumo dos ricos e faria crescer o consumo dos pobres; de outro lado, a via das reformas agrícolas que desenvolveria a agricultura alimentar em nações carentes em subsistências essenciais e, de maneira mais geral, a alimentação de proximidade, as agriculturas camponesas e biológicas, a utilização de fertilizantes que não esterilizem os solos, a eliminação dos pesticidas mais nocivos, o desenvolvimento de energias verdes. Finalmente, impõe-se uma política planetária da água que vai se tornando mais rara, mais poluída, um recurso vital do qual alguns Estados já privam outros (Israel e Palestina).

Constata-se, então, que o problema demográfico é complexo: depende de uma diversidade de elementos que convém religar para que ele seja levado em consideração corretamente; ele exige não apenas medidas em favor da limitação dos nascimentos onde existe superpopulação e de estímulo à procriação onde existe subpopulação, mas também uma política de humanidade que favoreça as corrente sociológicas de regulação dos nascimentos e que, entre outras coisas, atue sobre o consumo, a alimentação, a agricultura, a água.

Retornemos ao tema das migrações. Elas são simultaneamente causa e efeito da diáspora do *Homo* considerado *sapiens* em todos os continentes durante a pré-história, inclusive nas ilhas da Oceania. Elas jamais cessaram durante toda a história humana, tanto fixando-se para criar as nações como invadindo os Estados para ali substituir seu poder. Foram as invasões "bárbaras" que erigiram as nações europeias sobre os escombros do Império Romano. De fato, as migrações constituem um fenômeno ininterrupto, seja porque um povo expulsa o outro, seja porque um povo nômade se lança na conquista de sociedades sedentárias, seja porque populações pobres ou oprimidas partem em busca de terras que, se não são prometidas, pelo menos são promissoras. Não esqueçamos que as duas Américas são produtos de migrações europeias.

As migrações continuam hoje não sob a forma de deslocamentos de povos inteiros, mas de partidas individuais, mais ou menos reagrupadas, e, no caso dos africanos, sofrendo a exploração dos traficantes para alcançar sub-repticiamente o país no qual permanecerão clandestinos.

Em 2005, foram computados 200 milhões de migrantes, dentre os quais 34% tinham como destino a Europa; 28% a Ásia; 23% a América do Norte; 4% a América Latina — totalizando, então, 57% para o mundo ocidental. Note-se que 7% desses imigrantes, ou seja, 14 milhões, fugiram de conflitos (africanos, libaneses, afegãos, cristãos do Oriente Médio); que houve "refugiados ambientais" em razão das desertificações, inundações, terremotos, degradações climáticas; que há migrantes chineses na África e migrantes de todas as procedências nos países petroleiros do Golfo (onde fornecem 80% da mão de obra). Acrescenta-se o fato de que existe um êxodo de cérebros (médicos, engenheiros diplomados): cérebros africanos para a Europa, cérebros europeus para a América do Norte. As maiores migrações em massa se dão com destino ao Canadá, à Austrália, à Arábia Saudita e aos outros Estados petroleiros.

Em quase todos os casos, inclusive na Europa, os imigrantes não destituem os trabalhadores locais, que, em geral, sentem repugnância pelos trabalhos inferiores e sujos que os estrangeiros aceitam,

A VIA

contribuindo, assim, para o dinamismo econômico dos países em que trabalham, com frequência em condições vergonhosas de exploração (trabalhos sem registro, salários baixíssimos). Hoje, na França, os trabalhadores sem registro são indispensáveis em inúmeras corporações como as dos restaurantes e da hotelaria.

Um relatório da OCDE (Organização para a Cooperação e o Desenvolvimento Econômicos) assegura que a imigração desempenhará papel vital na futura economia dos países do Norte a fim de manter seu crescimento e prosperidade. Sem dúvida, após a queda ocorrida nos anos 2008 e 2009, os fluxos migratórios retomarão seu impulso... Os governos deveriam ajudar os imigrantes a se integrarem, assegurar-lhes os mesmos direitos dos trabalhadores locais, tornar menos restritivas as barreiras impostas à sua naturalização.

Além disso, nos países que dispõem de procedimentos de integração por meio da naturalização e que oferecem a modalidade de naturalização das crianças nascidas em seu território, os sucessivos imigrantes não apenas deram consistência demográfica à nação, como a enriqueceram com sua diversidade cultural.

Entretanto, nos países da Europa em que persistiram os sentimentos de superioridade racistas pós-colonialistas e xenófobos, os imigrados são vítimas de retrocessos nacionalistas com frequência cada vez maior, eles mesmos exacerbados pelas novas angústias nascidas das incertezas ligadas ao futuro, das dificuldades econômicas, do temor de perder sua identidade;[1] transformam-se em bodes

---

[1] É certo que existe um limite de tolerância para a instalação de estrangeiros em um território, que não pode ser ultrapassado por uma etnia fechada, vivendo na certeza absoluta de suas crenças e seus ritos; mas, para uma nação

Edgar Morin

expiatórios. Ainda que nada indique um aumento invasivo, a vontade de seduzir o eleitorado xenófobo induz os poderes públicos a tomarem medidas cruéis de repressão e expulsão. A França republicana, que jamais cedeu à histeria anti-imigrante da extrema-direita, perde sua figura hospitaleira em prol de uma política de rejeição, enquanto a baixa natalidade requereria a chegada de forças novas e jovens em seu território.

Se é verdade que na Europa os imigrantes não ameaçam em nada as identidades nacionais, mas, ao contrário, enriquecem a economia, a demografia e a cultura das nações, seria necessário, então, conceber para a Europa uma instância competente que examinaria o problema das migrações, principalmente em função dos eventuais crescimentos migratórios futuros, que provocariam o aumento do aquecimento climático, as múltiplas perturbações decorrentes da agravação das condições de vida nas zonas sujeitas à desertificação, à rarefação e à poluição da água, às inundações e à muito provável exacerbação dos atuais conflitos (Oriente Médio e Ásia). Mas, enquanto essas prováveis (mas evitáveis) agravações não acontecem, seria conveniente

---

moderna, que convive com o politeísmo e a pluralidade de valores, que mantém o espírito crítico e o ceticismo, que alimenta ideias universalistas, não se pode conceber qualquer limite de tolerância. Em contrapartida, o reflexo anti-imigrados que se sente atualmente na França deve-se não apenas às crescentes angústias, que evoquei anteriormente, mas também a um retardo na consciência do caráter novo de nosso país, que se tornou multicultural não apenas pela variedade étnica de suas províncias, mas também pela radicação de africanos, de asiáticos, de magrebinos, o que, em certos aspectos, nos faz lembrar das repúblicas latino-americanas. São raros os que tentaram esclarecer o espírito público a esse respeito.

A VIA

abolir as proibições nas fronteiras (o que faria com que as máfias que organizam o transporte clandestino dos migrantes desaparecessem) e conceder aos seres humanos a mesma liberdade de circular que se concede de tão boa vontade às mercadorias e aos capitais.

Correlativamente, se a retomada do desenvolvimento da pequena agricultura alimentar, bem como das reformas econômicas e sociais que indicamos neste livro, se efetivassem nos países pobres, as taxas de emigração diminuiriam progressivamente por si mesmas.

Capítulo 6

Os povos indígenas

Em todos os continentes, inclusive em todas as nações modernas na Europa (o povo Rom), subsiste uma miríade de povos, cada qual dotado de uma forte identidade, com sua língua, seus mitos e suas crenças, os mais importantes constituídos de centenas de milhares de indivíduos e os menores, de centenas de indivíduos. Dentre eles, as sociedades de caçadores-coletores são as últimas remanescentes da humanidade original de *Homo sapiens*, que durante 50 mil anos de pré-história se dispersou pelo globo, e que as sociedades históricas, surgidas há cerca de 8 a 9 milhões de anos, dotadas de uma agricultura, de cidades, de um Estado, de um exército, de poderosos meios técnicos, aniquilaram ou rejeitaram ao longo de sua expansão.

No século XIX, esse etnocídio, que se tornou planetário, acelerou-se e se intensificou com a expansão colonial dos ocidentais, e nas montanhas distantes, nos desertos, nas densas florestas, como as da Amazônia, não restam senão vestígios dessa humanidade que tudo destina à morte iminente se não se puder interromper esse processo.

São micronações, pequenos povos, microetnias dispersas, sem defesa. Lévy-Brühl* não enxergava neles senão o pensamento místico

---

* Lucien Lévy-Brühl (1857-1939) — filósofo e sociólogo francês. Sua grande contribuição para a Antropologia foi permitir a compreensão dos fatores irracionais no pensamento e nas religiões primitivas. Autor de vários ensaios

A VIA

e mágico, infantil e irracional. Na verdade, eles dispõem de um pensamento racional técnico, prático, que os torna capazes de fabricar arcos, flechas, zarabatanas, de utilizar estratégias refinadas para obter sua caça, de conhecer as qualidades e virtudes das plantas para se alimentar e se curar. Assim como acontece conosco, que temos outros mitos, outras ilusões, o pensamento simbólico-mítico-mágico não se confunde com o pensamento racional-técnico-prático, mas combina-se a ele.

Nos povos considerados nativos, existe uma riqueza inesperada de saberes e fazeres que os etnofarmacólogos apenas começam a explorar. Seus xamãs ou feiticeiros dispõem de capacidades psíquicas que não soubemos conservar e não sabemos compreender.

Evidentemente, essas sociedades constituem modelos fechados de solidariedade comunitária. Se nelas não existe individualismo à maneira ocidental, ali cada indivíduo realiza plenamente o emprego de suas aptidões sensoriais — visão, audição, olfato, tato. Todos são policompetentes: o homem entalha seus instrumentos, fabrica suas armas e seus projéteis, sabe encontrar as pegadas de sua caça, persegui-la e abatê-la; constrói sua casa, confecciona os brinquedos para seus filhos. A mulher se ocupa das crianças, junta forragem para os animais e os vegetais para a alimentação, cozinha, confecciona cerâmica, tecidos, objetos preciosos. Em nosso mundo ocidentalizado, o

---

sobre a condição antropológica, em *La Mentalité primitive* [A mentalidade primitiva]. Paris: PUF, 1922; Retz-C.E.P.L., 1976, Lévy-Brühl afirmou que a mente primitiva possuía caráter pré-lógico, o que lhe valeu inúmeras críticas posteriores. Mesmo assim, o livro ainda é referência fundamental para a antropologia. (N.Ts.)

Edgar Morin

desenvolvimento das técnicas e das especializações atrofiou as aptidões sensoriais e inibiu as potencialidades em policompetências, que não são mais realizadas senão pelos destituídos das favelas da África e pelos artesãos.

Não poderíamos nos limitar a recensear as qualidades das civilizações, adquiridas principalmente pelas sociedades europeias, pois, por outro lado, seria necessário recensear também as qualidades de solidariedade e de comunidade perdidas, sem mencionar as barbáries e crueldades sobre as quais nossas civilizações se fundaram e desenvolveram e que prosseguem com o aniquilamento cultural e físico da humanidade nativa.

A conquista militar, que se completou no fim do século XIX, foi acompanhada de uma conquista espiritual: os missionários causaram a desintegração das culturas indígenas sem integrar os povos na civilização dominante. A exploração econômica efetuou-se por meio da escravidão, da transferência de populações, da expropriação das terras. A escravização frequentemente desapareceu (nem sempre), mas a exploração econômica amplia-se: na Amazônia, com os seringueiros, o arroteamento realizado pela agricultura expulsa os indígenas, e a prospecção mineira e petrolífera apropria-se de seus territórios, cobiçados por sua riqueza. A despeito da lei, que reconhece esses territórios, os amazonenses do Brasil são malprotegidos pela Funai (Fundação Nacional do Índio), que não dispõe de efetivo suficiente. Os indígenas são atacados e mortos. Os que são arrancados de sua cultura à força se deixam morrer, como fez o povo alacalufe da Terra do Fogo, ou como fez o povo amazônico quando os missionários destruíram seus objetos sagrados, obrigando-os a se vestirem e a adorarem uma cruz.

A VIA

Como salvaguardar essa humanidade tão rica em sua pobreza, tão comovente, tão inocente?

Precisamos primeiro reconhecer que esses seres aparentemente bizarros são nossos pais e mães, nossos irmãos e irmãs, depositários de tantas verdades essenciais perdidas para nós e que poderíamos reencontrar se, em vez de usar o desprezo, soubéssemos também trocar e receber lições da parte deles.

Para salvá-los, é preciso encerrá-los em reservas, que assim funcionariam como verdadeiros zoológicos humanos, nas quais eles seriam mais prisioneiros do que protegidos? A folclorização, que transforma seus ritos e danças em objetos de circo, lhes permitiria viver ou constitui apenas um meio miserável de sobrevivência?

E a integração? Mas ela só desintegra. Esse foi o caso do povo alacalufe,[1] é também o dos índios cree do norte do Quebec.[2]

---

[1] O povo alacalufe da Terra do Fogo, nômades do mar, foi vítima dos predadores brancos que escravizaram suas jovens e seus jovens. Sedentarizado pelo governo chileno, privado de qualquer forma de vida nômade e de seus ritos, ele se deixou morrer, um por um.

[2] A sociedade Hydro-Québec comprou seu território para construir uma barragem e um lago artificial. O lago interrompeu a rota dos caribus, que alimentavam o povo cree e o peixe, contaminado pelo mercúrio, não é mais comestível. Os homens encontraram trabalho temporário na construção da barragem, mas depois ficaram desempregados e, desde então, foram privados de seu modo de vida tradicional. Instaladas em casas do tipo ocidental, as mulheres tiveram acesso a fogões, refrigeradores, conforto, mas, ao mudarem de alimentação e de modo de vida, tornaram-se obesas. O alcoolismo devastou os jovens, muitos se mataram em acidentes de automóvel, e as crianças se

Edgar Morin

A via de salvaguarda é a via difícil da integração autonomizante desses povos testemunhos. Ela implica a rememoração de sua história, o respeito às suas tradições identitárias, o reconhecimento das virtudes de sua cultura, o acesso a uma consciência de humanidade planetária. (A utilização da filmagem de vídeos ou de filmes pelos jovens indígenas, a quem essas técnicas foram ensinadas, permite que o conhecimento e o respeito da tradições identitárias sejam preservados.)

Essa via inclui a utilização das instituições democráticas das nações para fazer reconhecer seus direitos, legalizar seus territórios, conceder-lhes o direito de um porta-voz no parlamento. Isso favoreceria a associação das micronações em confederações nas quais se formaria a consciência de uma identidade comum de grande nação, como se fez no Canadá e nos Estados Unidos.

É preciso estar permanentemente consciente dos riscos desintegradores (povos abandonados pelas missões, povos dominados pela gestão *show business* produzida pela folclorização, povos degradados pela irrupção brutal do dinheiro). É preciso estar consciente da dificuldade insigne desses povos de se fazerem reconhecer: eles não possuem (ainda) uma *intelligentsia* que fale em seu nome, nem advogados que defendam seus direitos; são desprovidos de Estado nacional e de instituições protetoras em nível internacional. No entanto, a causa dessas minorias dispersas e mortalmente ameaçadas é sagrada. Esses seres humanos, os mais deserdados da Terra-Pátria, constituem nosso *alter ego*.

---

embriagam com cerveja. De maneira mais ampla, a droga, a prostituição, a delinquência e a decadência corroem as populações que desintegramos ao pretender integrá-las.

A VIA

Deveríamos vincular a defesa desses povos-raiz à dos nômades roms,* saarauis** e outros, aniquilados entre os Estados com suas fronteiras artificiais, à das sociedades tribais, também ameaçadas pela integração desintegradora, à das pequenas etnias, expulsas para regiões distantes ou desfavorecidas, florestais ou montanhosas — num total de 300 milhões de seres humanos com suas culturas e, com frequência, sua vida ameaçada.

Deveríamos criar instâncias planetárias que pudessem salvaguardar esses povos e sociedades da humanidade arcaica. Existe um patrimônio cultural da humanidade protegido pela Unesco; no entanto, o patrimônio cultural não é feito apenas de monumentos, de arquitetura, de arte, de paisagens; ele é feito, também, da existência das sociedades humanas mães, ricas em qualidades que perdemos e que poderíamos, que deveríamos recolher delas. Sua existência, que é em si mesma a resistência à barbárie da civilização evoluída, é uma resistência civilizadora.

---

* Etnia do povo cigano originária do norte da Índia. (N.Ts.)

** Povos nômades do Magrebe, Tunísia e Marrocos. (N.Ts.)

CAPÍTULO 7

A via ecológica

A SITUAÇÃO

A grande disjunção do Ocidente

Enquanto as sociedades arcaicas, depois as sociedades tradicionais, sentiam-se integradas à vida do Cosmo e a maior parte das religiões, entre elas o hinduísmo e o budismo, situava o ser humano no ciclo das reproduções do mundo vivo, o monoteísmo, judeu, depois cristão e islâmico, separou o ser humano do mundo animal ao lhe atribuir o privilégio supremo de ter sido criado à imagem divina. Ao anunciar a boa-nova — a ressurreição do corpo —, Paulo confere uma condição extraordinária ao ser humano, que tem a capacidade da ressurreição, enquanto os animais estão destinados à putrefação definitiva.

O desenvolvimento da civilização ocidental opera uma segunda disjunção no século XVII: para Descartes, o homem é o único indivíduo no universo, o único a possuir uma alma da qual os animais seriam desprovidos, com a vocação de tornar-se "um mestre e dominador da natureza". A partir de então, o desenvolvimento técnico, econômico, capitalista da civilização ocidental começa a conquistar essa natureza, na qual tudo o que é vivo constitui objeto para escravizar, manipular, destruir.

A VIA

Enquanto no século XIX, seguindo os passos de Rousseau, escritores e poetas inscrevem o ser humano em uma Natureza maternal, as ciências a reduzem e a dividem em física, química, biologia. No século XX, a própria ideia de vida é negada pela biologia molecular, que não concebe senão interações entre moléculas, e pela genética, para a qual o ser vivo é um autômato acionado por seus genes. A ciência reducionista é cega à autoeco-organização, que é produzida e produz a autonomia viva.

O próprio Cosmo foi suprimido pela noção de espaço-tempo. A despeito da demonstração de Darwin de que o homem é um primata originado de uma longa evolução animal, as ciências do século XX mantêm a separação homem/animal e cultura/natureza. O que no homem é corporal, animal, depende da biologia; o que é espiritual, social, depende das ciências humanas. A biologia apropria-se do cérebro; a psicologia, da mente. Bem ou mal, as ciências cognitivas recentes tentam fazer a ligação entre elas.

Na terceira metade do século XX, foi necessário que aparecesse a ciência ecológica, que a cosmologia, as ciências da Terra, o conhecimento da pré-história progredissem, para conceber que, se o ser humano se distingue da animalidade por sua consciência e sua cultura, traz consigo toda a história do universo e da vida, uma vez que as partículas que o constituem surgiram desde os primeiros segundos de existência do mundo, que seus átomos foram forjados em sóis anteriores ao nosso, que suas moléculas se agruparam sobre uma Terra primitiva para formar o primeiro ser unicelular do qual, por meio de criações e metamorfoses, descendem todos os seres vivos, inclusive o ser humano. Dessa forma, a autoeco-organização do ser vivo inscreveu-se no interior de nossa própria organização humana.

Edgar Morin

O mundo existe e, ao mesmo tempo, nós existimos no mundo. Não somos seres extravivos, não somos extra-animais ou extraprimatas, mas seres verdadeiramente supervivos, superanimais e superprimatas. A organização biológica, animal, mamífera encontra-se na natureza exterior, mas também em *nossa* natureza interior.

O surgimento de uma consciência ecológica

Com a ecologia, aparece a primeira ciência sistêmica e transdisciplinar. A natureza terrestre é composta de ecossistemas, conjuntos geograficamente localizáveis constituídos pelas interações entre animais, vegetais, unicelulares, solos e climas. O ecossistema é uma organização espontânea que não dispõe de nenhum cérebro central, nenhum posto de comando, mas encontra seus modos de regulação em seus complementares (parasitismos, simbioses) e em seus antagonismos (concorrências ou predações entre espécies). Seu processo de autorregulação integra a morte na vida, a vida na morte. O ciclo trófico que alimenta o ecossistema é um ciclo que se alimenta de morte; a ecologia reconhece que existe um vínculo estreito entre vida e morte. A Natureza é, então, mãe e infanticida ao mesmo tempo.

A noção de eco-organização viva teria sido ampliada para a biosfera por Paul Ehrlich, professor da Universidade de Stanford (Estados Unidos), em seguida, pelo relatório Meadows (1972), o primeiro a alertar sobre a ameaça de degradação da biosfera, e, finalmente, por James Lovelock, que reconheceu a existência de um superorganismo vivo na biosfera, o qual ele denominou Gaia.

Ciência de tipo novo, a ecologia envolve necessariamente um complexo no qual as interações entre as partes constituem um

A VIA

sistema global, cujas qualidades (emergências) retroagem sobre as partes. Trata-se da primeira ciência que ressuscita a relação entre os homens e a natureza. Ao revelar nossa relação de vida e de morte com a biosfera, ela nos obriga a repensar nosso planeta, a ligar nosso destino a ele e, finalmente, a repensar sobre nós mesmos.

A ameaça

É o desencadeamento de um processo de três faces (mundialização, ocidentalização, desenvolvimento) que degrada a biosfera de modo irresistível, tanto global como localmente; é o dinamismo de uma civilização oriunda do Ocidente, que engloba os desenvolvimentos ininterruptos da ciência, da técnica, da indústria, da produção, do consumo, que se encontra totalmente sem regulações. Esse dinamismo pode ser assimilado a um feedback positivo, um desencadeamento finalmente desintegrador, se não encontrar seus mecanismos de controle e de regulação e, sobretudo, se o sistema que o produz não se metamorfosear.

De fato, multiplicaram-se as poluições urbanas, poluições agrícolas, poluições atmosféricas, dos rios, dos lagos, dos mares (múltiplas marés negras, as duas mais recentes no golfo do México e na China), degradações dos solos e dos lençóis freáticos, desflorestamentos em massa, catástrofes nucleares (Chernobil, Three Miles Island), reaquecimento climático.[1] Ao mesmo tempo, os combustíveis fósseis

---

[1] O calor excessivo do verão de 2003 fez com que os franceses pressentissem o complexo de perturbações energéticas, humanas, sanitárias, econômicas e sociais que um reaquecimento climático de nossa zona temperada

significam problema por seus efeitos poluentes e, simultaneamente, pela perspectiva de sua rarefação, razão da necessidade de energias renováveis. A conjunção dessas ameaças sobre a biosfera constitui uma ameaça para a humanidade inteira.

Assim, o processo tem múltiplos aspectos e afeta todas as facetas da vida natural e humana: urbanas, rurais, aquáticas, oceânicas (principalmente a destruição das reservas de pesca, malcompensada pela piscicultura). Ele destrói a biodiversidade e altera a diversidade cultural, e produz, ou pelo menos acelera, o reaquecimento climático.

Os três grandes progressos em higiene e medicina são maculados pelo imenso crescimento das múltiplas poluições e das fontes de estresse que agem sobre a saúde

O capital financeiro mundial, cujo dinamismo coproduz a globalização, agrava a crise ecológica. Ele conduziu à superexploração dos recursos naturais em todo o mundo, sobretudo no hemisfério Sul; provocou a multiplicação das "externalidades", danos colaterais ecológicos, dentre eles o lançamento de resíduos tóxicos nos países pobres; estimulou esses países a orientarem sua agricultura para a exportação em detrimento de sua agricultura de subsistência, de suas florestas, de sua biodiversidade. A rarefação dos recursos naturais afetou o espírito especulativo, razão das altas de preços que aumentaram as dificuldades dos lares pobres do mundo rico, que se

---

determinaria. A esse contexto ecológico desregulado, acrescentam-se um contexto econômico problemático e um contexto geopolítico perigoso em que os antagonismos se exacerbam.

superendividaram sob o estímulo do mesmo capitalismo financeiro. Daí decorre a crise de 2008, a "primeira crise socioecológica do capitalismo financeiro e da bolsa de valores, na qual a rarefação dos recursos e a degradação ecológica exerceram influência" (Jean Gadrey, economista, professor da Universidade de Lille).

A necessidade de uma política planetária e de uma instância de decisão planetária ensejou as conferências do Rio de Janeiro, Kioto, Joanesburgo, Copenhague, que confirmaram os diagnósticos alarmistas sem ainda poder impor medidas reformadoras.

AS VIAS ECORREFORMADORAS

As vias para se responder à ameaça ecológica não são apenas técnicas; elas necessitam, prioritariamente, de uma reforma do nosso modo de pensar para englobar a relação entre a humanidade e a natureza em sua complexidade e conceber as reformas de civilização, as reformas de sociedade, as reformas de vida.

Reforma de pensamento: a concepção do mundo

Precisamos retomar a disjunção absoluta entre o humano e o natural, resultado do crescimento do racionalismo técnico ocidental e da pregnância do antropocentrismo judeu-cristão. *A quimera do domínio total do mundo, encorajada pelo prodigioso desenvolvimento das ciências e das técnicas, depara hoje com a conscientização de nossa dependência da biosfera e dos poderes destrutivos da tecnociência para a própria humanidade.* Como a via seguida pela humanidade conduz à agravação de todos esses males e perigos, trata-se de mudar de via,

Edgar Morin

por meio de conscientizações e de reformas. O *Homo sapiens não* deve mais tentar dominar a Terra, mas sim zelar por ela e viver nela com responsabilidade.

Desde já, repetimos que, mesmo sob sua forma atenuada de "sustentável", o desenvolvimento deve ser problematizado.

Para que isso seja feito, impõe-se uma reforma do conhecimento. Vivemos sob a influência de um pensamento disjuntivo (que separa e que é separado) e de um pensamento redutor (que reduz o complexo ao simples). Em razão disso, chegamos a um ponto em que a organização disjuntiva do conhecimento científico e técnico produz conhecimentos fragmentados e separados que impedem sua associação em conhecimentos fundamentais e globais; daí se origina o paradoxo de um conhecimento que produz mais cegueira do que lucidez.

Uma reforma do pensamento, inseparável de uma reforma da educação (consultar mais adiante o capítulo "Reforma do pensamento", p. 183 e seguintes), nos conduziria ao reconhecimento de que somos filhos da Terra, filhos da Vida, filhos do Cosmo. Ela nos faria tomar consciência de nossa comunidade de destino de seres humanos de todas as origens, ameaçados pelos mesmos perigos mortais. Saberíamos, então, que o pequeno planeta perdido denominado Terra é nosso lar — *home, Heimat*; que ele é nossa mátria, nossa Terra-Pátria. Todos os seres humanos habitam o lar comum da humanidade. Todos os seres humanos sofrem na pele a situação agônica deste início de milênio. Todos os seres humanos compartilham um destino de perdição.

A conscientização dessa comunidade de destino terrestre deve tornar-se o evento-chave do século XXI: devemos nos sentir solidários com este planeta, cuja vida condiciona a nossa. É preciso salvar o soldado Terra! É preciso que salvemos nossa *Pachamama*, nossa

A VIA

Terra mãe! Para nos tornarmos plenamente cidadãos da Terra, é imperativo mudar nosso modo de habitá-la!

Sem dúvida alguma, nossa consciência ecológica progride aos saltos, local e globalmente, por ocasião de devastações, degradações e catástrofes. Essa progressão, porém, é refreada pelas estruturas institucionais e mentais esclerosadas, por enormes interesses econômicos e por inúmeras barreiras que subsistem, a despeito das grandes conferências internacionais que marcaram as últimas décadas. Além disso, observa-se que a inconsciência também progride. A conscientização ecológica não se instalou em um grande pensamento político; ela ainda não provoca o crescimento de uma força planetária, a única capaz de desencadear as mudanças necessárias.

Uma ecopolítica planetária

Uma ecopolítica em nível planetário impõe-se local, regional, nacional e, ao mesmo tempo, globalmente. Ela deve enunciar as normas para salvaguardar as biodiversidades, as florestas, reduzir as agriculturas e pecuárias industrializadas poluidoras dos solos, das águas, dos alimentos; proteger as pequenas culturas de subsistência; propor respostas para o reaquecimento climático. A ecopolítica consideraria os fatores de poluição simultaneamente em seu conjunto e em sua diversidade, coligiria as grandes linhas das reformas mais importantes e mais urgentes.

Energias renováveis

Uma política da energia pode e deve ser formulada em todos os níveis: doméstico, local, nacional, continental, planetário.

Edgar Morin

Uma reforma deve desenvolver as energias renováveis. Cada uma dessas energias precisa ser considerada não apenas em sua especificidade própria, mas também como um conjunto no qual seria necessário associar e combinar, tanto quanto possível, a energia hidráulica (não apenas as barragens, mas o retorno dos moinhos de água, segundo os novos modelos micro-hidroelétricos), a eólica, a solar, a fotovoltaica, a geotérmica, a maremotora. Um grande desenvolvimento dessas energias já é notado na Espanha (onde as eólicas atingirão 46% do potencial total em 2011)* e na Alemanha (100 mil placas solares, contra 5 mil na França). Acrescenta-se a isso a produção de energia a partir da combustão e da fragmentação de resíduos, ou a partir do excremento bovino (central térmica de Leeuwarden nos Países Baixos), de bombas de calor aerotérmico (que bombeiam o calor no meio ambiente). No que se refere à energia solar, está prevista a instalação de uma central térmica gigantesca no deserto do Saara (projeto Desertec); já existe uma no deserto do Mojave, na Califórnia. Está prevista, também, a utilização de satélites para a captação de energia solar no espaço (Sociedade Astrium).

Além disso, as culturas de biocarburantes poderiam ser desenvolvidas, sob a condição de que isso não aconteça em detrimento das culturas destinadas à alimentação.

Por outro lado, a aplicação útil e sem perigo do hidrogênio para fins energéticos é uma alternativa cuja efetivação não se pode prever.

---

* Em março de 2011, pela primeira vez, a energia eólica ultrapassou as fontes tradicionais na Espanha, com os parques eólicos cobrindo 21% da demanda e gerando 4.738 gigawatts-hora. A Espanha é o segundo país em participação eólica na matriz energética. O primeiro é a China (*Veja*, mar. 2011). (N.Ts.)

A VIA

De modo semelhante, a fórmula para reduzir a emissão de CO_2 ainda está para ser descoberta.

Habitat (consultar também o capítulo "Cidade e *habitat*")

A reforma energética destinada ao *habitat* nos leva a conceber em conjunto, e não de modo separado, as energias renováveis (eólica, solar, fotovoltaica, geotérmica e hidráulica em casos de fontes ou rios privados); de modo complementar e combinado, essas energias deveriam assegurar o aquecimento e a iluminação do *habitat*.[2]

A tendência de uma política do *habitat* deveria favorecer simultaneamente o desenvolvimento e a combinação de cada uma dessas energias. Atualmente, a instalação de uma calefação geotérmica tem um custo imediato muito elevado quando comparada à calefação elétrica, mas, no longo prazo, sua amortização em termos de custo, bem como de respeito ao meio ambiente, é garantida; desde já, é preciso prever as medidas fiscais para favorecer o uso desses equipamentos. Elas deveriam favorecer ao mesmo tempo a cogeração dessa energia.

A política do *habitat* deveria dar toda liberdade aos particulares para produzirem sua eletricidade doméstica e impor certas economias, entre elas a redução progressiva da calefação elétrica e da climatização, a generalização do envidraçamento duplo, o funcionamento

---

[2] A cidade de Paris prevê a instalação de uma central fotovoltaica de 3,5 mil m² de placas solares sobre o teto do Mercado Municipal Pajol (18nª circunscrição). Até 2014, 200 mil m² de placas solares fotovoltaicas estarão instalados e poderão contribuir para o fornecimento de 2% do consumo energético da capital francesa.

Edgar Morin

das calefações dos prédios em função da temperatura externa, e não de programas sazonais com datas fixas.

Transportes

É no âmbito dos transportes que se constatam a maior dependência energética e, simultaneamente, a maior poluição material. Os transportes de mercadorias por meio de caminhões por longas distâncias (por vezes, milhares de quilômetros) e a metade dos deslocamentos por automóvel que não ultrapassam 3 quilômetros poderiam ser evitados e substituídos, os primeiros pelos meios de transporte ferroviários, os segundos pela utilização de transporte público ou bicicletas.

Daí decorre a necessidade de se diminuírem os transportes poluentes por meio:

- do fomento à produção de automóveis híbridos ou elétricos;
- do desenvolvimento[3] da rede TGV, trens de alta velocidade, para diminuir os transportes por aviões e automóveis;
- do desenvolvimento do uso dos canais;
- do uso do transporte ferroviário para os caminhões (em caso de urgência, nos eixos Lyon-Turim e Centro-Pirineus);
- do desenvolvimento de transporte marítimo misto, à vela e a motor (já inaugurado de diversas formas);
- da redução das viagens intercontinentais por avião, pela generalização das teleconferências.

---

[3] A região Poitou-Charente encorajou a produção do "Simplicity", um pequeno veículo limpo de baixo custo.

A VIA

Daí decorre, também, a necessidade de se regular a circulação urbana por meio:

- de um cinturão de estacionamentos ao redor das cidades e dos centros das cidades;
- da criação de calçadões de pedestres nos centros das cidades, privilegiando apenas os transportes públicos, de preferência elétricos (bondes), e reintegração da bicicleta;
- estímulo ao transporte solidário, com a instalação de pontos de embarque e desembarque.

A problematização do dispositivo nuclear

A energia nuclear apresenta vantagens (sem poluição na atmosfera), inconvenientes (necessidade de uma grande segurança) e riscos (acidentes graves, riscos terroristas improváveis, mas possíveis — as centrais atômicas são alvos ideais de atentados —, perturbação das centrais atômicas em períodos de calor excessivo, emissão radioativa dos resíduos).

Para resíduos atômicos cuja radioatividade perdura por muito tempo, existem proteções confiáveis apenas em curto e médio prazo. No longo prazo, os efeitos nefastos desses resíduos perdurarão por milhares, até mesmo milhões de anos, enquanto, até agora, não se pode visualizar uma previsão de controle por mais de um século. Entretanto, não se exclui a possibilidade de encontrar os meios de neutralizar a nocividade dos resíduos radioativos criando, por exemplo, centrais de energia alimentadas por esses próprios resíduos.

Existe, também, a dependência da energia nuclear diante do estrangeiro, por meio da importação, pela França, do urânio nigeriano ou canadense (durante algum tempo, a exploração da mina de urânio canadense foi suspensa em razão de grandes inundações).

Desse modo, a energia nuclear submete-se a riscos específicos e também a ameaças externas.

O procedimento de fusão nuclear resolveria muito bem os problemas, mas o primeiro reator de pesquisa, o ITER,[4] enfrenta dificuldades de produção e não poderia estar pronto senão em vinte anos, pelo menos.

Parece oportuno, também, investir maciçamente em energias renováveis, mais do que na nuclear. A prioridade concedida à energia nuclear causou o subinvestimento francês na energia solar, eólica e em outras energias renováveis.

Política da água

Vamos nos limitar aqui a examinar os aspectos ecológicos de uma política da água.

A água, um ex-bem comum à disposição de todos, com o encanamento nas casas, transformou-se em um bem pelo qual se deve pagar e, com o incremento da água potável engarrafada, um bem de mercado caro.

O uso de imensa quantidade de água na agricultura industrializada, a poluição dos lençóis freáticos pelos resíduos da pecuária industrial, a poluição dos rios, riachos, lagos, mares sob o efeito dos lixos e dos resíduos nocivos das cidades e das indústrias, tudo isso

---

[4] ITER (International Thermonuclear Experimental Reactor) — reator Termonuclear Experimental Internacional.

transforma o bem mais abundante em um bem que começa a rarear. Enfim, nas regiões do mundo sujeitas às secas endêmicas e nas regiões em que se prevê o reaquecimento climático, a água se transformará em bem capital para as nações, fazendo com que a agravação das condições de aprovisionamento da água e a multiplicação dos antagonismos entre nações pressagiem eventuais guerras da água.

Por outro lado, o fitoplâncton, elemento de base da cadeia trófica, diminui significativamente nos oceanos, cada vez mais poluídos e submetidos à pesca excessiva.

A ecologia nos apresenta problemas de energia de ordem técnica e econômica e, indiretamente, problemas de transporte, de *habitat*. Com isso, ela nos leva a considerar os problemas-chave da sociedade.

A sociedade é um "complexo" no sentido da palavra latina *complexus*, que significa "o que é tecido em conjunto"; se seguirmos os fios energéticos, chegaremos ao complexo de conjunto. Esse complexo compreende a produção, o consumo, a cidade, o campo e, ao mesmo tempo, os comportamentos e finalidades individualistas que marcam nossos hábitos de vida, nossos gêneros de vida, nossos estilos de vida, dito de outra forma, nossa existência cotidiana e pessoal. Precisamos, então, nos situar no complexo:

Falar de complexo significa que devemos considerar os dados particulares sempre em relação ao conjunto de que fazem parte e, até mesmo, considerar o conjunto sempre em relação às partes. É preciso descompartimentalizar as especializações e situar o objeto sempre em seu contexto e em seu complexo.

Esse complexo comporta problemas próprios à nossa civilização, caracterizada pelo desenvolvimento ininterrupto de seu caráter técnico-econômico-industrial, que, por sua vez, implica um crescimento ininterrupto das necessidades, produtos e consumos — principalmente o crescimento do consumo energético. Apenas começamos a nos conscientizar de que esse consumo provoca desperdícios e dilapidações e determina degradações e rarefações; devemos concluir, sem mais demora, que essa situação demanda inovações e reformas em todos os domínios.

Efetivamente, ao ultrapassar certo limite, a modificação de nossos comportamentos energéticos significa a modificação de nossos gêneros e modos de vida, no que diz respeito aos transportes, ao *habitat*, ao consumo ou à vida urbana.

Cidade/campo

O problema da cidade já foi tratado sob a perspectiva dos transportes e do *habitat*. Nós o reencontraremos em um capítulo específico (p. 242). O que tratamos aqui é o problema das megalópoles, nas quais a própria cidade sufoca sob uma aglomeração informe. Uma política de descongestionamento, por meio da prioridade aos pedestres e do desenvolvimento dos transportes públicos não poluentes nos centros das cidades, já foi evocada. Acrescentemos a isso a possibilidade de se visualizar uma desmegalopolização em prol de cidades de tamanho médio e do repovoamento de pequenas cidades e povoados. As pequenas cidades em vias de extinção podem ser revitalizadas pela instalação de gente que se aposentou jovem, pelo desenvolvimento do teletrabalho. Daí decorre o problema duplo e simultâneo da humanização das cidades e da revitalização das zonas rurais que a política de civilização requer.

A tendência à concentração econômica, administrativa, escolar e hospitalar, inspirada por motivações puramente quantitativas, deveria se reverter. Cada cidadezinha teria necessidade de uma mercearia-padaria-bistrô e de um serviço polivalente de ligação postal e bancária. A centralização hospitalar extrema poderia ser corrigida pela criação de unidades médicas ambulantes e pequenos postos de saúde locais.

Na parte consagrada à agricultura, examinaremos as reformas necessárias para se reduzir progressivamente a participação da agricultura e da pecuária industrializadas, desenvolver as agriculturas rurais e biológicas, praticar o reflorestamento, utilizar os adubos que não degradam os solos, dentre eles o biocarvão.[5]

Natureza

Evidentemente, toda política de preservação da natureza necessita de reformas agrícolas por meio da diminuição da agricultura e da pecuária industrializadas. Mais amplamente, sua tendência deve ser salvaguardar ou restaurar a biodiversidade, promover reflorestamentos, desenvolver os parques naturais, os espaços verdes, os jardins,

---

[5] Proposto e propagado pela associação Pro-Natura, o biocarvão é um carvão obtido pela combustão dos resíduos e dejetos vegetais, que fertiliza o solo.

Edgar Morin

e introduzir, da melhor maneira possível, a natureza nas cidades, como veremos no capítulo "Cidade".

Ecologia e política de civilização

Uma política de salvaguarda ecológica não poderia limitar-se a fazer variar as taxações, as isenções de taxas, os controles. Ela deve ser definida a partir de imperativos de promoção da qualidade de vida, tal como a definiremos mais adiante, na quarta parte deste livro.

Deveria ser uma política em que a restrição não seria sinônimo de privação, mas de temperança, não de falta, mas de qualidade. Tal política incluiria uma ação perseverante contra as "intoxicações de civilização" e as dilapidações, utilizando-se, para isso, das reciclagens e da promoção do qualitativo em vez do quantitativo.

Uma política como essa, que simplesmente ultrapassaria as economias e as organizações do espaço, implicaria reorientação e reorganização no que diz respeito a todos os setores da vida social e individual.

Sem dúvida alguma, essa política reformadora necessitaria de gastos consideráveis (grandes obras urbanas, investimentos pesados em transportes [ferroviários] e *habitat*). Entretanto, todas essas despesas seriam capazes não apenas de restaurar a atividade econômica em época de estagnação e de desemprego, como, no final, implicariam enorme economia nas despesas com a saúde. Sob o efeito de uma nova política urbana, a redução maciça das asmas, bronquites, fadigas e males sociopsicossomáticos, do consumo de antidepressivos, drogas, soníferos etc., bem como o desenvolvimento simultâneo da qualidade de vida, causariam redução contínua do orçamento

A VIA

da Saúde Pública. Enfim, dar um sentido político à qualidade de vida seria despertar a esperança em uma sociedade atualmente privada de futuro.

Em um capítulo posterior, examinaremos as "intoxicações de civilização", entre elas, a intoxicação consumista e a intoxicação pelos automóveis, que contribuem imensamente com o desperdício energético, a degradação ecológica e, ao mesmo tempo, a degradação do modo de vida (p. 301-309).

Uma reforma do modo de vida implicaria visualizar o ensino de uma "educação de civilização" que incluiria:

- educação para o consumo (tornar as pessoas sensíveis à compulsão do consumo, compreender sua psicossociologia; ensinar como escolher, como considerar a publicidade. Educar para a qualidade e o gosto dos alimentos);
- educação para o uso do automóvel (a partir da análise da intoxicação pelo automóvel examinada no capítulo "O consumo");
- educação voltada para o turismo e para as excursões a pé (com o objetivo de demonstrar as vantagens de um ritmo de viagem que permite desfrutar melhor as belezas das regiões, as paisagens e culturas do que prometem os acelerados pacotes turísticos de viagem).

Conclusão

Uma política renovada demandaria ação conjunta do Estado, das coletividades públicas, das associações privadas e dos cidadãos. Exigiria o que um sociólogo denominou uma "governança de

Edgar Morin

concertação". Requereria uma conjugação entre a sociorregulação, a ecorregulação e a egorregulação. Deveria enfrentar não apenas os lobismos e corporativismos, mas também a apatia e a indiferença. Convidaria a um despertar cidadão que se produziria pela conscientização dos problemas vitais em jogo.

Uma política desse tipo poderia e deveria acionar os meios imediatos. Mas, além de tudo isso, trata-se, evidentemente, de uma política de longo alcance que exige tempo e esforços.

A política ecológica contribui com a política de civilização, que, por sua vez, contribui com a política ecológica, e ambas constituem vias reformadoras que se conjugam necessariamente a outras vias (entre elas, a reforma da educação, a reforma do consumo, a reforma de vida). Como já indicamos e continuaremos a repetir nos casos em que for necessário, a Via deve substituir a hegemonia da quantidade pela hegemonia da qualidade, a obsessão do mais pela obsessão do melhor.

Capítulo 8

A água

"Mãe da vida", a água é parte constitutiva de todas as células de todos os organismos vivos; trata-se de uma necessidade cotidiana para cada um de nós, um bem comum a todos os seres humanos, mas transformou-se em mercadoria, servindo cada vez mais ao jogo geopolítico e geoestratégico entre os Estados.

Diagnóstico

Hoje em dia, 1,5 bilhão de pessoas não têm acesso à água potável; 2,4 bilhões de seres humanos ainda vivem sem os serviços de saneamento básico. De 1990 a 1996, a proporção da população mundial sem redes de esgotos passou de 64% a 67%. Os países que sofrem de estresse hídrico* ou que dispõem de menos do que $1.000m^3$ de água por pessoa e por ano tornam-se cada vez mais numerosos. A cada dia, 30 mil pessoas morrem atingidas por doenças decorrentes da escassez de água potável e de saneamento básico; na África do Sul, 600 mil agricultores brancos consomem 60% dos recursos hídricos do país na irrigação, enquanto 15 milhões de cidadãos negros não têm acesso a água potável; metade das aldeias palestinas

---

* Estresse hídrico significa que a demanda de água por habitante é maior do que a capacidade de oferta de um corpo hídrico. (N.Ts.)

não tem água corrente, ao passo que todas as colônias israelenses são abastecidas; o consumo diário médio de água da população dos países "em desenvolvimento" é de cerca de 20 litros. Na Itália, ele sobe para 213 litros; nos Estados Unidos, 600 litros (na Califórnia, 4,1 mil litros!). O Brasil representa 11% dos recursos de água doce do planeta e mais de 45 milhões de brasileiros ainda não têm acesso a água potável.

No mundo inteiro, o desperdício de água é enorme: 40% da água empregada para a irrigação perde-se por evaporação; as perdas de água nos aquedutos são de 30 a 50%, mesmo nos países considerados "desenvolvidos". Uma máquina de lavar padrão consome em média 140 litros por ciclo, as descargas dos vasos sanitários utilizam de 10 a 20 litros a cada uso, uma lava-louças, 60 litros. Certos países confrontam-se com paradoxos: o Marrocos, por exemplo, vive um estresse hídrico importante e, mesmo assim, exporta água por meio de suas frutas e legumes, mas também esbanja água devido às exigências de seu mercado turístico (duchas e piscinas dos hotéis)...

A água tornou-se limitada em nível local e global. As regiões temperadas, das quais a França faz parte, também enfrentarão problemas de quantidade e de qualidade da água; 85% do volume dos rios da França estão poluídos. No mundo inteiro, os lençóis freáticos continuam a baixar perigosamente em virtude das captações excessivas destinadas à agricultura e às atividades industriais, principalmente nos Estados Unidos, na China e na Índia. No ritmo do consumo e do desperdício atuais, esses países estão fadados a enfrentar graves problemas de abastecimento de água fresca nos próximos anos.

A penúria não é a única preocupação na gestão dos recursos da água. A degradação da qualidade e o crescimento do grau de poluição são igualmente inquietantes.

A VIA

Como a água doce é um recurso precioso, a poluição dos lençóis freáticos, que constituem uma reserva importante de água doce relativamente pura, bem como a dos lagos e rios são, sem dúvida, as mais preocupantes. As poluições dos afluentes e dos rios deságuam nos mares e oceanos e, com isso, agravam a poluição marinha: o próprio plâncton, fonte de vida dos peixes, encontra-se ameaçado.

A poluição das águas pode ser de origem e de natureza diversas. A poluição física pode ser térmica ou radioativa. A poluição térmica deve-se principalmente às indústrias, entre as quais a nuclear, que utilizam a água como líquido de resfriamento. Ao provocar reaquecimento significativo dos cursos de água utilizados, tem-se como consequência o desaparecimento local de certas espécies animais ou vegetais. A poluição radioativa que sobrevém nos acidentes nucleares é extremamente persistente. Seus efeitos em longo prazo ainda hoje são desconhecidos.

As principais poluições químicas resultam da agricultura e de certas indústrias. Na agricultura, o uso maciço de pesticidas, extremamente nocivos aos seres vivos, ocasiona a disseminação dessas substâncias nos ambientes aquáticos subterrâneos ou de superfície e provoca a morte de numerosas espécies animais. A grande quantidade de nitratos e fosfatos contidos nos adubos causa problemas de eutrofização, que conduz à destruição de toda vida animal ou vegetal sob a superfície.

Outras poluições, como as dos metais pesados como o chumbo, o mercúrio, o zinco ou o arsênio, em sua maior parte resultam dos resíduos industriais e não são biodegradáveis. Presentes ao longo de toda a cadeia alimentar, eles se acumulam nos organismos.

Edgar Morin

As poluições provenientes das chuvas ácidas são igualmente nocivas.

As poluições provocadas pelas substâncias medicamentosas associam-se às outras. Uma grande quantidade de moléculas medicamentosas não é inteiramente assimilada pelo corpo humano e é lançada nos esgotos. Elas são encontradas nos meios naturais aquáticos e suas consequências para o meio ambiente e a saúde humana ainda permanecem obscuras.

As poluições causadas pelos hidrocarbonetos (como as marés negras ou as emissões de gases naturais) são igualmente frequentes em ambientes marinhos onde podem representar até 40% das poluições da água.

As poluições provocadas pelos PCB (policlorobifenilos, utilizados principalmente nos transformadores elétricos, nos condensadores, e como isolantes, em razão de suas excelentes características dielétricas) podem exercer efeitos tóxicos e cancerígenos, pois essas substâncias se acumulam nas células gordurosas dos seres vivos.

A poluição orgânica é a mais "natural". Efetivamente, na ausência de tratamento, uma cidade de 100 mil habitantes lança 18 toneladas de material orgânico por dia em seus esgotos. Embora seja biodegradável, esse material não deixa de provocar seus efeitos.

O excesso de detritos nos rios pode conduzir à asfixia dos ecossistemas aquáticos, e os primeiros condenados são os peixes, e, em seguida, em mais forte concentração, o resto da fauna e da flora aquáticas.

A água dos lençóis freáticos, dos afluentes e dos lagos também é desnaturada pela poluição e pelas contaminações dos fertilizantes, pesticidas, emissões, resíduos industriais tóxicos.

A VIA

De acordo com um relatório da OCDE, um grande número de seres humanos vive nas zonas submetidas a estresse hídrico. Em 2030, na ausência de medidas eficazes para preservar os recursos de água potável, 3,9 bilhões de pessoas poderão ser atingidas por esse estresse hídrico, entre as quais 80% da população dos BRIC (Brasil, Rússia, Índia, China). Essa escassez será agravada pelo aumento da população, que gerará crescente necessidade de água potável e de água destinada à agricultura.

O reaquecimento do planeta exerceria igualmente forte impacto sobre os recursos de água. Regiões como a Ásia Central, a África saheliana ou as grandes planícies dos Estados Unidos poderiam enfrentar uma estiagem perigosa para as populações e sua agricultura.

A diminuição e a degradação da água em escala mundial anunciam pesadas consequências sobre as atividades humanas e sobre as relações internacionais. Os grandes cursos de água, que em geral não se limitam a abastecer apenas um Estado, tornaram-se instrumentos de jogos geopolíticos e estratégicos importantes e fonte de novos conflitos.

De bem comum a bem privado e mercadoria

Promovida a partir dos anos 1980 pelos grupos dirigentes dos países ocidentais, a política da água funda-se na conversão da água de bem comum em *bem econômico*; a água tornou-se um produto de mercado, vendido e comprado. Esse princípio foi afirmado pela primeira vez em Dublin, em 1992, na Conferência das Nações Unidas sobre a água, com o consentimento de todos os Estados membros. Desde então, ele tem sido reiterado nas muitas conferências mundiais e reuniões de cúpula consagradas à água. Segundo esse princípio, a água deixa de ser um bem comum a partir do momento em que é captada, extraída e utilizada na irrigação da agricultura e armazenada em garrafas destinadas ao consumo. Nesses casos, os custos devem ser cobertos pelos preços e os capitais investidos devem ser remunerados. A partir de então, a água não é mais um bem comum "sem preço"; transforma-se em um bem de mercado "com preço".

Enquanto em alguns países o abastecimento de água dependia do serviço público, a economia liberal impôs a privatização dos serviços hídricos. A propriedade e a gestão da água distribuída em domicílio tendem, por sua vez, a se tornar privadas.

No início dos anos 1980, as duas principais companhias privadas de água, com operações internacionais (a Companhia Geral de Águas, renomeada Vivendi meio ambiente, depois Veolia, e a Companhia Lionesa de Águas, renomeada Ondeo), asseguravam a distribuição de água a 300 mil pessoas fora da França. No ano 2000, o número de pessoas no mundo servidas pelas empresas privadas ultrapassou os 400 milhões, dos quais 250 milhões por empresas francesas. O banco suíço Pictet prevê que, em 2015, se a tendência à privatização for mantida, o setor privado prestará serviços a mais ou menos 1,7 bilhão de pessoas.

A privatização dos serviços de água (que, salvo exceções locais, ainda não chegou à Suíça, à Suécia, aos Países Baixos, ao Québec e aos Estados Unidos, onde 88% dos serviços de água estão assegurados pelas empresas públicas municipais) não se traduziu nem por uma melhoria nos serviços, nem pela diminuição de preços. Na maioria dos casos, sobretudo nos países do Sul, os preços dispararam rapidamente, de modo incontrolado, como ocorreu em Cochabamba, na Bolívia, em Manila, nas Filipinas, ou em Santa Fé, na Argentina. A corrupção acompanhou a privatização das concessões. O

A VIA

endividamento dos países pobres aumentou. A melhoria dos serviços nesses países foi mais vantajosa para os mais ricos.

Rumo à rarefação da água

A água está destinada a se tornar sempre mais rara, por isso, econômica e estrategicamente, cada vez mais importante.

Economicamente, isso leva a valorizar os recursos ainda não utilizados, a favorecer o transporte da água por longas distâncias, a aumentar a quantidade de água doce disponibilizada graças, particularmente, à dessalinização da água do mar. Daí provém a decisão (janeiro de 2000) de criar o primeiro Fundo Internacional de Investimento da Água, a fim de reduzir o desperdício e as captações excessivas por meio das manobras de preços (aplicação do princípio "poluidor-pagador").

Estrategicamente, a segurança hídrica nacional tornou-se um problema político central. Os conflitos de usos concorrentes em um país e, sobretudo, entre países, vão se intensificar e se generalizar.

A via das reformas: para outra política da água

O objetivo principal de uma política da água é fazer dela um direito humano; o objetivo final é restituí-la como bem comum aos seres humanos.

O acesso à água em quantidade e qualidade suficientes para a vida (25 a 50 litros por dia para os usos domésticos) deveria ser reconhecido como um direito universal. O Comitê dos Direitos Humanos, Sociais e Culturais das Nações Unidas, em seu comentário geral de novembro de 1992, reconhece que o acesso à água deve ser considerado um direito humano. O objetivo do direito à água não está financeira e tecnologicamente fora de alcance; também deveria ser incluído no plano político.

A propriedade, a gestão, a distribuição e o controle político da água deveriam voltar a ser ou permanecer públicos. O objetivo reformador é manter e reconduzir o conjunto de serviços de água à esfera pública, ou seja, desprivatizar a captação das águas, a gestão das águas usadas, a gestão das águas minerais. Isso poderia começar pela reintrodução dos "pontos de água públicos", como as fontes de Wallace que existiam em Paris,[1] nas praças, jardins, aeroportos, estádios, escolas, e, no Sul, no interior das periferias.

As coletividades públicas (da comuna ao Estado, das uniões continentais à comunidade mundial) deveriam assegurar o financiamento dos investimentos necessários para concretizar o direito à água potável para todos.

O direito à utilização da água como direito humano e bem comum público tem um custo. Ainda hoje, em lugares onde o serviço de distribuição da água é coletivo e público, o financiamento dos custos é garantido pelo orçamento da comuna, do cantão, da província, do comando do Estado. Na Suíça, até o presente momento, o financiamento público tem se mostrado bastante eficaz: a Suíça é o único país em que as perdas de água na rede de distribuição estão próximas da taxa natural admitida, a saber, 9%. Na França, país que abriga as maiores empresas multinacionais privadas, a média das perdas se situa entre 25 e 35%.

---

[1] Em 2010, ainda restavam três fontes de água potável em Paris, respectivamente na 13ª, 16ª e 17ª circunscrições.

A VIA

É indispensável rever o papel e o funcionamento das instituições financeiras, locais e internacionais, com o objetivo de definir novas instituições de financiamento do tipo cooperativa-territorial e internacional, segundo uma lógica de parceria privada/pública e, para esse fim, visualizar a criação de novos instrumentos financeiros, tais como caixas econômicas, cooperativas europeias, euro-africanas, euro-latino-americanas, asiáticas, africanas etc.

Os cidadãos deveriam participar da definição e da realização da política da água em âmbito nacional e local (efetivação de locais em que haja participação comunitária) em bases representativas e diretas. Deveria ser instituída uma autoridade mundial da água a fim de elaborar uma utilização solidária e sustentável do bem "água"; ela disporia de um tribunal mundial da água (órgão de resolução dos conflitos em matéria de utilização da água) e um dispositivo de *controle* responsável pela avaliação e pelas consequências dele decorrentes.

A gestão do ciclo da água deveria seguir uma abordagem cujo objetivo seria manter os equilíbrios hidrogeológicos e ambientais, promover e garantir a economia da água. É preciso observar se a construção de grandes barragens (na América Latina, Ásia, China, Índia, África, Rússia, Ásia Menor, em particular no Curdistão, Europa, especialmente nos países do Leste) não corre o risco de agravar os problemas da água.

A política da água associa-se aqui à nova política agrícola, que, em oposição às agriculturas industrializadas, promove sistemas diversificados vinculados aos territórios, visando à salvaguarda e à proteção dos processos ecológicos, bem como do desenvolvimento, onde é possível, de culturas que exigem pouca água. Ela segue no sentido

Edgar Morin

do desenvolvimento de uma política de recolhimento sistemático das águas pluviais nas regiões sujeitas à seca.

Políticas da água já podem ser postas em prática em escalas locais, regionais e nacionais. Uma política em escala planetária necessitaria de um consenso entre os Estados e uma Agência Mundial da Água dotada de poderes, algo que ainda não pode ser visualizado. Será que a agravação dos problemas acelerará as conscientizações e as decisões?

Capítulo 9

A via econômica

A situação

Após 1989, com a expansão universal da economia neoliberal, o processo de mundialização econômica transformou-se em globalização.

Em todo o globo, essa expansão foi acompanhada pela expansão do capitalismo, que, por sua vez, foi acompanhada do domínio do capital financeiro. A soma do PIB dos países do planeta sobe para 54 bilhões de dólares; o total dos capitais especulativos passando de uma praça financeira a outra é estimado em cerca de 540 bilhões de dólares. Esse dinheiro virtual, cujos lucros geram o lucro, transforma-se na força hegemônica da economia mundializada.

Produtor de grandes riquezas, o processo de três faces (mundialização, desenvolvimento, ocidentalização) reduziu as antigas pobrezas, criou nos países emergentes uma nova classe média à maneira ocidental, mas, por todo o Sul, também degradou em miséria a pobreza dos pequenos camponeses deslocados para enormes favelas, aumentou as desigualdades, gerou fortunas enormes, e não menos infortúnios, e, como já dissemos, provocou destruições culturais e a diminuição das solidariedades.

O crescimento ininterrupto, produtor e produto do desenvolvimento, ainda é considerado pela maior parte dos Estados a via da salvação. Desacelerado nos países considerados desenvolvidos, por

Edgar Morin

vezes paralisado pela crise, ele prossegue tumultuosamente nos países emergentes da Ásia e da América Latina.

Após as medidas tomadas por Thatcher e Reagan, que inauguraram a mundialização neoliberal, as regulações e as barreiras estatais desapareceram, as privatizações das empresas do Estado e dos serviços públicos se generalizaram e a busca do lucro se tornou desenfreada. A competitividade tornou-se o desvio perverso da concorrência.

Ao favorecer as nações que exploram os trabalhadores, como a China, e a corrida pela produtividade que ela gerou por toda parte, na Europa e nos Estados Unidos a competitividade internacional conduziu ao empobrecimento das indústrias, à destruição em massa dos empregos, a inumeráveis deslocalizações, à precariedade e a uma dependência crescente dos trabalhadores.

Que preços humanos e culturais pagamos nós pelos ganhos de produtividade!

Começamos 2008 sob uma crise da qual não é possível prever nem as repercussões nem as sequências. Se ela foi desencadeada por uma enorme bolha de créditos aos Estados Unidos, o abuso do crédito não foi senão uma consequência do empobrecimento dos lares, que desejavam manter seu nível de vida, causado pelo aumento mundial dos preços das matérias-primas e dos cereais, deixados ao sabor da especulação, aumento esse ligado, em diversos casos, à escassez da produção de subsistência em benefício dos biocarburantes, da urbanização crescente e, mais fundamentalmente, da preponderância da especulação financeira e da ausência de qualquer regulação sobre a economia. Nenhuma "ordem econômica mundial" resultou das reuniões do G20 (organizadas em1999, em seguida à crise financeira asiática). Por toda parte, o FMI encorajou as desregulações e, a princípio, ocupou-se não em controlar o capital financeiro, mas em impor o rigor às populações, e não foi senão recentemente que ele se converteu à retomada econômica. Os endividamentos conduzem ao rigor econômico, o rigor ocasiona desemprego e diminuição dos rendimentos, e isso pode ter enormes consequências políticas. Não nos esqueçamos de que, além de gerar o salutar New Deal nos Estados Unidos, a crise de 1929 gerou também a apropriação legal do poder pelo nazismo na Alemanha, o desencadeamento do poder destruidor hitlerista, a Guerra da Espanha, e que o fim da crise econômica foi pago por dezenas de milhões de mortos na Segunda Guerra Mundial.

A via das reformas:

Citemos as principais:

1) Abandono da ideia de crescimento indefinido:

Essa ideia depende de um delírio econômico-político, ainda não diagnosticado como tal; ela será substituída por um conceito complexo que implica crescimentos, decrescimentos, estabilizações, e isso de maneira diferente para o Norte e o Sul, segundo condições singulares, nações e regiões.

2) Instauração de um Conselho de Segurança Econômico permanente:

Esse conselho teria como missão acionar as regulações eficazes da economia planetária e controlar as especulações financeiras; proporia vias que combinassem decrescimentos necessários e crescimentos indispensáveis em escala planetária.

Edgar Morin

3) Efetivação de uma cooperação Norte/Sul:

A cooperação permitiria transformar o modelo padrão de desenvolvimento introduzindo finalidades como a arte de viver e a qualidade de vida, concentrando-se inteiramente nas fontes de energia renováveis e não poluentes. Os países do Sul poderiam adotar como prioridade a satisfação das necessidades e demandas internas de suas populações muito mais do que a agricultura industrializada de exportação; eles poderiam apropriar-se da prospecção e da exploração das matérias-primas que as sociedades estrangeiras efetivam. Além disso, poderiam consagrar-se a um novo crescimento da pequena e média exploração agrícola, beneficiando-se de técnicas renovadas como as microirrigações e o biocarvão. Poderiam desenvolver uma política de saúde original, associando medicina ocidental a medicinas indígenas, desenvolver uma educação reformada (consultar o capítulo "Reforma da educação") adequada às mentes ainda não modeladas pela compartimentalização dos saberes. Se se unissem, os países do Sul que ainda sofrem as consequências da antiga exploração colonial e, cada vez mais, a da atual exploração econômica, poderiam exercer uma pressão eficaz sobre os países do Norte, a fim de se beneficiarem dos investimentos e transferências de tecnologia, principalmente para a economia verde.

4) Desenvolvimento ou criação de uniões econômicas na América do Sul, no Magreb, na África subsaariana, na Ásia Oriental:

Essa união estabeleceria sistemas de defesa econômica continentais ou subcontinentais.

5) Redesenvolvimento das economias de proximidade:

A agricultura, a horta, o artesanato, as pequenas e médias empresas completariam a mundialização por meio de uma desmundialização em todos os domínios.

A VIA

6) Desenvolvimento de uma economia verde:

Trata-se de um processo extraordinário e múltiplo de reorientação e de reconversão econômicas, cujo crescimento felizmente compensaria o decrescimento das energias poluentes, carvão e petróleo. Ele se baseia no desenvolvimento de todas as fontes de energia renováveis: eólica, maremotora, geotérmica, solar (grandes centrais solares nas regiões desérticas). Esse desenvolvimento demandaria grandes obras geradoras de empregos em todos os continentes.

A economia verde seria a economia de base dos países africanos, que deveriam receber os dispositivos produtores de energia gratuitamente dos países do Norte, seus ex-colonizadores e sempre exploradores (muito mais do que os auxílios financeiros concedidos aos Estados continuamente devorados pela corrupção).

Uma fiscalização ecológica (taxas sobre o carbono, sobre as atividades poluentes etc.) poderia ser efetivada para alimentar um fundo de ajuda na transição para o "renovável".

Os custos sanitários, sociais, ambientais deveriam ser integrados na fixação dos preços dos produtos gerados pela economia poluente.

Uma política de despoluição não diria respeito apenas aos resíduos e subprodutos perigosos, mas também aos processos de ativação de bactérias naturais, depois artificiais (Craig Venter), devoradoras de petróleo e de marés negras.

A economia verde reciclaria os resíduos biodegradáveis e substituiria os objetos descartáveis pelos recicláveis (consultar o capítulo "O consumo"). Reduziria os desperdícios de toda ordem, principalmente o da água. Diminuiria os fluxos dos transportes aéreos, transferiria os transportes por caminhões para o sistema ferroviário e estimularia a carona solidária nos automóveis.

Edgar Morin

Aumentaria os bens imateriais: cultura, serviços sociais e relacionais.

Como indicado no capítulo consagrado à ecologia e no capítulo "Cidade e *habitat*", a economia verde reformaria as cidades: desenvolvimento das zonas destinadas exclusivamente aos pedestres, principalmente nos centros históricos, desenvolvimento do *habitat* energeticamente autossuficiente etc.

Relocalizaria as produções e as trocas segundo o princípio da desmundialização, favorecendo a alimentação, o artesanato e os comércios de proximidade.

Reformaria o sistema agroalimentar, reduziria progressivamente a agricultura e a pecuária industrializadas, desenvolveria novamente o agroflorestal, a agricultura e a pecuária rurais e biodinâmicas, encorajaria a redução do consumo de carnes e o aumento do consumo de verduras e legumes (consultar os capítulos "Alimentação" e "Agricultura")

O desenvolvimento generalizado de uma economia verde se efetuaria simultaneamente no âmbito industrial, no âmbito agrícola e no âmbito urbano. Esse desenvolvimento estimularia por toda parte as grandes obras de salvação coletiva (energias renováveis, cinturões de estacionamento ao redor das cidades, transportes públicos não poluentes, adequação das ferrovias para o transporte de caminhões pelos trens etc.)

7) Desenvolvimento de uma economia plural:

Ao lado da economia de lucro e da economia de Estado, a economia plural constituiria a terceira via entre a supremacia do mercado e a do Estado, a via da economia social e solidária, dos fundos de pensão, das cooperativas, das empresas cidadãs, do microcrédito, do comércio equitativo.

A VIA

A economia social e solidária (ESS), de raízes históricas profundas (remonta ao século XIX), reúne uma grande diversidade de iniciativas econômicas que não dependem nem do setor público nem da área capitalista. Essas iniciativas visam produzir, consumir, empregar, poupar e decidir de maneira mais respeitosa sobre os homens, o ambiente e os territórios. Diversas em suas realidades, as empresas que dependem da economia social e solidária compartilham, no entanto, de características essenciais: uma finalidade de utilidade social; uma efetivação do projeto econômico fundado em governança democrática e uma gestão ética; um dinamismo que se apoia em enraizamento territorial e adesão cidadã. Assim acontece, por exemplo, com a Associação EcoVita,[1] entre tantos outros.

8) Multiplicação das moedas locais subsidiárias:

Permite o crescimento de trocas e serviços. Elas foram implantadas de diversas maneiras em cidades da Suíça, da Baviera, da Inglaterra, no conjunto Palmeira de Fortaleza (Brasil).

---

[1] A Associação EcoVita inscreve-se na economia social e solidária e em uma conduta humana e qualitativa. É constituído de autoempreendedores, de responsáveis por empresas pequenas e muito pequenas, desejosos de participar de uma conduta mutualista de desenvolvimento econômico e de criação de riquezas. A EcoVita tem como objetivo criar um fundo comum de recursos e efetivar uma estratégia de marketing comercial destinada a facilitar a venda das diversas competências de seus associados qualificados junto aos profissionais locais e regionais. Todas as prestações de serviços propostas estão de acordo com as regras da ética e da proteção do ser vivo. A EcoVita inscreve-se na ajuda às categorias de pessoas que enfrentam dificuldades profissionais. A organização se responsabiliza pelos jovens criadores de empresas que poderão se desenvolver sob a tutela de empreendedores experientes.

Edgar Morin

9) Ressurreição da lógica da doação, da ajuda mútua, da gratuidade:

Efetivamente, a irrupção do capitalismo mundializado tende a reduzir essa lógica ao extremo em prol da monetarização e da mercantilização generalizadas (consultar Alain Caillé, MAUSS).*

10) Desenvolvimento do comércio equitativo:

Trata-se de uma parceria produção/distribuição fundada no diálogo, na transparência e no respeito, com o objetivo de alcançar a maior equanimidade possível para os pequenos produtores. Essa parceria começou com o café, o cacau, o chá e estende-se a outros produtos dos pequenos produtores do Sul. Oferece as melhores condições de troca, eliminando do circuito os parasitas atravessadores (denominados "coiotes" no México), e garante preços honestos para os produtores e trabalhadores assalariados, principalmente os dos países do Sul. As organizações de comércio equitativo conduzem campanhas contra a predação econômica dos atravessadores e distribuidores, e sua aspiração é mudar as regras e práticas do comércio internacional.

A rede do comércio equitativo conta hoje com 2,5 mil associações locais animadas por 50 mil pessoas, assim como com mais de 3,5 mil pontos de venda no varejo. Na Europa, são os países de língua germânica que asseguram a parte mais importante do número de negócios do comércio equitativo. A partir de agora, conta-se ali com 380 organizações de produtores, controlados, no mínimo, uma vez por ano. A OMC (Organização Mundial do Comércio) apoia o comércio equitativo na medida em que ele se inscreve na economia de mercado.

---

* Movimento Antiutilitarista das Ciências Sociais. (N.Ts.)

A VIA

O comércio equitativo melhorou de 10% a 25% por ano o nível de vida de cerca de 800 mil produtores do Sul (por volta de 5 milhões de pessoas) e permitiu financiar a criação de ateliês, têxteis ou outros, empregando as mulheres dos produtores. Ele contribui para a evolução do consumo em um sentido qualitativo e um sentido ético. Mas as máfias de "coiotes", a intimidação, a submissão ao clientelismo dos caciques hipotecam um desenvolvimento otimizado do comércio equitativo. Os grandes hipermercados, por sua vez, não oferecem os produtos do comércio equitativo senão diante da emergência de uma demanda significativa.

O comércio equitativo progride, mas ainda permanece bastante minoritário. Um sistema de dedução fiscal poderia eliminar o sobrecusto do produtor (devido à retribuição honesta ao produtor), o que tornaria os produtos mais acessíveis aos consumidores.

O desenvolvimento do comércio equitativo, destinado a proteger os pequenos produtores dos países do Sul e assegurar uma qualidade aos consumidores dos produtos do Norte, é vantajoso tanto para uns quanto para os outros. Ele poderia ser estendido aos pequenos produtores-camponeses do Norte que devem sofrer a pressão dos preços de compra muito baixos obtidos pelos grandes hipermercados, os quais revendem seus produtos com margens de lucros excessivas. Desse modo, as Amap (Associações de Manutenção de uma Agricultura Camponesa, na sigla em francês) instituíram relação direta entre produtores, camponeses e habitantes das cidades.

11) Desenvolvimento dos bancos solidários:

Um exemplo: o France Active, presidido por Christian Sautter, e a sociedade de investimentos com o mesmo nome, presidida por Edmond Maire, encorajam os bancos a fornecerem créditos

Edgar Morin

a empresas solidárias, graças à garantia de um acompanhamento muito ativo dos clientes; por causa desse mesmo tipo de acompanhamento específico, o France Active propõe, também, a criação de fundos próprios alimentados por capitais oriundos do mecenato e, sobretudo, da poupança popular, por meio de fundos comuns inserção/emprego.

Anualmente, o número de projetos aceitos aproxima-se dos 20 mil. Os recursos mobilizados ultrapassam os 125 milhões de euros. Em 2009, os empregos criados ou consolidados chegaram a 20 mil.

Outro exemplo: a Sociedade Financeira La Nef é uma cooperativa de finanças solidárias. Desde a sua criação, em 1988, La Nef responsabilizou-se pela gestão responsável e transparente da poupança cidadã na França. Desde então, exerce dupla atividade de captação de poupança e de concessão de créditos no âmbito de um acordo garantido pelo Banco da França. A poupança é captada pelos depósitos de particulares, de associações, de empresas. Qualquer pessoa física ou jurídica desejosa de dar um sentido a seu dinheiro pode abrir uma conta em La Nef. Os financiamentos concedidos pela sociedade permitem sustentar a criação e o desenvolvimento de atividades profissionais e associativas com fins de utilidade social e ambiental. Atualmente, 26 mil associações depositaram sua poupança ou se candidataram a um empréstimo junto a La Nef. Ela se transformou em uma parceria financeira de referência para os criadores de projetos responsáveis e inovadores cujo valor social e ambiental é preponderante. A ação de La Nef inscreve-se no centro de uma rede europeia de bancos éticos (como o Banca Etica na Itália, o BAS na Suíça) reunidos na Federação Europeia de Finanças e Bancos Éticos Alternativos, Febea. Todos eles se inspiram em um modelo de desenvolvimento

A VIA

humano e social em que a produção e a distribuição de riquezas são fundadas em valores de solidariedade e de responsabilidade perante a sociedade. Atualmente La Nef está empenhada na construção de um banco ético europeu com seus parceiros italianos do Banca Etica e os espanhóis do Banco Fiare. Nesse caso, trata-se de uma nova via na qual uma associação militante assegura a simbiose entre os bancos, a poupança coletiva e as coletividades territoriais.

12) Desenvolvimento do microcrédito e do microfinanciamento:

O microcrédito transformou-se em um meio universal de luta contra a pobreza. Até então, os pobres que não pudessem oferecer garantias não tinham acesso aos bancos e ficavam na dependência de agiotas que lhes impunham taxas de juros elevadas, gerando dívidas permanentes.

A experiência que serviu de baliza para o microfinanciamento ocorreu em 1983, com o "Banco dos camponeses" (ou Grameen Bank),* autorizada pelo Banco Central de Bengala. O banco concede empréstimos solidários a pequenos grupos de pessoas que se conhecem e aceitam o desafio da caução mútua. O grupo compromete-se a assistir cada um de seus participantes na gestão do empréstimo, mas, sobretudo, a reembolsar o banco caso a pessoa não tenha condições de fazê-lo sozinha. Se o empréstimo não for reembolsado, nenhum dos membros do grupo poderá obter um empréstimo para si próprio. Desde então, poupar e emprestar na mesma rede beneficia o controle social de uns pelos outros e é na lógica do vínculo do grupo que reside a garantia exigida pelos bancos. Depois disso, os projetos

---

* Grameen Bank, o primeiro banco especializado em microcrédito. Foi fundado por Muhammad Yunus, em Bangladesh, em 1976. (N. Ts.)

de microcréditos (ONG, fundos de pensão) e as instituições de microfinanciamento (instituições do tipo bancário) não cessaram de se desenvolver pelo mundo inteiro.

O microcrédito possibilitou a redução da dependência dos agiotas e a ruptura do clientelismo. Foi rapidamente aplicado no meio rural. Destina-se principalmente às mulheres, que apresentam uma taxa melhor de reembolso (hoje, elas representam 94% da clientela do Grameen Bank). Numerosas microempresas, geradas por mulheres, transformaram-se em pequenas empresas de serviços de proximidade. Em consequência disso, o microcrédito contribui para a emancipação feminina.

O desenvolvimento do microcrédito deve superar inúmeros obstáculos. Os beneficiários precisam de conselhos, de novos conhecimentos para a gestão de seus créditos, de uma educação sanitária para prevenir doenças nas crianças ou na mãe de família, além do fato de que o próprio sistema precisa de ajuda financeira externa para cobrir os custos intermediários. Os sucessos obtidos pelo microcrédito o colocaram em perigo. Captado e recuperado pelos bancos "normais", que não aplicam nenhum dos princípios humanistas originais, ele corre o risco de se tornar uma ameaça suplementar para os pobres endividados.

13) Reformas dos empreendimentos econômicos:

As vias para se reformar as empresas são de três ordens:

A) Trata-se de melhorar as relações entre os que trabalham em uma empresa, o que consequentemente melhoraria a qualidade econômica do empreendimento. As empresas são concebidas segundo um modo de direção centralizado, uma hierarquia rígida, uma especialização rigorosa das tarefas. Como no caso das administrações (consultar p. 160 e seguintes), a reforma deveria remediar a hipercentralização na

A VIA

cúpula com eventuais policentrismos, deixando uma parte da iniciativa aos diferentes escalões. Ela deveria considerar as poli-hierarquias segundo as tarefas ou as finalidades, bem como corrigir as hierarquias por uma possibilidade de retroação em decorrência de sugestões ou críticas oriundas do escalão subordinado. Trata-se, enfim, de instituir comunicações horizontais entre o pessoal compartimentalizado e entre essas pessoas e as hierarquias.

Por outro lado, uma empresa só pode ser reforçada se, pela participação psicológica, intelectual e material de seus membros, institui uma comunidade de destino, que fará dela uma entidade de solidariedade e de responsabilidade.

B) Além disso, a direção da empresa, lugar de tomada de decisões, necessita muito mais do que de técnicos, economistas ou de antigos alunos da Escola Nacional de Administração; ela precisa de mentes formadas por um conhecimento pluridisciplinar e um pensamento complexo (incluindo a consciência da ecologia da ação e a prática da estratégia em situação aleatória).

C) Finalmente, a reforma dos empreendimentos econômicos requer a introdução da dimensão ética nas relações com seus fornecedores (como faz a Malongo no comércio equitativo), bem como com os consumidores a quem vende seus produtos. Os lucros adicionais poderiam ser direcionados a fundações de caráter humanitário ou investidos na economia solidária.

14) Manutenção ou ressurreição dos serviços públicos nacionais (correios, telecomunicações, estradas de ferro) e, para a Europa, a instauração dos serviços públicos europeus:

A privatização dos serviços públicos não oferece nenhuma vantagem aos usuários, mas, por vezes, traz muitos inconvenientes: a privatização das estradas de ferro na Inglaterra provocou uma cadeia de desorganizações. Trata-se muito mais de desburocratizá-los e reumanizá-los.

15) Ajuda aos negócios de interesse geral (solidariedade e convivialidade) (consultar "Política de civilização").

16) Propagação das fórmulas comunitárias que permitem o pleno emprego (Marinelada, na Andaluzia).

17) Desmercantilização progressiva dos bens comuns à humanidade — a água, tudo o que vive:

Nesse caso, trata-se de anular qualquer licença que conduza à apropriação de uma parte ou de um todo vivo.

Conclusão

Algumas dessas múltiplas reformas são irrealizáveis agora, mas podem vir a ser feitas se o movimento for lançado. Elas são complementares. Na essência dessas reformas, encontram-se a economia verde e a economia social e solidária.

Evidentemente, para seguir a via das reformas da economia, há necessidade de um pensamento político que ultrapasse o economicismo atual. É necessária, também, uma vontade política que não poderá afirmar-se senão com a conscientização dos cidadãos. Sem dúvida, há inseparabilidade entre a via política e as outras vias. Tudo o que não é econômico apresenta uma dimensão econômica. Da mesma forma que a via econômica está implicada nas outras vias, as outras vias estão implicadas na via econômica.

Capítulo 10

Desigualdades e pobreza

Desigualdades

As desigualdades revestem-se de caráter territorial (regiões pobres/regiões ricas), caráter econômico (da extrema riqueza à extrema miséria, passando pelas classes emergentes, médias e pobres), sociológico (modos de vida), sanitário (extrema desigualdade entre os que desfrutam dos avanços da cirurgia, da técnica, da medicina, e os outros). É preciso distinguir, ainda, as desigualdades vinculadas às diversidades culturais, as diversidades profissionais (há os que sentem prazer no exercício de sua profissão e os que a exercem por obrigação), das profundas desigualdades de destino entre os que vão sofrer na vida e os que vão desfrutar dela.

Essa desigualdade não se mede apenas pela quantidade de dinheiro de que se dispõe. A riqueza não traz forçosamente a felicidade. Mas a miséria traz a infelicidade.

A missão de uma política da humanidade não é igualar tudo, o que conduziria a uma destruição das diversidades, mas visualizar as vias reformadoras que permitiriam a redução progressiva das piores desigualdades.

Edgar Morin

Situação

Devemos constatar nos países emergentes um duplo movimento próprio à mundialização: uma relativa diminuição das desigualdades por meio da formação de classes médias que alcançam os padrões de vida ocidentais; um forte aumento das desigualdades pela transformação das pobrezas características das sociedades agrárias tradicionais (que permitiam um mínimo de autonomia e de recursos) em miséria e em proletarização suburbanas, enquanto gigantescas fortunas se criam. Mesmo na Europa Ocidental, onde a pressão fiscal sobre os ricos, o pleno emprego no trabalho, as proteções sociais impediam o extremo desenvolvimento das desigualdades, o liberalismo econômico e os efeitos da mundialização aumentaram os desregramentos e recriaram zonas de miséria que, até então, haviam desaparecido.

Enfim e sobretudo, nas nações recentes, cujas instituições encontram-se gangrenadas pela corrupção, nota-se uma extraordinária desigualdade na administração da justiça (existem países em que a maior parte dos juízes é subornável) e na fiscalização (evasão de capitais para paraísos fiscais).

A mundialização reforça a desigualdade por toda parte. Entre seus efeitos negativos, indicamos:

1) o crescimento do desemprego e do subemprego;

2) o empobrecimento.

A distância entre os que podem aproveitar as oportunidades oferecidas pela mundialização e os que dela são excluídos aumenta em todos os níveis. Um quinto da humanidade consome (e produz) sozinho os quatro quintos da riqueza mundial. Essa mundialização é a origem do agravamento do destino de populações vulneráveis.

A VIA

Em resumo, o problema das desigualdades tornou-se enorme e continua múltiplo; exige uma política ampla e complexa. Voltamos a repetir que essa não pode ser uma política tecnoburocrática de homogeneização, destruidora das diversidades que constituem as riquezas culturais da humanidade.

Proposições para uma política de redução da desigualdade

No âmbito planetário, é preciso:
* reduzir ou suprimir as dívidas dos países pobres.
* Fornecer gratuitamente aos países pobres fontes de energia renovável, medicamentos, tratamentos contra as pandemias e, em caso de fome, alimentos necessários; restabelecer ou instaurar a autossuficiência alimentar nos países que a perderam.
* Instalar os sistemas de regulação econômica para acabar com a especulação financeira, que produz as altas artificiais de preços dos produtos de base; instaurar os controles internacionais para evitar que a corrupção esterilize a ajuda dos países ricos aos países pobres e aumente a desigualdade os países pobres.

No plano das nações, seria preciso:
* instituir um observatório permanente das desigualdades que assinale sua evolução e proponha uma redução progressiva vertical das desigualdades monetárias (fiscalização) e horizontal (abonos de família, renda mínima garantida, ajudas sociais);

Edgar Morin

- criar um instituto permanente encarregado de reverter o desequilíbrio na relação capital/trabalho, ampliado nas últimas décadas do século passado, propondo a eliminação progressiva da fiscalização para os destituídos e fiscalizações progressivas para os altos rendimentos, bem como um crescimento progressivo do mínimo vital.

O triplo imperativo político liberdade-igualdade-fraternidade deve ser articulado. Isso porque, a liberdade, sozinha, destrói a igualdade, a igualdade imposta destrói a liberdade, e a fraternidade, que não poderia ser imposta, depende da combinação de um conjunto de reformas políticas (entre elas, as casas de solidariedade, o serviço cívico de solidariedade), de reformas educativas e de reformas individuais (entre elas, a reforma de vida e a reforma ética).

Desse modo, a redução progressiva das desigualdades deve efetuar-se simultaneamente por meio de uma política planetária (política da humanidade, política de civilização), por meio de políticas nacionais, que reduziriam as diferenças de níveis de vida, regenerando as solidariedades, combatendo a corrupção e, finalmente, por meio das reformas de vida e das reformas éticas que favorecem a compreensão das misérias e das infelicidades do próximo.

Uma política desse tipo inclui uma dimensão monetária, mas não poderia limitar-se a ela. É multidimensional e integra vias múltiplas que propomos abrir simultaneamente (consultar o fim deste capítulo).

A VIA

POBREZA

A pobreza deve ser um desses raros domínios em que os medicamentos são prescritos antes de se conhecer a doença.

ELSE OYEN

Reduzir a realidade de um pobre a uma renda de 2 dólares não é, em si, apenas uma aberração, mas também um insulto à sua condição.

MAJID RAHENEMA

Situação

A definição monetária de pobreza geralmente escolhida pelos estatísticos e pelo Banco Mundial não é apenas insuficiente; é também enganosa.

A percepção exclusivamente monetária da pobreza nas sociedades do Sul ignora a economia de subsistência, que confere ao pequeno camponês relativa autonomia, e ignora a sociologia de auxílio mútuo, que permite aos pobres da cidade e da periferia sobreviverem, ou seja, viverem, como demonstramos anteriormente.[1]

A pobreza deve, então, ser historicamente relativizada: o que hoje aparece no Ocidente como pobreza, no antigo modo de vida

---

[1] Sabah Abouessalam. *Étude sociologique de la ville nouvelle de Tamesna* [Estudo sociológico da nova cidade de Tamesna]. Relatório, Al Omrane, Rabat, Maroc, 2004.

campones[2] (latrinas no quintal, falta de água quente, de chuveiro, de refrigerador, de calefação, enfim, ausência de conforto moderno) não era encarado como uma catástrofe, nem como pobreza. Essa pobreza não aparece senão por comparação com a comodidade urbana moderna. Não nos damos conta de que nossa dependência diante dos bens modernos cria um novo tipo de empobrecimento que, até recentemente, teria sido percebido como enriquecimento.

A pobreza também deve ser sociologicamente diferenciada. A pobreza não assistida dos países do Sul é completamente diferente da pobreza assistida da população do Norte, onde os trabalhadores pobres, desempregados ou assalariados em tempo parcial são assegurados pelos auxílios-família na França, pelo RMI, e agora pelo RSA (renda de solidariedade ativa).

A pobreza deve ser diferenciada da miséria. Sem dúvida, pobreza e miséria são dois polos de uma realidade sem fronteira clara. Nas sociedades tradicionais, os pobres dispõem de um sistema de solidariedade mínimo. Nas sociedades do Norte, eles dispõem de assistência social. Tanto no Norte como no Sul, a miséria implica precariedade, marginalização e exclusão.

Sem dúvida alguma, em seu passado, todas as sociedades urbanas tiveram seus miseráveis (vagabundos, deficientes, velhos solitários,

---

[2] Assim, na pesquisa de Edgar Morin em Plozevet, na Bretanha, após os anos 1960, influenciados pelos parentes que tinham ido viver em Paris, os plozevetianos pareciam considerar pobres não apenas seu modo de vida, como também seus belos móveis rústicos dos quais se desfaziam para adquirir um mobiliário padronizado, enquanto os ricos e esnobes urbanos instalavam esses mesmos móveis rústicos em seus apartamentos, como tantos outros signos de alto padrão de vida.

A VIA

crianças abandonadas) que viviam da mendicância ou de roubos. Entre os séculos XV e XVIII, as cidades europeias contavam com 4% a 8% de miseráveis em sua população; a industrialização do século XIX gerou a proletarização de uma massa urbana explorada no trabalho, que sofria a desorganização familiar e era assolada pelo alcoolismo. Mas, enquanto no século XX a melhoria do nível de vida dos trabalhadores europeus eliminou por algum tempo a miséria e atenuou a pobreza, *nos países do Sul foi o desenvolvimento que disseminou uma imensa miséria,* traduzida na proliferação das favelas ao redor das megalópoles da África, da Ásia e da América Latina.

Lembremos, enfim, que a escravidão, forma de miséria humana marcada pela total dependência do escravo, reduzido, segundo a fórmula de Aristóteles, ao estado de objeto animado, subsiste de formas residuais, pois a civilização do século XX inventou o campo de concentração, caracterizado pelo aprisionamento e o trabalho forçado, chegando ao limite do extermínio, e os conflitos do mesmo século geraram os campos de refugiados, populações deslocadas, populações que fugiram das invasões ou guerras, formas por vezes provisórias, por vezes duráveis, de guetos, seja no Oriente Médio, em Darfur ou em outros lugares. Não examinaremos aqui a miséria humana devida ao aprisionamento (campo de concentração ou prisão), que será tratada mais adiante no capítulo "Justiça e repressão".

Existem traços comuns a todas as pobrezas e que, de acordo com o caso, seriam mais ou menos acentuados?

Não há dúvida de que os aspectos monetários da pobreza são predominantes nas sociedades consideradas desenvolvidas, em que a monetarização é generalizada em detrimento da prestação de serviço, da dádiva, da reciprocidade, onde tudo se compra e se paga.

Edgar Morin

Mas, até nessas sociedades, a pobreza não é apenas de ordem monetária: pode-se sofrer de isolamento (pobreza relacional), de ausência de formação (pobreza cultural), de condições de vida difíceis (pobreza de existência). Se, na maior parte do tempo, essas carências estão relacionadas à pobreza monetária, é conveniente, no entanto, ultrapassá-la, englobando nela a noção de falta de dinheiro ou bens, e considerar outras carências existenciais.

Sem dúvida, em sociedades que dispõem de um Estado assistencial, algumas dessas carências são compensadas (por meio do auxílio-desemprego, das subvenções, da responsabilização pelas despesas médicas). Nessas sociedades, um dos aspectos da pobreza seria a própria assistência que ela recebe (enquanto, nesse caso, a miséria das pessoas sem domicílio fixo, os SDF, ou dos sem-documentos/ sem-trabalho, caracteriza-se pela ausência de assistência pública, podendo eventualmente receber uma assistência humanitária privada: Emmaüs, Restaurantes do Coração,* na França). Fato que nos leva a considerar a pobreza, seja ela assistida ou não, como um enfraquecimento das potencialidades de escolha e de ação e, mais profundamente, como a *ausência de controle sobre sua condição e seu destino*.

Podemos destacar, por contraste, dois aspectos originais da pobreza nos países do Sul:

a) Ali se mantém uma assistência convivial e/ou familiar decorrente das relações de solidariedade entre membros de uma mesma família,

---

* No original, Restos du Coeur, associação fundada em 1986 pelo artista de televisão Michel Colluci (1944-1986), com o objetivo de distribuir refeições aos menos favorecidos. Essa associação atua também na Bélgica e na Alemanha. (N.Ts.)

A VIA

de um mesmo clã, originários de um mesmo povoado, vizinhos, um sistema de solidariedade invisível à concepção monetarista e quantitativa da pobreza em vigor no Norte;

b) Diferentemente dos países do Norte (Europa Ocidental e América do Norte), uma importante fração das populações dos países do Sul retira sua renda da economia informal. Por isso, a principal característica desse setor é que não pode ser calculado. Com muita frequência, as organizações internacionais subestimam as características próprias do setor informal e subestimam sua realidade econômica.[3] Isso leva não apenas à ignorância das lógicas sutis que a organizam, mas também ao fracasso de todas as políticas de luta contra a pobreza. Durante muito tempo, o que dominou foi a lógica racionalizadora de uma concepção econômica ocidental considerada universal. Essa concepção não foi capaz de apreender as lógicas comportamentais dos atores, nem as lógicas de funcionamento real desse setor. Por exemplo, é preciso compreender que os atores do setor informal procuram menos uma eficácia máxima do que a solvência social.

Esses dois aspectos demonstram a importância do conhecimento da realidade cultural para se abordar e tratar a pobreza dos países do

---

[3] A princípio, os limites da aproximação monetarista devem-se ao fato de que os países interessados nunca dispõem de estatísticas nacionais detalhadas sobre o assunto e, por outro lado, ao fato de que os cálculos das rendas não levam em consideração as atividades que não são de mercado e/ou as rendas complementares, com frequência retiradas do trabalho ocasional da esposa e/ou dos filhos do casal e até mesmo dos empregos duplos ou triplos integrantes do mercado "negro".

Edgar Morin

Sul. Desde que sob o efeito da invasão da "civilização", da economia, da ideologia do Norte, não exista desorganização (social, familiar), devemos acrescentar que a pobreza é simultaneamente riqueza relacional e riqueza cultural. As pessoas pobres das sociedades tradicionais dispõem de meios para lutar contra a miséria, meios esses que residem justamente nas riquezas relacionais, conviviais e solidárias de suas culturas.[4] "Longe de se confundir com a miséria, a pobreza convivial é a arma de que os pobres sempre se serviram para exorcizá-la e combatê-la" (Majid Rahnema). A solidariedade, a propensão de criar o laço social constituem a única e maior riqueza dos mundos empobrecidos do Sul.

Desde que a civilização do Norte se introduziu nos países do Sul, a crescente desorganização social constitui fator de crescente pobreza. A dissolução dos laços de solidariedade cria as condições de miséria. A economia de crescimento gera novas fontes de dependência e de precariedade. A desintegração da família, a marginalização, a guetização, a ausência de um Supereu cívico nas mentes, tudo isso suscita novas causas de miséria contra as quais lutam as novas gerações, organizadas em gangues, por meio de uma economia do roubo e da droga que, eventualmente, lhes permite sustentar a família. É a dissolução dos laços entre famílias, gerações, vizinhos que gera a solidão atroz dos velhos abandonados e a perdição dos jovens. A precariedade existencial, a dependência, o abandono, as rejeições

---

[4] Sabah Abouessalam. Pauvreté et projet d'intégration urbaine, le cas de de Marrakech, ourage collectif. *Problématique urbaine au Maghreb* [Pobreza e projeto de integração urbana, o caso de Marraquech, obra coletiva. *Problemática urbana no Magreb*]. PUP, 1998.

A VIA

são os piores produtos de nossa civilização (que, por outro lado, tem suas virtudes); esses produtos estão em vias de universalização, mas, felizmente, ainda encontram forte resistência cultural no resto do mundo.

Ao mesmo tempo, nos países do Norte, a exploração crescente de um capitalismo desenfreado sobre mulheres e homens encarregados das piores profissões (ver o testemunho de Florence Aubenas no *Le Quai de Ouistreham*,* publicado em 2010), bem como a demissão dos assalariados, eliminados pelas compressões, as racionalizações, a rentabilidade, o superlucro, produzem continuamente novas pobrezas e novas misérias.

Sempre no contexto da ocidentalização do mundo, acrescentamos a tendência à segregação urbana nas metrópoles e nas grandes cidades, que promove o desenvolvimento de guetos ricos, protegidos por dispositivos de segurança, e de guetos pobres abandonados à própria sorte. Quando os pobres são imigrantes de origem, principalmente africanos ou magrebinos, ou pertencem a certas minorias étnicas como os Roms, sofrem múltiplas exclusões (de domicílio,

---

* Repórter conceituada do jornal *Le Nouvel Observateur*, Florence Aubenas quis saber como se vive hoje na França com uma renda inferior ao salário mínimo e, por vezes, sem renda nenhuma. Deixou temporariamente a família, os amigos e o emprego e foi viver durante seis meses na França pobre. Como empregada doméstica, sob contratos precários, ela mergulhou em uma realidade totalmente diferente da sua. Um mundo em que o trabalho é escasso, e as noites, breves, a exploração é máxima, e a solidariedade, ativa. Nesse mundo, entre ira e resignação, cada um luta por sua sobrevivência. Seu testemunho encontra-se registrado no livro *Le Quai de Ouistreham* [O cais de Ouistreham]. Paris: L'Olivier, 2010. (N.Ts.)

de emprego). A miséria torna-se, então, produzida e produtora da exclusão extrema.

No contexto francês, a nova pobreza dos que vivem em situação precária, dos dependentes, dos indefesos, a pobreza do "quarto mundo" (denominada assim por Joseph Wresinski, em 1960), é a primeira a se agravar. Esse agravamento inscreve-se em um curso mundial que prossegue no e por meio do agravamento das pobrezas, das misérias, das desorganizações e das exclusões.

As vias reformadoras

A expansão incontrolada da economia liberal gera pobreza e miséria e, no mundo inteiro, o Estado, inclusive o Estado-Providência (em declínio ou regressão), revela-se ineficaz e, até mesmo, demissionário. É por essa razão que uma nova cultura se impõe para abrir e desenvolver uma terceira via fundada na solidariedade.

Uma nova solidariedade pública

Complementaria a ação do Estado-Providência, a partir de agora insuficiente, por um "Estado de investimento social" (Denise Clerc) que ofereceria formações profissionais (como nos Estados escandinavos) e serviços (proteção às crianças, doentes e idosos solitários). Em cooperação com os serviços públicos regionais e municipais, esse Estado subvencionaria as "casas de solidariedade" e manteria um serviço cívico de solidariedade.

Além disso, o Estado de investimento social favoreceria as profissões de solidariedade e convivialidade por meio de empréstimos e adiantamentos. Financiaria as entidades de ajuda aos desfavorecidos:

A VIA

pessoas solitárias, idosos, refugiados, antigos detentos etc.; tomaria todas as medidas para desenvolver a escolarização entre as populações desfavorecidas e poderia, por exemplo, generalizar o Programa Bolsa Família, iniciado no Brasil pelo presidente Lula, que concede auxílio às famílias pobres para que enviem seus filhos à escola.

Uma nova solidariedade pública, através do Estado, desenvolveria medidas de higiene, de saúde, de prevenção para os desfavorecidos. Nesse sentido, há onze anos, um auxílio-saúde financiado por uma ONG americana e uma modesta cotização protegem 92% da população de Ruanda e fizeram subir a expectativa de vida de 48 para 52 anos. Um Estado de investimento social poderia financiar um sistema desse tipo em todos os países do Sul. Ele definiria uma política do *habitat* que iria além das periferias empobrecidas (no Sul) e além das grandes aglomerações (no Norte) (consultar o capítulo "Cidade e *habitat*").

Nesse "além das periferias empobrecidas", o "além" significa superar e, ao mesmo tempo, conservar, implica conservar as proximidades, convivialidades e solidariedades, mas substituir a chapa de zinco ondulada pelo adobe ou pelo tijolo, instalar água potável, eletricidade, instituir as casas da juventude como no caso da favela já citada, ou no bairro delinquente de Medellín, onde crianças e adolescentes praticam esportes, recebem formação escolar, são iniciados em informática, dança, pintura, artes, música, podem expressar suas potencialidades e, por isso mesmo, ser reconhecidos como seres humanos inteiros.

O "além da grande aglomeração" consiste em eliminar a coexistência anônima e criar ali dispositivos permanentes de comunicação, prever uma nova arquitetura urbana, na qual seria restabelecida a integração social (consultar o capítulo "Cidade"); instituir as casas de jovens, baseadas nos modelos do Rio de Janeiro e de Medellín (consultar p. 369-371); fornecer educação de reabilitação como a que está prevista em nosso país pelo Ministério Nacional da Educação (Projetos de escolas-internatos para adolescentes das periferias na França).

Uma economia solidária

Renascimento e desenvolvimento da economia social e solidária ocorrem em diversos países, entre eles a França. Baseiam-se em cooperativas e fundos de pensão de origem antiga (alguns deles se degeneraram — o risco permanente que tudo o que é vivo, humano e social corre é o de que o que não se regenera se degenera). Essa nova economia envolve o microcrédito (que não tem sentido se permanecer fiel à sua intenção original e se for parasitado pelo lucro bancário), o comércio equitativo, que favorece os pequenos produtores de café, de cacau e outros produtos de exportação, mantém os preços de compra, que não sofrem por causa das baixas brutais do mercado, e elimina os intermediários predadores. Uma prática desse tipo poderia e deveria generalizar-se por toda parte onde se pode evitar a presença desses intermediários, como no mercado de frutas e legumes na Europa, por toda parte onde se desenvolveria a alimentação de proximidade, e, nesse caso, se multiplicariam as Amap[5] (inventadas no Japão), nas quais, por contrato mútuo, os pequenos agricultores entregam seus produtos diretamente aos particulares

---

[5] Associações para a manutenção da agricultura camponesa (no original, *Associations pour le maintien d'une agriculture paysanne*).

A VIA

urbanos. Pode-se, também, recorrer à utilização de moedas subsidiárias, já experimentadas em diversos lugares, e que confederariam os novos poderes aquisitivos.

De maneira geral, trata-se de "reinserir" a economia no social, no cultural, no humano, o que significa, fundamentalmente, colocar a economia em seu devido lugar como meio, e não como fim último da atividade humana.

Por toda parte nos países do Sul (América Latina, África subsaariana, Magreb...), existem inúmeras experiências de economia solidária que se multiplicam. Encontramos ali a vontade permanente de se libertar da exclusividade da lógica de mercado e de privilegiar o auxílio mútuo. Nesses países, uma economia assim deve manter e favorecer as redes de solidariedade das populações que vivem nos espaços de pobreza. O princípio é sempre o mesmo: trata-se de recorrer a todas as redes sociais que irrigam o setor informal e que funcionam segundo a lógica da dádiva/contradádiva, e não segundo a lógica de mercado. No interior dessas redes, existem instrumentos múltiplos e eficazes de financiamento ou de caucionamento que se baseiam na confiança entre os membros.

A gestão das empresas informais caracteriza-se essencialmente por um recurso sistemático às redes de confiança, de ajuda mútua, de solidariedade familiar e comunitária, o que a diferencia radicalmente de uma gestão do tipo capitalista. O êxito de uma empresa desse tipo depende de sua capacidade de se inserir em seu meio social para diluir os riscos. Uma empresa cujas bases fossem puramente econômicas correria o risco de perder todas as vantagens existentes fora do mercado obtidas em seu próprio meio (escoamento de produtos,

Edgar Morin

mão de obra flexível, estoques, consórcios...). As políticas de apoio ao setor informal tornam-se perversas quando negligenciam a cultura local e ignoram as estimativas de oportunidade que os habitantes efetuam. Entreveem-se aqui os riscos de desestruturação social e cultural inerentes aos programas de apoio, que procurariam isolar a economia de todo contexto humano e social, sem compreender que a economia informal não é puramente econômica, mas constitui um compromisso entre recursos, segurança, honra e prestígio.

A partir disso, compreende-se melhor a incapacidade das políticas estritamente econômicas de gerar mudança social. Se uma inovação modernizadora produz um "órfão social", será inevitavelmente recusada. A dualidade ocidental entre o econômico e o social não existe no setor informal, caracterizado menos pela busca da eficácia mínima do que pela busca da solubilização social.

Seria possível ilustrar facilmente a inconsistência da transposição de instrumentos de uma cultura ocidental para uma cultura autóctone. No caso do crédito, por exemplo, Mbaye demonstrou que, em Dacar, os empréstimos são concedidos em função das relações pessoais das presidentes dos grupos de mulheres, que arbitram previamente entre todos os pedidos, ao contrário do que estipula o regulamento. A razão reside no fato de que somente uma gestão subterrânea do dinheiro permite a essas mulheres permanecerem em suas redes e não correrem o risco da dessocialização. Encontra-se aí uma brilhante demonstração de que o modo local de gestão da solidariedade (redes sociais) entra em contradição com a racionalização tecnocrática do crédito (Fundação Kéba Mbaye).

A VIA

Mudar de olhar sobre as políticas de auxílio aos países do Sul

Uma nova modalidade de leitura do setor informal nos países do Sul é necessária, levando à reconsideração das balizas ocidentais da pobreza e dos dados quantitativos oficiais como um elemento, entre outros, no cerne de um conhecimento complexo. Em contrapartida, as aproximações quantitativas que levam em conta a cultura deveriam ser mantidas nos programas de luta contra a pobreza. Em vez de impor as normas da economia oficial e a concepção ocidental da vida social, que separa e isola o econômico e visa reinserir os pobres modificando seus valores, as políticas de auxílio deveriam adaptar-se às condições econômicas oferecidas pela cultura local. Uma abordagem ocidentalocêntrica que não levasse em conta as especificidades culturais não poderia ser eficaz. Seria desejável, então, deixar o setor informal enfrentar os desafios da exclusão e da produção sem intervenções de ONG ou de organismos oficiais que obedecem ao modelo ocidental. Em contrapartida, um organismo como a Associação François-Xavier Bagnoud, que combate a pobreza e a Aids na África, intervém em perfeita harmonia com as comunidades às quais leva sua ajuda.

Daí resulta uma ideia mestra que poderia ser transposta para os países industrializados e seria valiosa para todas as sociedades humanas: *a capacidade de criar o laço social constitui fator insubstituível na luta contra a exclusão.*

A conclusão é clara: a despeito da apresentação aparentemente sedutora de programas de apoio, baseados no tema em voga da governança (responsabilização, gestão democrática, transparência), seu relativo fracasso pode ser explicado por sua incapacidade de levar em conta as especificidades das culturas locais. Esse diálogo de surdos entre ajudantes e ajudados resulta em ineficácia. Daí provém a necessidade de rever a própria concepção dos projetos postos em andamento por seus idealizadores. A única alternativa seria deslocar o olhar sobre o setor informal, fazendo-o participar verdadeiramente do projeto de ajuda, bem como reconhecer a necessidade de "reinserção" da economia no social, como bem observou K. Polanyi, e, com isso, sair do impasse em que se coloca a modernidade, por sua incapacidade de regular o problema da pobreza.

Novos princípios de governança a adotar:
- *Princípio de solidariedade e de responsabilidade*: todos, sem exceção, precisam prestar contas; em particular, os funcionários públicos, que devem estar a serviço dos pobres, e não o inverso.
- *Princípio de pluralidade*: a pretensa racionalidade econômica deve parar de ser hegemônica. Os novos princípios de organização privilegiam o laço social, e não a eficácia máxima a qualquer preço.
- *Princípio de participação*: os pobres devem estar presentes nas instituições que os representam e nas instâncias de decisão, mediando o pleno reconhecimento de suas culturas.

Conclusão

Se o problema da desigualdade diz respeito sobretudo à miséria e à pobreza, o problema da miséria e da pobreza depende, sobretudo, da desigualdade.

A VIA

Por isso, as vias que propomos são indissociáveis e, ao mesmo tempo, se cruzam. São inseparáveis de todas as vias reformadoras que propomos neste livro: a regeneração do pensamento político, a política da humanidade, a política de civilização, e, com isso, a regeneração da solidariedade, a reforma democrática, a reforma ecológica (inclusive a preservação da biodiversidade, que pode ser restaurada pelo agrorreflorestamento e a agricultura biológica), as vias das reformas econômicas, a desburocratização, a reforma do pensamento e da educação, as reformas de sociedade (agricultura, cidade, consumo, alimentação, trabalho, medicina, saúde) e, no núcleo existencial de todas essas reformas, a reforma de vida (na qual todos reidentificariam suas verdadeiras necessidades), e nela a reforma ética da família, da adolescência, da velhice. O que não nos impede de começar, tanto aqui como em qualquer lugar, a nos dirigir para vias que já nos transformam a partir do momento em que nos dispomos a caminhar.

Capítulo 11

A desburocratização generalizada

O problema da reforma das administrações apresenta-se não apenas para as administrações nacionais dedicadas ao serviço público, mas também para as grandes administrações internacionais (ONU, Unesco, FAO etc.), para as empresas multinacionais, para os grandes bancos e as grandes empresas que sofrem todas (e fazem sofrer seus usuários) de um mal específico à organização que pode ser denominado burocratização.

Todas essas administrações obedecem aos mesmos princípios gerais de organização:

- centralização
- hierarquia
- especialização

Com base nesses princípios, desenvolveram-se formas esclerosadas ou degeneradas de administração qualificadas de burocráticas. Assim, a burocracia pode ser considerada uma patologia administrativa em que o excesso de centralização, o excesso de hierarquia, o excesso de formalização dos procedimentos eliminam qualquer iniciativa, qualquer sentido de responsabilidade daqueles que não podem senão obedecer, enquanto o excesso de especialização isola qualquer agente em seu compartimento e seu comportamento sem estimulá-lo a usar a inteligência.

A VIA

A burocracia traduz-se por uma rígida dicotomia dirigente/executivo, restringe a responsabilidade pessoal de cada um em um pequeno setor, mas inibe a responsabilidade e a solidariedade de cada um diante do conjunto de que faz parte. Efetivamente, a burocracia gera irresponsabilidade, inércia e desinteresse fora do setor compartimentalizado e oprime no interior desse setor, quando o trabalho ali é monótono, mecânico e repetitivo. Hannah Arendt percebeu muito bem que Eichmann não era senão um burocrata medíocre que "obedecia a ordens". Na França, o caso "do sangue contaminado" evidenciou uma irresponsabilidade generalizada no meio de uma enorme tecnoburocracia médica.[1] O recente caso do Mediator* demonstra que, a despeito da multiplicação das informações sobre os efeitos secundários desse medicamento, a coalizão do interesse econômico e da carência burocrática retardou em muitos anos a interdição de uma substância perigosa.

Nessas condições, a irresponsabilidade e a ausência de solidariedade favorecem a preguiça, a inércia e, nas sociedades em que a sede de lucro e o egocentrismo se desenvolvem, facilitam a corrupção dos funcionários no meio do próprio Estado.

De maneira mais geral, uma organização burocratizada tende a se mostrar desumana diante daqueles que solicitam seus serviços. Reenviam-se os solicitantes de um guichê a outro, de um posto

---

[1] Consultar "Le Sang contaminé" [O sangue contaminado], em Edgar Morin, *Sociologie*. Le Seuil, "Points", p. 426.

* Medicamento para emagrecer retirado do mercado francês em 2009, que causou a morte de quinhentas pessoas. (N.Ts.)

Edgar Morin

telefônico a outro, sempre com a mesma resposta: "Isso não é da minha alçada." Tratadas assim, as pessoas se sentem frustradas, lesadas, humilhadas, sobretudo aquelas que falam mal a língua do país.

Burocracia e competitividade são dois órgãos atrofiados de nosso tipo de sociedade. O primeiro ignora as pessoas concretas; o segundo as manipula.

Por outro lado, a administração burocratizada reage com excesso de rigidez e atraso aos problemas urgentes e aos desafios imediatos. Diferente das mídias, a informação, ou seja, o inesperado, perturba seus esquemas mentais e os programas em curso; choca-se com formas de rigidez, com hábitos, com crenças admitidas, com os confortos intelectuais no mundo dos sistemas fortemente estruturados, sistemas administrativos ou/e sistemas de pensamento. Tende-se a ignorá-la, rejeitá-la, anestesiá-la, e ela não transmite sua mensagem senão com retardo — isso quando consegue fazê-lo.

As causas da resistência passiva à informação perturbadora são intrínsecas à organização tecnoburocrática, assim como eram intrínsecas (e permanecem) à máquina administrativa médica da Saúde Pública no caso do sangue contaminado. De um lado, com suas plataformas hierárquicas e sua divisão de tarefas, a burocracia paralisa ou refreia a chegada de uma informação às cúpulas que decidem. Do outro lado, a especialização fragmenta os problemas, fazendo com que os responsáveis por um compartimento se sintam irresponsáveis pelo conjunto. Enfim, a princípio tão úteis para instaurar os debates, as comissões desempenham um papel no mundo burocrático que dissolve a responsabilidade no voto coletivo anônimo.

De início, as inovações fecundas, as descobertas salutares, são ignoradas ou reprimidas. Desse modo, foi preciso muito tempo para que o *establishment* administrativo médico reconhecesse que a Aids era provocada por um vírus.

Pode-se formular o seguinte princípio: toda informação que perturba as mentes e as instituições sempre chega com atraso aos sistemas de ideias ou corpos constituídos e, uma vez neles integrada, as decisões salutares que ela deveria estimular são elas mesmas retardadas.

As vias da desburocratização

A reforma dos serviços públicos (das grandes empresas privadas e, igualmente, de todas as grandes organizações sociais: igrejas, sindicatos, partidos) necessita, então, de desburocratização.

Como já indiquei,[2] a boa organização de um serviço público, de uma empresa, requer que as aptidões e qualidades dos indivíduos que ali trabalham sejam empregadas da melhor maneira. Como já dissemos, essas aptidões e qualidades são inibidas pelos efeitos conjugados da centralização, da hierarquia, da compartimentalização, da especialização. Em contrapartida, quando há possibilidade de iniciativa e de liberdade dos agentes, sobretudo em situações inesperadas e urgentes, a eficácia e a capacidade de resposta da administração aumentam.

Certamente não se pode conceber uma administração privada de centro, isenta de hierarquia e desprovida de competências especializadas; por outro lado, trata-se de criar e desenvolver modos de organização que combinem:

---

[2] *La Méthode*, t. 2, "La Vie de la vie" [*O método*, t. 2, "A vida da vida"], terceira parte: a organização das atividades vivas.

Edgar Morin

centrismo/policentrismo/acentrismo
hierarquia/poliarquia/anarquia
especialização/poliespecialização/competência geral

A combinação de centrismo e de policentrismo consiste em outorgar capacidade de decisão a diversos centros, cada qual encarregado de uma competência própria sobre problemas particulares. O acentrismo significa que os agentes podem ter acesso às informações internas e externas e dispor de uma margem de liberdade, principalmente em casos de imprevistos ou de condições críticas.

De forma semelhante, trata-se de combinar hierarquia e poliarquia (pluralidade de hierarquias diferentes, segundo os domínios e as circunstâncias), de atenuar e modular as prioridades hierárquicas. Assim, uma parte da anarquia deve ser reconhecida aqui no sentido de que "anarquia" não significa "desordem", mas modos de organização espontâneos que se efetivam por meio de interações entre indivíduos e grupos.

Em cada um dos três modos de organização, sobretudo em sua combinação, seriam criados espaços de responsabilidade e liberdade.

Enfim, a especialização deve efetuar-se após uma etapa de formação que forneceria uma cultura enriquecedora; ela permitiria que os agentes especializados se tornassem pluricompetentes, que colaborassem interativamente com os responsáveis pelos processos de decisão, que, por sua vez, seriam dotados de competências gerais. De qualquer modo, a competência especializada e a policompetência devem ser apresentadas não em alternativa, mas em associação. Uma vez estabelecido esse contexto organizacional, ali seria possível introduzir conceitos do *organizational learning* [aprendizado organizacional], cristalizados por Peter Senge, e que incluem três práticas:

A VIA

- dialogar em equipe;
- promover desenvolvimento pessoal;
- permitir o florescimento de uma visão compartilhada, sempre prestando atenção ao modelo mental de cada um.[3]

Tudo isso tenderia a desburocratizar e a desesclerosar as administrações públicas e privadas, e a enfraquecer a "mão de ferro" (Max Weber) da racionalização e da mecanização, a favorecer a manifestação das aptidões estratégicas, inventivas e criadoras dos trabalhadores e empregados em prol não somente da desalienação dos indivíduos, mas também do bem comum.

A reforma visa desburocratizar, desesclerosar, descompartimentalizar, estimular a iniciativa e a flexibilidade dos funcionários públicos ou empregados, inspirar-lhes a benevolência para com aqueles que solicitam seus serviços. A reforma de Estado seria feita não pelo aumento ou supressão de empregos, mas pela modificação da lógica que considera os seres humanos como objetos sujeitos à quantificação, e não como seres dotados de autonomia, de inteligência, de afetividade.

Se as administrações públicas sentem repulsa em questionar os princípios da burocratização, algumas empresas, em contrapartida, organizaram-se segundo os princípios decentralizadores, como a MAIF, alguns fundos de pensão, algumas cooperativas e, no plano capitalista, a Cisco.

---

[3] E (ideia acrescentada pela Sol Frange) exercer um pensamento complexo. A Sol Frange é uma associação que difunde e enriquece os conceitos e métodos de aprendizagem organizacional.

Edgar Morin

Racionalizar?

Devemos ressaltar aqui a diferença entre racionalidade e racionalização. A racionalidade corresponde à plena utilização das aptidões dos que participam de uma administração ou de uma empresa. Ela implica a coordenação das tarefas, as trocas de informações, a utilização das policompetências. A racionalização obedece aos princípios da especialização estrita, da hierarquia rígida, da centralização extrema. A experiência mostra que, aplicados estritamente, esses princípios não são racionais. O princípio da economia de tempo, pela supressão dos tempos mortos e dos momentos de convivialidade, é a racionalidade das máquinas artificiais que funcionam segundo um determinismo estrito, uma cronologia estrita, uma especialização estrita, o que não é o caso do ser humano.[4] A racionalização aplicada ao ser humano é irracional.

Em matéria de informação, uma verdadeira comunicação necessita de um saber comum e da "redundância", ou seja, da repetição, da evocação. Dito de outra forma, uma plena compreensão exige aparentes perdas de tempos que, na realidade, são ganhos de racionalidade. Para retomar a expressão de Max Weber, dizemos que a racionalização é, ao contrário, uma verdadeira "mão de ferro".

Além do mais, a substituição dos operadores humanos por máquinas automáticas gera o anonimato e uma mecanização da vida

---

[4] Von Foerster opôs a máquina "trivial", que é a máquina cujo comportamento se conhece quando se conhece seu programa, à máquina não trivial, ou seja, viva, melhor dizendo, humana, que realiza atos inesperados, inovadores ou criadores.

A VIA

que são subeficientes, até mesmo contraeficientes, para além de sua rentabilidade imediata.

Polirreformas

A desburocratização deve incluir a restauração ou instauração do sentido das responsabilidades e das solidariedades; isso apresenta um problema que, embora essencial para o Estado, o ultrapassa, pois implica uma reforma da sociedade. A verdadeira reforma da administração pública não poderia ser isolada. Ela necessita que a responsabilidade e a solidariedade sejam restauradas não apenas nos agentes ou nas pessoas que decidem, mas também no conjunto da sociedade. O que implica, simultaneamente, uma reforma da organização das empresas. Em outros termos, a reforma das administrações não pode ser realizada plenamente senão em um complexo de transformações humanas, sociais, históricas, incluindo outras reformas de que trata o presente livro: reformas políticas, entre as quais a do pensamento político, que pressupõe a reforma do pensamento, da educação e da democracia; ela é inseparável das reformas sociais e econômicas, de uma reforma de vida, de uma reforma ética (relembremos que responsabilidade e solidariedade são a fonte de toda ética);[5] a regeneração da ética é indissociável da regeneração do civismo, que, por sua vez, é indissociável da regeneração democrática. Essas reformas dependem de uma desburocratização salutar, que, por sua vez, depende delas.

---

[5] Consultar *La Méthode,* t. 6, "Étique" [*O método*, t. 6, "Ética"], capítulo 12.

Capítulo 12

Justiça e repressão

Pode-se julgar o grau de civilização
de uma sociedade ao entrar em suas prisões.

Dostoiévski

Por que se matam as pessoas que mataram?
Para dizer aos outros que matar é algo mau?

Norman Mailer

Em princípio, justiça, polícia, prisão são instituições destinadas a impedir e reprimir uma barbárie humana que tende a corroer e decompor incessantemente a ordem da sociedade por meio do crime, do delito, da corrupção. Cada qual a seu modo, elas asseguram a manutenção dessa ordem. Toda ordem social, porém, implica também sua parte de barbárie e, como disse Walter Benjamin com muita propriedade, não existe civilização sem um fundo de barbárie, na repressão permanente e multiforme que ela pratica. Repressivas por sua própria natureza, justiça, polícia e prisão são também contrabarbáries bárbaras. O que convém enfrentar é a redução dessa barbárie.

Indiquemos logo de saída que a redução ao mínimo da barbárie da ordem (coerção, dissuasão) não pode ser realizada senão em uma sociedade muito complexa.

A VIA

Em si mesma, toda sociedade é complexa, ou seja, constituída de atividades incessantes em inter-retroações, incluindo simultaneamente relações de solidariedade e antagonismo. Quanto mais complexa, mais implica liberdade para seus indivíduos e seus grupos, e mais essas liberdades são geradoras de desordem. Hegel discerniu muito bem a face obscura da liberdade em sua formulação "A liberdade é o crime". Em seu limite máximo, a complexidade extrema da sociedade, isto é, a liberdade extrema de seus membros, ou seja, o desaparecimento de toda coerção, conduz à desintegração. Em consequência, o que poderia salvaguardar uma grande complexidade, dito de outra forma, as grandes liberdades, seria não apenas um aparelho coercitivo mínimo (justiça, polícia), mas, sobretudo, o sentimento vivido e interiorizado em cada indivíduo, de solidariedade e de comunidade com os membros da sociedade à qual pertence. Nas nações atuais, esse sentimento de comunidade não é vivido plenamente senão em caso de guerra ou de ocupação; ele se revitaliza no espaço de um momento, durante os campeonatos mundiais de futebol ou de rúgbi, ou no reencontro de um concidadão em um lugar distante, mas extingue-se na vida cotidiana, ao preponderarem os egocentrismos, interesses, antagonismos, conflitos.

A fraternidade temporária dos membros de uma nação tem como fonte a ideia de pátria (pátria-mãe em francês, *Vaterland,* país-pai em alemão, *Heimat* na mesma língua, *Home* em inglês, ou seja lar familiar), que suprem as nações modernas de um cimento mitológico de maternidade-paternidade e, com isso, fraternizam os "filhos da pátria": não existe fraternidade sem maternidade. Em uma sociedade, é ela que desperta o *"software"* altruísta-comunitário presente em todo ser humano, mas que se encontra subdesenvolvido na civilização e pela civilização.

Este prelúdio visa indicar:

1) que uma imensa complexidade social, com um sentimento de comunidade vivido, constitui condição preliminar para a redução dos aparelhos coercitivos;

2) que o antídoto fundamental para as duas barbáries que se entrecombatem — a barbárie do delito, do crime, da corrupção, e a contrabarbárie bárbara da justiça, da polícia, da prisão — reside na solidariedade, cuja intensidade afetiva assume a forma da fraternidade.

É a complexidade social, portanto, que pode reduzir a barbárie que nasce e renasce em toda civilização, e a contrabarbárie bárbara da justiça-polícia-prisão, cuja barbárie culmina na pena de morte.

Isso significa que, nas condições atuais das nações e do planeta como um todo, reduzir as duas barbáries requer a instauração conjugada das reformas indicadas neste livro, dentre as quais, evidentemente, a regeneração das solidariedades, a compreensão humana, a reforma da educação, a reforma do pensamento e, em particular, a reforma do pensamento político.

Evidentemente, a conjugação desse conjunto de reformas incluiria reformas específicas do aparelho coercitivo justiça-polícia-prisão, que, por sua vez, necessitariam de uma extraordinária humanização, incluindo a formação de juízes e policiais no humanismo e na complexidade humana.

Antes de examinar essas reformas específicas, porém, é preciso considerar, de um lado, o estado atual da criminalidade, e, do outro, o estado atual da justiça, da polícia, das prisões no contexto planetário. A informação da Anistia Internacional e os múltiplos dados fornecidos pela imprensa indicam claramente que, por toda parte em que imperam os regimes totalitários, a justiça é manipulada pelo Estado; que, por toda parte onde impera a corrupção, a justiça é profundamente corrupta; que, com frequência, as polícias praticam atos de violência, brutalidade, torturas e, por vezes, assassinatos disfarçados de acidentes; enfim, que as prisões são quase sempre verdadeiros infernos. O trágico é que nas nações em que, em tese, regras democráticas da separação de poderes deveriam ser obedecidas, o Estado procura domesticar a justiça (assim como ocorreu recentemente na Itália e na França) e os princípios humanistas, que deveriam ser aplicados a todos, são frequentemente vilipendiados pela polícia dentro das prisões.

CRIMINALIDADE E JUSTIÇA NO MUNDO

Segundo o relatório do secretário-geral da Organização das Nações Unidas sobre as tendências da criminalidade e o funcionamento dos sistemas de justiça penal por todo o mundo, no decorrer dos últimos cinco anos, as tendências referentes à criminalidade e à justiça penal foram desiguais.

Homicídio

Na maioria dos países da Europa, América do Sul e Ásia registrou-se uma redução na taxa de homicídios. Entretanto, certos países, principalmente os que são alvo das máfias da droga, registram uma alta.

Segundo estimativas do Escritório das Nações Unidas contra a Droga e o Crime (UNODC), os homicídios voluntários causaram cerca de 490 mil mortes em 2004; a taxa mundial de homicídios nesse mesmo ano subiu para 7,6 homicídios a cada 100 mil pessoas. Pode-se pensar que nas sociedades modernas os homicídios cometidos em nome da honra, por vingança e mesmo por ciúmes encontram-se em regressão, mas não necessariamente os homicídios ligados às agressões armadas por roubo ou por acerto de contas entre gangues rivais.

Os atos de rapto e sequestro que implicam a exigência de resgates, tradicionais no Iêmen e no Afeganistão, multiplicam-se em numerosos países das Américas, com frequência ligados às guerras entre cartéis.

As infrações contra os bens decresceram igualmente na Europa; os furtos e roubos de automóveis registrados pela polícia diminuíram quase 50% entre 1995 e 2008. Esse declínio pode dever-se a uma melhor proteção das residências e dos veículos. Entretanto, não existe nenhum aumento da sensação de segurança diante de agressões, roubos e delitos.

As infrações ligadas às drogas estão aumentando. Contudo, fica difícil discernir entre o que se deve ao crescimento do tráfico de drogas e o que depende da resposta às ações de detenção e de repressão.

De acordo com o Relatório Mundial sobre o Tráfico de Pessoas publicado pelo UNODC, o tráfico humano, particularmente de mulheres, envolveu mais de 21 mil vítimas em 111 países, em 2006. Mas, como raramente esse tráfico é objeto de pesquisa, sua amplitude é subestimada.

Enfim, em tempos recentes, a pirataria no mar foi ressuscitada, principalmente ao largo das costas da Somália e do golfo de Aden. Ela não visa ao furto de mercadorias dos cargueiros, mas a extorquir um resgate em troca dos produtos capturados; 140 episódios de pirataria foram informados apenas no primeiro semestre de 2009.

Todas essas cifras não levam em conta os crimes em massa perpetrados contra as populações, como no caso de Ruanda, do Sri Lanka, nem as mortes de civis provocadas por operações militares, como ocorreu em Gaza, os saques, pilhagens, destruições de bens e de habitações — em resumo, toda uma criminalidade política, militar, étnica, que por vezes retorna aqui e ali, mas que recrudesce em vários pontos do planeta.

A corrupção

Não faz muito tempo, as propinas eram prática corrente nas administrações de grande parte do mundo; essa forma de corrupção de funcionários públicos aumentou com a monetarização generalizada e a degradação do sentido de responsabilidades. Por falta de dados oficiais, somente algumas pesquisas realizadas sobre amostras representativas, alguns escândalos revelados pela imprensa independente, permitem avaliar aproximadamente a amplitude das "propinas" pagas pelas empresas a personalidades políticas, a partidos ou às administrações. Nos casos de vendas de materiais civis ou militares ao estrangeiro, as somas são pagas em função do montante de pedidos esperados.

Segundo as pesquisas, as propinas pagas pelas empresas se destinam com mais frequência às administrações, incluídos a polícia e os serviços de saúde pública. Sem dúvida, uma prática como essa propagou-se consideravelmente entre os Estados corruptos. Uma recente investigação realizada pelo UNODC no Afeganistão revelou que mais da metade dos afegãos (52%) precisaram pagar pelo menos uma propina no decorrer do ano quando precisaram lidar com os agentes públicos.

Justiça

"Na democracia, o estado da justiça constitui um indicador extremamente confiável do estado das liberdades, da igualdade real e da separação dos poderes", declarou com precisão a Liga Francesa dos Direitos do Homem. Na verdade, inúmeras democracias sofrem de deficiência ou de carência nesse domínio. Nos Estados corruptos, a justiça também é corrompida pelos ricos e poderosos. Nos Estados autoritários ou ditatoriais, ela constitui um instrumento a serviço do poder e ali os processos não passam de paródias

O caso da França

Em seu relatório anual intitulado Estado dos Direitos do Homem na França, 2010, a LDH (Liga Francesa dos Direitos do Homem) descreve uma justiça "dura para os fracos" e "estática diante dos poderosos": "A situação da justiça na França é dramática; diante da crise social, o poder político encontra um derivativo na segurança pública e, por isso [...], em vinte anos, o número de detentos duplicou, e os franceses não estão duas vezes mais protegidos." A justiça, "sentindo cruelmente a falta de meios", "é muito lenta ou muito rápida", "cada vez mais distante", "sob o controle do poder" e "incessantemente repressiva". Segundo a Liga, em 2009, ela foi "mais pesada para os alvos do poder" e "mais condescendente" com os mais

A VIA

favorecidos, principalmente por intermédio de projetos relativos à despenalização do direito dos negócios: "a justiça é mais dura nas periferias, mais suave com os delinquentes financeiros"; "as lógicas em ação não dependem mais do tratamento das causas, mas da estigmatização, da vigilância e da punição".

O relatório denuncia a visível duplicação do número de policiais, "o considerável recrudescimento" das penas de prisão e "o anúncio de um 'código penal dos menores' essencialmente voltado para a ação repressiva".

A esses desvios, acrescenta-se a falta de meios humanos e orçamentários de que sofre a justiça.

Ocorrem demoras intermináveis, que variam muito segundo a notoriedade da vítima. Em certos tribunais, as pessoas convocadas esperam o dia inteiro nos corredores por seus julgamentos. As audiências prolongam-se até tarde da noite. Nessas horas, a tensão é extrema, e no momento da audiência há tentativas de suicídio dos indiciados. Já houve caso de uma audiência criminal ter durado 26 horas ininterruptas!

A justiça internacional

As tentativas de instituir uma justiça internacional para os crimes de guerra e crimes contra a humanidade não alcançaram senão resultados frágeis. Os Estados Unidos não aceitaram a competência da Corte de Justiça Internacional encarregada dos crimes cometidos durante a guerra da Iugoslávia. Os mandados de prisão, como o emitido contra o chefe de Estado sudanês El Bechir, por exemplo, não surtiram nenhum efeito.

Edgar Morin

Se sua evolução política não tivesse sido paralisada no estado embrionário, a União Europeia teria conseguido constituir sua própria corte de justiça. Esse não foi o caso. Quanto à competência de uma instância de justiça internacional efetivamente planetária, ela permanece uma promessa piedosa.

Polícia

Os dados sobre os efetivos policiais contidos na pesquisa das Nações Unidas, à qual nos referimos, revelam grande disparidade de acordo com os países. O problema principal não é o do número de policiais, que deveria variar em função do crescimento ou da diminuição da criminalidade, mas sim o das práticas e hábitos da polícia. Uma polícia malcontrolada pelo Estado e pelos cidadãos tende a cometer todos os abusos que seu poder lhe permite: verificações de identidade baseadas em critérios fisionômicos, prisões arbitrárias, violência no interior das delegacias de polícia, falsos testemunhos; elementos da polícia envolvidos na luta contra a droga e contra o proxenetismo podem se corromper. É claro que nos Estados autoritários ou ditatoriais, nos quais a imprensa não pode conhecer nem difundir a realidade das práticas policiais e carcerárias, e os partidos de oposição ou as associações de defesa dos direitos humanos não exercem nenhum controle, as violências, torturas e mortes se tornam regra para a polícia e são exercidas por meio dela. Constata-se que, mesmo em países que dispõem de uma rede de informações independente (imprensa, mídias, Internet) e onde os excessos e brutalidades repressivos podem ser denunciados, um grande número de práticas cruéis se perpetua impunemente.

A VIA

Prisões

As prisões, inclusive em nações europeias como a França, são lugares de desumanidade extrema. Não é apenas o poder quase sempre arbitrário dos "carcereiros", nem a superpopulação crescente das celas (no decorrer dos últimos dez anos, os encarceramentos no mundo aumentaram de 60% para 75%) que produzem a desumanidade, são também os costumes próprios ao encarceramento que fabricam mandantes, geram abuso sexual, tráfico interno, inclusive o de drogas, conflitos entre gangues, quase sempre de caráter étnico. Todas essas condições fazem da prisão uma escola de criminalidade para os jovens encarcerados, que, por falta de acolhimento, de trabalho e de possibilidades de reinserção, ao serem libertados, serão atirados no submundo miserável da desgraça moral.

Daí resulta a alta taxa de recidivas, inclusive nos países ocidentais. Segundo o serviço penitenciário da Escócia, 48% dos prisioneiros libertados em 2002, dois anos mais tarde, já estavam de volta à prisão. Desses 48%, 52% retornaram ao cárcere no prazo de seis meses, 76% no ano seguinte. Nos Estados Unidos, em 2000, 42% dos delinquentes colocados em liberdade condicional foram reenviados à prisão. Cifras análogas serão encontradas por toda parte onde a prisão constitui o principal instrumento da política de segurança.

AS VIAS DAS REFORMAS

Como foi indicado no início deste capítulo, é a ação conjugada e perseverante das diversas vias de reforma da política, do pensamento, da sociedade, da vida, que provocará a redução das barbáries

Edgar Morin

de civilização, elas mesmas interdependentes, que são os crimes e as barbáries próprios às contrabarbáries da repressão. O que não impede de se proporem medidas específicas:

- Formação dos juízes, dos policiais, do pessoal que atua nas prisões, voltada à complexidade humana. O progresso nesse domínio sensível permitiria atos de magnanimidade e de perdão capazes de promover a conscientização e o arrependimento do criminoso e de transformá-lo;

- Desde a escola, seria bom explicar a todos os futuros cidadãos que a prisão não é a expressão de uma vontade de punição e de represálias, mas, como enunciava o criminologista Beccaria desde o século XVIII, um meio de proteção da sociedade. É necessário extirpar da mente a ideia, tão profundamente arraigada em nosso psiquismo, da vingança e da lei de Talião. Quanto mais pudermos satisfazer essa parte de nosso psiquismo no imaginário, graças aos romances ou aos filmes como *O conde de Monte Cristo*,* nos quais a vítima faz justiça com as próprias mãos, matando aqueles que a fizeram sofrer, mais devemos, como cidadãos, rejeitar essa ideia para substituí-la pela concepção beccariana. Isso se torna ainda mais necessário pelo fato de que cada vez mais as mentes são contaminadas pela identificação entre justiça e punição. Daí resulta a necessidade de sensibilizar os cidadãos sobre os efeitos deletérios do encarceramento e fazê-los compreender que a reinserção social dos prisioneiros é de interesse de todos e de cada um de nós;

---

* O grande romance de Alexandre Dumas, concluído em 1884, que serviu de inspiração para pelo menos dez versões cinematográficas, a última em 2002. (N.Ts.)

A VIA

- Medidas de controle que diminuiriam a arbitrariedade policial;
- Dispositivos de prevenção da delinquência juvenil, seguindo o exemplo dos que conseguiram reduzi-la e até suprimi-la em Medellín (Colômbia), no Rio de Janeiro (projeto "Espaço Criança Esperança", que integra 1,8 mil crianças e adolescentes, em vigor desde 2001 no complexo de favelas Cantagalo e Pavão Pavãozinho, onde imperava um alto nível de delinquência juvenil), em inúmeros bairros na Venezuela, graças a El Sistema (consultar a quarta parte do capítulo "Adolescência");
- Educação específica dispensada a crianças e adultos agressivos para a regulação de suas emoções;
- Humanização das prisões (supressão da superpopulação, possibilidades de seguir os ensinos fundamental e médio ou universitário, permanência de conselheiros de humanização em cada estabelecimento). O acesso ao trabalho, à educação, à cultura e aos lazeres são alguns meios, entre tantos outros, de preparar a inserção social depois da libertação. A humanização das prisões implica, também, favorecer o contato com a família e os amigos.

As permissões de saída e os regimes semiabertos favorecem, enfim, a reintegração progressiva na sociedade.

- Extensão das penas substitutivas à prisão, entre elas a justiça reparadora, o uso de bracelete eletrônico, a execução de trabalhos de interesse coletivo, a obrigação dos toxicômanos de seguirem um tratamento, o reenvio para um centro educativo;
- Ajuda e acompanhamento na reinserção social. Essa reinserção pode começar ainda na prisão, com a utilização de programas educativos, profissionais e culturais que já evocamos,

e prosseguir por meio da ação das agências e de outras organizações de ajuda aos antigos detentos. Dito isso, a família e um trabalho estável constituem os principais fatores de êxito na reinserção. Trata-se de ajudar os antigos delinquentes a reconstituírem suas relações com a família e encontrar um emprego. Daí resulta a utilidade das reformas legislativas que introduzem ou multiplicam os meios de ajuda aos delinquentes por meio de sua reinserção social e, conjuntamente, de uma reforma política que, em vez de destinar o essencial dos recursos no reforço das restrições e sanções na sociedade e nas prisões, investiria esses recursos em medidas de prevenção, de humanização das prisões, de inserção póspenitenciária.

Conclusão

Inevitavelmente, todas as medidas de liberalização e de humanização apresentam deficiências e podem favorecer as recidivas. Mas essas recidivas são minoritárias, enquanto o aprisionamento humano e a rejeição social após a libertação são os fatores que fabricam sistematicamente os recidivistas. Muitos exemplos indicam que não se deve reduzir o criminoso a seus crimes, mas reconhecer que existe nele uma parte de humanidade bloqueada que pode revelar-se.

Sob a aparência paradoxal barbárie/contrabarbárie, o trinômio justiça-polícia-prisão nos coloca no cerne do problema da barbárie civilizada, ela própria situada no cerne do problema de melhoria da vida em sociedade.

SEGUNDA PARTE

Reformas do pensamento e da educação

Capítulo 1

Reforma do pensamento

A crise do conhecimento

Na medida em que são malpercebidas, subvalorizadas, separadas umas das outras, todas as crises da humanidade planetária são, ao mesmo tempo, crises cognitivas. Do modo como nos foi inculcado, do modo como foi impregnado na mente, nosso sistema de conhecimento conduz a importantes erros no autoconhecimento.

Nosso modo de conhecimento subdesenvolveu a aptidão de contextualizar a informação e integrá-la em um conjunto que lhe dê sentido. Submersos na superabundância de informações, para nós, fica cada vez mais difícil contextualizá-las, organizá-las, compreendê-las. A fragmentação e a compartimentalização do conhecimento em disciplinas não comunicantes tornam inapta a capacidade de perceber e conceber os problemas fundamentais e globais. A hiperespecialização rompe o tecido complexo do real, o primado do quantificável oculta a realidade afetiva dos seres humanos.

Nosso modo de conhecimento fragmentado produz ignorâncias globais. Nosso modo de pensamento mutilado conduz a ações mutilantes. A isso, combinam-se as limitações 1) do reducionismo (que reduz o conhecimento das unidades complexas ao dos elementos supostamente simples que as constituem); 2) do binarismo, que decompõe tudo em verdadeiro/falso, ou seja, o que existe é parcialmente verdadeiro ou parcialmente falso ou simultaneamente verdadeiro e falso; 3) da causalidade linear, que ignora os circuitos retroativos; 4) do maniqueísmo, que não enxerga senão oposição entre bem e mal.

A reforma do conhecimento exige a reforma do pensamento. A reforma do pensamento exige um pensamento que possa religar os conhecimentos entre si, religar as partes ao todo, o todo às partes, e que possa conceber a relação do global com o local, do local com o global. Nossos modos de pensar devem integrar um vaivém constante entre esses níveis (consultar meu livro *Introdução ao pensamento complexo*).

Essa reforma comporta um caráter epistemológico e reflexivo. Epistemologicamente, trata-se de substituir o paradigma que impõe o conhecimento por disjunção e redução, por um paradigma que pretende conhecer por distinção e conjunção (*Introdução ao pensamento complexo*). A reintrodução da reflexividade requer um constante retorno autoexaminador e autocrítico da mente por ela mesma.

Por outro lado, precisamos dissipar a ilusão de que teríamos chegado à sociedade do conhecimento. Efetivamente, chegamos à sociedade dos conhecimentos separados uns dos outros, separação que nos impede de religá-los para conceber os problemas fundamentais e globais, tanto de nossa vida pessoal, como de nossos destinos coletivos.

Finalmente, precisamos dissipar a ilusão segundo a qual nosso conhecimento, inclusive o científico, disporia da plena racionalidade. De fato, existem várias formas de racionalidade: a racionalidade crítica, que utiliza a dúvida; a racionalidade teórica, que edifica as

A VIA

teorias aplicadas de maneira coerente aos fenômenos; a racionalidade autocrítica, consciente de seus limites e da degradação da racionalidade em racionalizações (concepções intrinsecamente lógicas, mas que não correspondem a nenhuma base empírica); a razão instrumental, denunciada por Adorno e Horkheimer, que está a serviço de empreendimentos nocivos, criminais ou demenciais, como o campo de concentração nazista.

Assim, as cegueiras resultantes de conhecimentos parcelares e dispersos, específicos de uma visão unidimensional de todas as coisas, emparelham-se com as miragens da sociedade do conhecimento e as do pleno emprego da racionalidade.

Se, pela incapacidade de perceber a realidade em sua complexidade e sua globalidade, nossa mente permanece dominada por um modo de conhecer mutilado e abstrato, se o pensamento filosófico desvia-se do mundo em vez de enfrentá-lo para compreendê-lo, paradoxalmente, então, nossa inteligência nos cega.

Uma tradição de pensamento bem enraizada em nossa cultura, que forma mentes desde a escola elementar, nos ensina a conhecer o mundo por meio de "ideias claras e distintas"; convence-nos a reduzir o complexo ao simples, ou seja, separar o que está ligado, unificar o que é múltiplo, eliminar tudo o que produz desordens ou contradições em nosso entendimento. Entretanto, o problema crucial de nosso tempo é o da necessidade de um pensamento capaz de enfrentar o desafio da complexidade do real, isto é de compreender as ligações, interações e implicações mútuas, os fenômenos multidimensionais, as realidades simultaneamente solidárias e conflitosas (como a própria democracia, sistema que se alimenta de antagonismos, ao mesmo tempo que os regula). Pascal já havia

Edgar Morin

formulado esse imperativo de pensamento, que hoje se trata de introduzir em nosso ensino como um todo, a começar pelo curso maternal: "Todas as coisas sendo causadas e causantes, ajudadas e ajudantes, mediatas e imediatas, e todas se interligando por um laço natural e insensível que liga as mais distantes e as mais diferentes, considero impossível conhecer as partes sem conhecer o todo, e não menos impossível conhecer o todo sem conhecer particularmente as partes."

De fato, todas as ciências avançadas, como as ciências da Terra, a ecologia, a cosmologia, rompem com o velho dogma reducionista da explicação pelo elementar: elas consideram os sistemas complexos em que as partes e o todo se entreproduzem e se entreorganizam e, no caso da cosmologia, uma complexidade que se encontra além de qualquer sistema.

Mais ainda: princípios de inteligibilidade já se formaram aptos a conceber a autonomia, a noção de sujeito e, até mesmo, a de liberdade, o que era impossível segundo os paradigmas da ciência clássica. Ao mesmo tempo, o exame crítico da pertinência de nossos princípios tradicionais começou. A racionalidade e a cientificidade exigem ser redefinidas e complexificadas. Isso não diz respeito apenas aos intelectuais; diz respeito à nossa civilização: tudo o que foi efetuado em nome da racionalização e que conduziu à alienação do trabalho, às cidades-dormitórios, à rotina do tomar o metrô, trabalhar, voltar para casa e dormir, aos lazeres em série, às poluições industriais, à degradação da biosfera, à onipotência dos Estados-nação, dotados de armas de aniquilamento, isso tudo é verdadeiramente racional? Não é urgente questionar uma razão que produziu em si mesma seu pior inimigo: a racionalização?

A VIA

O conhecimento deve saber contextualizar, globalizar, multidimensionalizar, ou seja, ser complexo. Unicamente um pensamento capaz de compreender a complexidade, não apenas de nossa vida, de nossos destinos, da relação indivíduo/sociedade/espécie, mas também da era planetária, pode tentar realizar um diagnóstico sobre o curso atual de nosso devir e definir as reformas vitalmente necessárias para mudar de via. Somente um pensamento complexo pode nos armar para preparar a metamorfose simultaneamente social, individual e antropológica.

Deve, também, saber conscientizar-se das contradições lógicas que deveremos enfrentar:

- Ordem também implica desordem.
- A ciência esclarece e cega.
- A civilização contém a barbárie.
- A razão pura é desrazão: razão e paixão precisam uma da outra.
- O Uno comporta sua multiplicidade, que lhe é inerente.

Um pensamento complexo, cujos princípios definimos,[1] permite desenvolver a capacidade de reagir de modo pertinente em uma nova situação. Como já dito, "os analfabetos do século XX não serão aqueles que não podem ler ou escrever, mas os que não podem aprender, desaprender ou reaprender".

---

[1] Em *Introdution à la pensèe complexe* [Introdução ao pensamento complexo] e em *La Méthode* [O método], principalmente nos tomos 1, 3 e 4, op. cit.

Edgar Morin

O NOVO CONHECIMENTO CIENTÍFICO

As reformas do conhecimento e do pensamento não podem senão ajudar e ser ajudadas pelas duas grandes revoluções científicas que marcaram o século XX.

Até o século XIX, a ciência foi construída sobre três pilares de certezas. O primeiro era a crença no determinismo absoluto, que fez Laplace afirmar que um demônio dotado de um espírito superior poderia conhecer não apenas os eventos do passado, mas, sobretudo, os do futuro. O segundo pilar era a separabilidade: a convicção de que para conhecer melhor um objeto basta isolá-lo de seu ambiente de origem e colocá-lo em um ambiente artificial. O terceiro pilar era o valor de prova absoluta fornecido pela indução e a dedução, bem como a rejeição da contradição.

De fato, a primeira revolução científica, inaugurada na física pelo segundo princípio da termodinâmica, depois terminada com a microfísica e a cosmofísica, derrubou o primeiro pilar: a partir de então, o princípio do determinismo deve ser associado a um princípio de desordem e um princípio de indeterminação.

A segunda revolução científica, que se manifesta na segunda metade do século XX, opera religação entre disciplinas até então separadas. Assim, são as ciências da terra, a cosmologia e, sobretudo, a ecologia científica que devem ligar os conhecimentos físicos, geológicos, meteorológicos aos conhecimentos biológicos (biologia microbiana, botânica, zoologia), ao que se associam os conhecimentos das ciências sociais, visto que a humanidade transforma cada vez mais os ecossistemas e a biosfera.

A essas duas revoluções complexificantes, ainda inacabadas, falta a revolução epistemológica. Ela foi preparada pelos pensamentos de

A VIA

Heráclito ("acordados, eles dormem", "viver de morte, morrer de vida"), de Pascal (o ser humano só existe em uma teia de contradições), de Hegel ("nosso pensamento deve abarcar os contrários"), de Marx ("as ciências da natureza abarcarão as ciências do homem, as ciências do homem abarcarão as ciências da natureza"). Ela começou a se introduzir nas ciências com o reconhecimento, levado a efeito por Niels Bohr, de que duas noções contraditórias — ondas e corpúsculo — estão necessariamente associadas na concepção da natureza complexa da partícula. Na física e na cosmologia, ela surge para considerar a origem do universo e a natureza do real. Ela se encontra no cerne da relação espaço-indivíduo-sociedade, em biologia e antropologia.

Simultaneamente, falta uma nova formação dos cientistas, que incluiria a reflexividade, reivindicada por Husserl há mais de oitenta anos: na verdade, como ser humano, o cientista é um indivíduo-sujeito, imerso em uma cultura da qual sofre as influências, e embora tenha desenvolvido os meios mais sutis e refinados para reconhecer o mundo exterior, continua cego quando se trata de si mesmo e do próprio devir da ciência. Seria necessário fornecer aos cientistas uma cultura que englobasse os trabalhos de filosofia das ciências (de Bachelard e Popper a Lakatos e Kuhn), bem como uma cultura em ciências humanas que permitisse conceber não apenas a inclusão das ciências nas sociedades e na história humana, mas também as transformações que os prodigiosos desenvolvimentos das ciências trazem às sociedades e à história da humanidade.

Finalmente, a disjunção entre ciência e ética, necessária nos primeiros séculos da ciência ocidental, não pode mais ser mantida, tendo em vista os profundos problemas éticos e políticos apresentados

Edgar Morin

pelo desenvolvimento contemporâneo das ciências. Uma nova deontologia científica se impõe para a física, desde a invenção da arma nuclear (1945), para a biologia, desde a descoberta do DNA (1950), da inseminação artificial (1973), dos organismos criados artificialmente (1974), do bebê de proveta (1978), da clonagem e da manipulação de células-tronco.

No que diz respeito às reformas em ciências humanas, indicamos os princípios[2] que permitiriam o autoexame do pesquisador, a consciência de que os seres humanos objetos de pesquisa não são deficientes culturais, mas dispõem também de um saber próprio; eles permitem igualmente o trabalho no concreto e no complexo, e não baseado exclusivamente em amostras estatísticas das populações, e indicam os métodos a seguir para tratar o acontecimento e o presente.

---

[2] Consultar Edgar Morin. *Sociologie*, op. cit, p. 35-36

Capítulo 2

Reforma da educação

É ainda mais importante ressaltar a necessidade de uma reforma do conhecimento, uma vez que hoje, na França, o problema da educação e o da pesquisa foram reduzidos a termos quantitativos: "mais créditos", "mais professores", "mais informática" etc. Com isso, mascara-se a imensa dificuldade revelada pelo fracasso de todas as reformas sucessivas do ensino: *não se pode reformar a instituição sem antes reformar as mentes, mas não se pode reformar as mentes sem antes reformar as instituições.*

Não existe uma resposta propriamente lógica a essa contradição, mas a vida é sempre capaz de trazer soluções para problemas logicamente insolúveis. Aqui, ainda, não se pode programar nem mesmo prever, mas pode-se ver e promover. A própria ideia de reforma reunirá as mentes dispersas, reanimará as mentes resignadas, suscitará proposições. Enfim, assim como existem boas vontades latentes para a solidariedade, também existe no corpo docente uma vocação missionária latente, muitos aspiram encontrar o equivalente atual da vocação missionária laica do começo da Terceira República. Sem dúvida, não devemos mais opor os Iluministas aparentemente racionais a um obscurantismo considerado fundamentalmente religioso. Devemos nos opor à inteligência cega que quase assumiu o comando por toda parte. Dito de outra forma: devemos reaprender a pensar, tarefa de salvação pública que começa por si mesma.

Edgar Morin

Evidentemente, serão necessários muito tempo, debates, combates e esforços para que a revolução do pensamento, que se fragmenta por toda parte na desordem, assuma uma feição definida. Por isso, seria possível acreditar que não existe nenhuma relação entre esse problema e a política conduzida por um governo. O desafio da complexidade do mundo contemporâneo constitui um problema-chave do pensamento e da ação políticos.

A reforma da educação deve partir da expressão de *Emílio*, de Jean-Jacques Rousseau, em que o educador diz a seu aluno: "Quero ensiná-lo a viver." A formulação é excessiva, pois somente se pode ajudar a aprender a viver. Viver se aprende por suas próprias experiências, com a ajuda do outro, principalmente dos pais e professores, mas também dos livros, da poesia. Viver é viver como indivíduo, enfrentando os problemas de sua vida pessoal, é viver como cidadão de sua nação, é viver também em seu pertencimento ao gênero humano. É claro que o estudo da literatura, da história, das matemáticas, das ciências contribui para a inserção na vida social, e os ensinamentos especializados são necessários à vida profissional. Com a marginalização da filosofia e da literatura, porém, falta cada vez mais à educação a possibilidade de enfrentar os problemas fundamentais e globais do indivíduo, do cidadão, do ser humano. Para serem considerados, esses problemas exigem a possibilidade de reunir um grande número de conhecimentos separados em disciplinas. Eles demandam uma forma mais complexa de conhecer, uma forma mais complexa de pensar. É isso que a reforma gostaria de proporcionar. Enquanto não religamos os conhecimentos segundo o conhecimento complexo, permanecemos incapazes de conhecer o tecido comum das coisas: não enxergamos senão os fios separados de uma tapeçaria. Identificar

A VIA

os fios individualmente jamais permite que se conheça o desenho integral da tapeçaria.

Consequentemente, o ensino que, para tratar os grandes problemas, parte de disciplinas separadas em vez de se nutrir delas, castra as curiosidades naturais típicas de todo conhecimento juvenil que se abre para as ideias. O que é o conhecimento pertinente? O que é o homem? A vida? A sociedade? O mundo?

Um novo sistema de educação fundado na religação e, por isso, radicalmente diferente do atual, deveria substituí-lo. Esse sistema permitiria favorecer a capacidade da mente para pensar os problemas individuais e coletivos em sua complexidade. Ele sensibilizaria para a ambiguidade, as ambivalências, e ensinaria a associar os termos antagônicos para apreender uma complexidade.

Ele ensinaria, também, a situar qualquer informação, qualquer dado, em seu contexto, ou seja, no sistema do qual faz parte.

Ensinaria as diversas formas de racionalidade (teórica, crítica, autocrítica), as perversões da racionalidade (racionalização, razão instrumental), a necessidade de uma racionalidade aberta (sobre os dados que a contradizem e sobre a crítica exterior). A racionalidade científica produz teorias biodegradáveis, diferentemente da racionalidade fechada (doutrina), que refuta *a priori* tudo o que a desestabilizará. Assim, é preciso ensinar a diferença entre teoria e doutrina. Científica ou não, uma teoria é viva na medida em que é capaz de responder às críticas que recebe com uma argumentação pertinente ou coerente, na medida em que pode perceber os fatos que a contrariam e, eventualmente, integrá-los, modificando-se. Quando fica demonstrado que deixou de ser pertinente, ela aceita sua

Edgar Morin

própria morte. A característica própria de uma teoria científica, ou apenas viva, é a biodegradabilidade. Uma doutrina recusa-se a morrer quando se fecha diante dos argumentos que lhe são contrários, referindo-se sempre ao pensamento infalível de seu fundador ("como afirmou Freud", "como escreveu Marx" etc.).

O novo sistema de educação ensinaria uma concepção complexificada dos termos aparentemente evidentes, não apenas de racionalidade, mas também de cientificidade, de complexidade, de modernidade, de desenvolvimento.

Ele ensinaria que, a partir do momento em que é aplicada, a ecologia da ação nos indica que a ação submete-se às inter-retroações do meio no qual intervém, escapa à vontade de seu iniciador e pode ir em sentido contrário ao da intenção no momento inicial. Ensinaria, também, que, em um mundo incerto, toda decisão implica desafio e demanda uma estratégia, ou seja, a capacidade de modificar a ação em função de acontecimentos aleatórios constatados ou de informações obtidas no decorrer do percurso.

Finalmente, a reforma introduziria os problemas vitais, fundamentais e globais ocultados pela fragmentação disciplinar. A reforma introduziria em todos os níveis de educação, do curso primário até a universidade, as seguintes temáticas:

a) o conhecimento do conhecimento; o conhecimento do humano, o conhecimento da era planetária, a compreensão humana; o enfrentamento das incertezas; a ética trinitária (indivíduo-sociedade-espécie). Desenvolvi esses temas em *Os sete saberes necessários à educação do futuro*. Limito-me aqui a indicar a necessidade de ensinar o conhecimento do conhecimento, depois farei um resumo dos outros temas.

A VIA

A educação atual fornece conhecimentos sem ensinar o que é o conhecimento. Ela não se preocupa em conhecer o que é conhecer, ou seja, os dispositivos cognitivos, suas dificuldades, suas instabilidades, suas propensões ao erro, à ilusão. Isso porque, todo conhecimento implica risco de erros e de ilusões. De fato, hoje sabemos que muitas crenças do passado são erros e ilusões. Sabemos que as certezas dos comunistas sobre a União Soviética ou sobre a China de Mao eram ilusões grosseiras. Começamos a saber que as verdades do neoliberalismo econômico são ilusórias. Quem nos garante que os conhecimentos que atualmente tomamos por verdades não estão errados? Como indicava Descartes, é próprio do erro não se reconhecer como tal.

Heráclito sabia muito bem disso quando, há 26 séculos, afirmava: "Os olhos e ouvidos são péssimos testemunhos para os homens quando suas almas são bárbaras." Contrariamente à aparência, graças aos trabalhos das neurociências, sabemos que a percepção visual não é equivalente a uma fotografia do mundo exterior. Em princípio, ela é a tradução em código binário de estímulos fotônicos que chegam à retina; o nervo ótico transmite essa tradução ao cérebro, que, por sua vez, opera uma reconstrução perceptiva que nos dá o sentimento de realidade. Acrescentemos a isso que a limitação de nossos sentidos não nos permite captar os ultra ou infrassons, ultravioleta ou infravermelho. Talvez existam até mesmo tipos de realidade que nos são invisíveis. Tudo isso nos faz compreender que, se o conhecimento aparentemente mais evidente, a percepção, corre o risco do erro, próprio à tradução, e da insuficiência, própria à reconstrução, então o risco de erro e ilusão é intrínseco ao conhecimento. A visão não obedece totalmente à imagem retiniana, que reduz a estatura das pessoas distantes em relação às que estão próximas. O mecanismo que denominamos "constância" restabelece as verdadeiras dimensões em nossa mente. Por outro lado, quando lemos um jornal ou um livro, nosso olhar salta de maneira descontínua de um conjunto de sílabas para outro conjunto de sílabas e nossa mente restabelece a continuidade, o que explica o fato de o olhar raramente perceber os erros tipográficos e indica que existe um aspecto alucinatório na leitura de um texto. De resto, quando ficamos perturbados, perturbamos nossa capacidade de ver objetivamente. As diferentes testemunhas de um acidente têm visões diferentes dele, decorrentes não somente de sua situação no momento do acidente, mas também e sobretudo de suas emoções. Enfim, não existe qualquer diferença intrínseca entre uma alucinação e uma percepção.

As palavras, os próprios enunciados, são traduções/reconstruções de traduções/reconstruções oriundas de nossos sentidos. As ideias que permitem que nos comuniquemos entre nós e com a realidade podem nos enganar, trair a realidade que traduzem. Além disso, todos os *imprintings* culturais recebidos desde o nascimento, depois na escola e na vida social, determinam nos indivíduos (exceto nos rebeldes e desviantes) seus princípios de conhecimento e suas visões de mundo. Assim, de acordo com as culturas, em um lugar as ideias são julgadas evidentes; em outro, falaciosas. Finalmente, outra fonte de ilusão: a humanidade não cessou de ser possuída por mitos, por deuses, por ideias que, embora produzidas e alimentadas pela mente humana, se impõem a ela como realidades transcendentes. Da mesma forma que em qualquer lugar que reine um deus pode-se morrer por ele, onde quer que reine uma ideia pode-se matar ou morrer por ela. Lenin costumava dizer: "Os fatos são evidentes por si mesmos."

A VIA

As ideias o são mais ainda e sabem ocultar os fatos. Por isso, é fundamental ensinar que o conhecimento implica riscos consideráveis de erros e de ilusões, mostrar quais são suas causas e quais podem ser suas consequências. Não se devem esquecer, tampouco, os limites do conhecimento: na verdade, é essencial mostrar que a mente humana tem limites, que a razão tem limites, que a linguagem tem limites. É preciso mostrar que os maiores avanços do conhecimento científico sobre a origem e o futuro do universo, sobre a natureza da realidade, desembocam no inconcebível. A descoberta dos limites do conhecimento foi um imenso progresso no século XX.

A partir daí, seria possível ensinar o que é um conhecimento pertinente. Um conhecimento não é mais pertinente porque contém um número maior de informações, ou porque é organizado da forma mais rigorosa possível sob uma forma matemática; ele é pertinente se souber situar-se em seu contexto e, mais além, no conjunto ao qual está vinculado. Em sua matematização, a ciência econômica é a mais rigorosa e a mais exata das ciências humanas. Entretanto, seu poder de predição é muito precário, e os economistas corrigem ininterruptamente seus prognósticos. Isso porque a ciência econômica ignora o contexto do universo físico, submetido ao segundo princípio da termodinâmica (com exceção de Georgescu-Roegen). Ela se isola do contexto político e social, ela se isola de um contexto humano constituído de paixões, inquietudes e desejos. O cálculo não pode conhecer a essência da vida, a substância da vida. Eis porque, logo de início, o ensino dos conhecimentos pertinentes deve ser uma iniciação à contextualização. Ele deve empenhar-se igualmente em religar o conhecimento abstrato a seu referente concreto. O conhecimento abstrato é necessário, mas fica mutilado se não for acompanhado de conhecimentos concretos.

Além disso, o conhecimento pertinente deve revelar as diversas faces de uma mesma realidade, em vez de se fixar em uma só. Isso é válido para nossas relações mais pessoais. No começo de um encontro amoroso, só vemos no outro sua face luminosa. Assim como a Lua, porém, o outro tem sua face obscura que descobrimos com horror, por vezes, quando já é tarde demais. Por isso, devemos saber que, dependendo das circunstâncias, cada um de nós possui duas ou mais personalidades, que se sucedem tanto no amor quanto na cólera, e algumas aparecem segundo ciclos internos que surpreendem. Tudo isso conduz à seguinte ideia-chave: é preciso inserir os conhecimentos parciais e locais no complexo e no global, sem esquecer as ações do global sobre o parcial e o local.

O ensino deve ajudar a mente a utilizar suas aptidões naturais para situar os objetos em seus contextos, seus complexos, seus conjuntos. Deve opor-se à tendência de se satisfazer com um ângulo de visão parcial, com uma verdade parcial. Deve promover um conhecimento simultaneamente analítico e sintético que religa as partes ao todo e o todo às partes. Deve ensinar os métodos que permitem compreender as relações mútuas, as influências recíprocas, as inter-retroações. É claro que jamais alcançaremos o conhecimento total: para nós, o Todo do Universo permanecerá eternamente inacessível. Mas devemos aspirar, no mínimo, a um conhecimento multidimensional.

Enfim, o conhecimento do conhecimento exige que se pratique sem cessar a reflexividade, ou seja, o autoexame, que, eventualmente, inclui a autocrítica, um modo de pensar o pensamento que implica,

A VIA

igualmente, pensar nas condições históricas, culturais e sociais da própria existência.

A seguir, faço um resumo dos outros cinco pontos que já expus em *Os sete saberes necessários à educação do futuro* (consultar *Oeuvres d'Edgar Morin* [Obras de Edgar Morin], p. 309-312):

b) *a realidade humana como trindade indivíduo/sociedade/espécie*; o ser humano *Homo sapiens/demens, faber/mitologicus, economicus/ ludens*; o indivíduo como sujeito submetido a um *software* quase duplo, um egocêntrico, fechado no "primeiro eu"; o outro, altruísta, integrando-se em um "nós" (consultar *La Méthode*, [*O método*], t. 5);

c) *a era planetária*: da conquista do mundo à globalização (incluindo um diagnóstico e um prognóstico, como fizemos na primeira seção deste livro);

d) *a compreensão do outro*: compreensão entre pessoas, entre povos, entre etnias;

e) *o enfrentamento das incerteza*s, que são individuais, sociais, históricas;

f) *a trindade ética*, que comporta uma ética da pessoa, por sua própria honra, para ajudar seus próximos, por uma ética cívica, uma ética do gênero humano.

A reforma visaria inculcar um profundo sentido de estética, concebido não como luxo, mas como um domínio essencial à realização poética da vida de cada um. O romance deve ser considerado não apenas uma fuga no imaginário, mas um meio de conhecer a subjetividade humana; como afirmava o grande escritor argentino Ernesto Sábato, "hoje, o romance é o único observatório a partir do qual se pode considerar a experiência humana em sua totalidade".

Edgar Morin

A reforma introduziria uma educação de civilização orientada para a civilização ocidental, por toda parte em que ela se propagou: as mídias, a publicidade, o consumo, a família, as relações entre gerações, a cultura adolescente, os vícios e as intoxicações de civilização (o consumismo, as intoxicações automobilísticas etc.). Em todas as regiões do mundo em que subsiste uma civilização tradicional, ela incluiria uma educação orientada para os valores, as riquezas, os saberes, os fazeres dessas civilizações, bem como para suas insuficiências e suas carências; ela estimularia as simbioses de civilização, reunindo o melhor de cada uma delas.

Poderiam ser formadas novas gerações de professores, que encontrariam em sua profissão o sentido de uma missão cívica e ética para que cada aluno ou estudante possa enfrentar os problemas de sua vida profissional, de sua vida de cidadão, do devir de sua sociedade, de sua civilização, da humanidade.

As jovens gerações de alunos e estudantes, por sua vez, poderiam encontrar interesse e paixão por uma educação que respondesse às suas interrogações, às suas curiosidades, às suas necessidades. O conhecimento seria reencantado.

Sendo o ensino relacional por natureza, a qualidade das relações entre professores e alunos, ou seja, o ambiente da classe, exerce considerável impacto sobre as dificuldades e as realizações de ambos. Está provado que, onde o clima é bom, a aprendizagem também é boa. Lembremos aqui a importância crucial da educação secundária, que diz respeito às idades adolescentes, anos decisivos em que a personalidade se forma.

Lembremos, também, a verdade pedagógica primordial formulada por Platão: "Para ensinar, precisa-se de eros." É preciso ter amor

A VIA

pelo conhecimento, mas também o amor por uma juventude que convém ajudar a entrar na vida. A educação deveria inspirar-se nas experiências de Montessori, Freinet, nas ideias pedagógicas de um Paulo Freire ou da Green School, escola internacional inaugurada em 2008, em Bali (que integra a educação para o consumo, para a energia, para a ecologia, para a jardinagem), no Programa Raízes da Empatia, mudar o mundo criança por criança, criado em 1996, estabelecido nas escolas do Canadá, Estados Unidos, Austrália, Nova Zelândia.

Uma reforma da educação de múltiplos aspectos como essa é inseparável da reforma do pensamento.

Paradoxalmente, uma pressupõe a outra. Apenas as mentes reformadas poderiam reformar o sistema educacional, mas apenas um sistema educacional reformado poderia formar espíritos reformados. A reforma de pensamento depende da reforma da educação, que, por sua vez, depende de uma reforma preliminar do pensamento: são duas reformas pedagógicas em circuito recursivo, uma produtora/produto da reforma da outra. Marx já se perguntava: "Quem educará os educadores?" Na verdade, será por meio de uma multiplicação de experiências-piloto que poderá nascer a reforma da educação, reforma particularmente difícil de introduzir, pois nenhuma lei seria suficiente para implantá-la. Será ela, no entanto, que conduzirá à criação um tipo de mente capaz de enfrentar os problemas fundamentais e globais e de religá-los ao concreto.

Edgar Morin

A crise escolar na França

Mais gravemente do que outros países do Ocidente, a França sofreu uma crise de desintegração escolar. Sob a Terceira República, os educadores, principalmente os professores, tinham um sentido elevado de sua missão. Além do padre, eles eram os portadores das ideias de progresso, de razão, de democracia, e, nas zonas rurais, faziam brilhar os ideais da República. Desde então, o progresso foi problematizado, a razão pôde perverter-se em racionalização ou em razão instrumental, a democracia pôde revelar algumas de suas fraquezas. O prestígio dos professores na sociedade foi obscurecido e, para muitos, a missão se dissolveu na profissão. O enclausuramento dos professores do ensino médio em sua soberania disciplinar fez com que eles ignorassem as necessidades de um saber inter ou trans-diciplinar.

Sob a Terceira República, o ensino fundamental e, sobretudo, o ensino médio serviam como um possante motor de integração para os filhos dos imigrantes. Eles se tornavam franceses incorporando a história da França e a cultura francesa, cuja virtude é de ter sempre mantido um componente universalista. A educação atual, porém, cumpre essa missão de modo tão menos eficiente que uma parte da adolescência imigrante, marginalizada, rejeita o que a rejeita e, por isso mesmo, rejeita o que poderia integrá-la à identidade francesa.

Acrescentemos o fato de que, nas escolas, sempre coexistiram dois universos que ignoram profundamente um ao outro: o dos professores e o dos alunos. Os casos de compreensão mútua são raros e singulares. A incompreensão amplia-se ainda mais pelo fato de que uma parte dos adolescentes chega ao ensino médio sem um

A VIA

"Supereu" que os fará respeitar uma autoridade adulta. Os professores sofrem o desrespeito, a arrogância e o desprezo, mas, nas ordens que recebem, os adolescentes percebem sinais de irritação, de exasperação e, nas punições sofridas, o desrespeito, o desprezo, a humilhação. Os dois universos não apenas não se compreendem de maneira alguma, como, por vezes, se rejeitam. Exceto em casos excepcionais, nos bairros menos favorecidos, tornou-se difícil romper o círculo vicioso da incompreensão mútua. A situação poderia ser reformada não apenas pelo que já indicamos — a reforma dos conteúdos do ensino, a ressurreição da missão educadora, a introdução da reflexividade na formação tanto do professor como do aluno —, mas também por meio de uma reforma social que reintroduziria a solidariedade nas populações desfavorecidas, reduziria as desigualdades, construiria uma nova política da cidade (segundo as indicações adiantadas aqui em outros capítulos). Se as condições fossem favoráveis, seria possível experimentar "escolas democráticas", estabelecimentos em que os alunos têm liberdade de frequentar os cursos e, a partir dos 6 anos de idade, aprendem a compreensão mútua e a arte de tratar os conflitos.

A educação permanente

A evolução rápida dos conhecimentos torna necessária a reciclagem pós-escolar ou pós-universitária, não apenas para os saberes especializados, mas também para os grandes problemas, como os da mundialização, da ecologia, da economia etc.

Estágios periódicos poderiam ser instituídos nos colégios ou nas universidades. Por outro lado, iniciativas para todas as idades, como

Edgar Morin

a Universidade de Todos as Saberes, em Paris,* as universidades populares, como a de Caen, iniciada por Michel Onfray, poderiam ser generalizadas em todas as regiões. Finalmente, a iniciativa Ciências e Cidadãos, inaugurada em 1990 pelo CNRS, espaço de reflexão aberto aos jovens de todas as condições e de todos os níveis escolares, pôde mostrar sua fecundidade: ali, cada um dos ateliês trata de um grande problema que necessita da cooperação de competências oriundas de diferentes disciplinas envolvidas. Uma iniciativa como essa já se propagou por países vizinhos e ainda é a única a fornecer aos adolescentes acesso à informação e à reflexão sobre os grandes problemas, teóricos ou contemporâneos, de outra forma fragmentados e separados nas disciplinas e pelas disciplinas.[1]

---

* No original, L'Université de tous les savoirs (UTLS). Criada por ocasião da celebração do ano 2000, por iniciativa do Ministério da Educação e do Ensino Superior da França como meio de difusão dos domínios mais avançados da ciência. (N.Ts.)

[1] Observemos ainda as iniciativas cidadãs como o Picri (Parceria de Instituições Cidadãs para a Pesquisa e Inovação), na Île de France. Desde então, a Net oferece miríades de conhecimentos à disposição das curiosidades juvenis ou adultas. Não se poderia também formar educadores para que eles contribuíssem com sua ajuda na utilização pertinente e crítica do que a Net oferece?

Capítulo 3

Democracia cognitiva
e comunicacional

Nossas sociedades confrontam-se com outro grande problema criado pelo desenvolvimento dessa enorme máquina em que ciência e técnica encontram-se intimamente associadas no que, doravante, se convencionou chamar de tecnociência. Essa enorme máquina não produz apenas conhecimento e elucidação; produz também ignorância e cegueira. Os desenvolvimentos disciplinares das ciências não trouxeram apenas as vantagens da divisão do trabalho; trouxeram também as inconveniências da superespecialização, da compartimentação e da fragmentação do saber. Esta última tornou-se cada vez mais esotérica (acessível unicamente aos especialistas) e anônima (concentrada nos bancos de dados), depois utilizada desde as instâncias anônimas, até o primeiro chefe, o Estado. De modo semelhante, o conhecimento técnico é reservado aos especialistas, cuja competência em um domínio fechado é acompanhada de uma incompetência quando esse domínio é parasitado por influências externas ou modificado por um evento novo. Nessas condições, o cidadão perde direito ao conhecimento. Ele tem o direito de adquirir um saber especializado realizando estudos *ad hoc*, mas é privado de qualquer ponto de vista abrangente e pertinente. Se ainda é possível discutir a conduta da máquina do Estado nas mesas do Café do

Edgar Morin

Comércio,* não é mais possível compreender o que desencadeia a queda de Wall Street, nem o que impede que esse fato provoque uma crise econômica de maiores proporções. De resto, os próprios especialistas encontram-se profundamente divididos quanto ao diagnóstico e à política econômica a seguir. Se no passado era possível seguir a Segunda Guerra Mundial com a ajuda de bandeirinhas fincadas sobre o mapa, não é mais possível conceber os cálculos e as simulações dos computadores que esboçam cenários da guerra mundial do futuro. A arma atômica privou completamente o cidadão da possibilidade de pensar sobre ela e de controlá-la. Sua utilização depende unicamente da decisão pessoal e exclusiva do chefe de Estado, sem necessidade de consulta a qualquer instância democrática regular. Quanto mais técnica a política se torna, mais a competência democrática regride.

O problema não se coloca apenas em situação de crise ou guerra; ele faz parte da vida cotidiana. Até o século XVIII, todo espírito culto podia refletir a respeito dos conhecimentos sobre Deus, o mundo, a natureza, a vida, a sociedade, e, assim, formular a interrogação filosófica, que, ao contrário do que acreditam os filósofos profissionais, constitui uma necessidade de todo indivíduo, pelo menos até que as constrições da sociedade adulta a modifiquem. Hoje, exige-se que cada indivíduo acredite que sua ignorância é boa e necessária e, cada vez mais, o submetem a programas de televisão educativos em que especialistas famosos distraem sua atenção.

A privação do saber, muito malcompensada pela vulgarização midiática, coloca na ordem do dia o problema histórico-chave da democracia

---

* Tradicional *brasserie* francesa situada na 15ª circunscrição parisiense, na qual se reúnem políticos e intelectuais. (N.Ts.)

A VIA

cognitiva. A continuidade do processo tecnocientífico atual — de resto, um processo cego, que escapa à consciência e à vontade dos próprios cientistas — conduz a um forte retrocesso da democracia. Existe, então, a necessidade de uma conscientização política da necessidade de se trabalhar em prol de uma democracia cognitiva.

É impossível democratizar um saber que, por sua própria natureza, é compartimentalizado e esoterizado. Cada vez mais, porém, é possível visualizar uma reforma de pensamento que permitirá enfrentar o imenso desafio que nos confina à seguinte alternativa: ou nos submeter ao bombardeamento das inumeráveis informações que, cotidianamente, nos atingem como chuva por meio dos jornais, rádios, televisões, ou, então, confiar em sistemas de pensamento que não retêm das informações senão aquilo que os confirme ou que lhes seja inteligível, rejeitando como erro ou ilusão tudo o que os contradiz ou lhes seja incompreensível. Esse é um problema que se coloca não apenas para o conhecimento do mundo de maneira geral, mas também para o conhecimento de todas as coisas sociais e para o próprio conhecimento científico.

As vias de reforma e a Internet

Uma verdadeira "sociedade de informação" baseia-se na capacidade de integrar as informações em um conhecimento pertinente. Uma verdadeira sociedade do conhecimento baseia-se na capacidade de religar conhecimentos separados em um conhecimento complexo.

O desenvolvimento da compreensão humana poderia ser favorecido pela Internet, que, em tese, permite que isso aconteça graças à multiplicação de redes (assegurando a transmissão dos

Edgar Morin

conhecimentos), sem, no entanto, produzi-lo automaticamente. Na verdade, a compreensão humana sobre uma pessoa ou uma etnia não poderia reduzir-se a conhecimentos objetivos, a explicações, a dados mensurados e mensuráveis; ela demanda uma relação de abertura e de partilha. A compreensão levanta o problema da diversidade cultural em um mundo globalizado, no qual somos cada vez mais confrontados com as diferenças e no qual percebemos o Outro como diferente de nós mesmos, pertencente a outro sistema de conhecimentos, a outra cultura. Compreender o outro é compreender simultaneamente sua identidade e sua diferença em relação a nós mesmos.

O sistema planetário em que a Internet se transformou assemelha-se a um gigantesco sistema neurocerebral semiartificial que combina máquinas e seres humanos. Todo computador singular constitui uma estrutura hologramática que contém, potencialmente (virtualmente), toda a informação da Internet. Não somente a parte se encontra no todo, como o todo se encontra (virtualmente) nas partes. O todo constitui uma rede em permanente expansão que cada novo elemento transforma e enriquece; constituído de inumeráveis circuitos recursivos, ao se enriquecer e se transformar, esse sistema se autorreproduz. As trocas entre diferentes internautas acionam trocas de informações, de conhecimentos, de ideias, de pensamentos entre pessoas de culturas diferentes. Esses processos criam as condições preliminares para o conhecimento e para a compreensão em uma sociedade-mundo.

Mas, da mesma forma que a língua de Esopo, que todas as técnicas e que o próprio conhecimento, a Internet é a melhor e a pior das coisas. Ela permite trocas entre redes mafiosas e criminosas, bem como as piores especulações financeiras. É importante, também, desenvolver o melhor da Internet, no sentido do conhecimento e da compreensão.

A despeito dos riscos inerentes ao exercício da liberdade, é preciso salvaguardar a liberdade de comunicação da Internet. Ela criou bens cognitivos comuns e abriu a possibilidade de se desfrutar gratuitamente, ou seja, democraticamente, de bens culturais até então pagos, reservados a uma elite, que se tornaram acessíveis a todos na canção, na música, nas reproduções artísticas, na poesia, na literatura. Em contrapartida, certamente é preciso encontrar uma forma de retribuição (por um fundo comum que remuneraria segundo o número de downloads) aos criadores, privados de direitos de autor sobre suas vendas.

As vias da reforma cognitiva, da reforma educativa, da promoção estética tomariam emprestadas, em parte, as redes da Net. Essas vias contribuiriam para a constituição de bens cognitivos e culturais comuns a uma futura sociedade-mundo.

Conclusão

Todas as reformas da educação são complementares: as reformas da escola, do ensino médio, da universidade, da educação permanente e paralela, da democracia cognitiva necessitam umas das outras. As reformas da educação e a reforma do pensamento se estimulariam mutuamente em círculos virtuosos, eles mesmos indispensáveis à reforma do pensamento político, que, por sua vez, lideraria as reformas sociais, econômicas etc. nesse meio-tempo, a reforma

Edgar Morin

da mente induziria à reforma da vida. Nisso podemos perceber e ressaltar, ainda, o caráter solidário de todas as reformas que se entrealimentariam. Sem a reforma da mente, porém, elas estão condenadas a abortar ou a se degradar.

TERCEIRA PARTE

Reformas de sociedade

CAPÍTULO 1

Medicina e saúde

A MEDICINA OCIDENTAL

Situação

A medicina ocidental aparece como a única medicina autêntica. Suas descobertas, seus conhecimentos, seus êxitos não cessam de progredir desde o século XIX: conhecimentos anatômicos, fisiológicos, celulares, bioquímicos; vacinas antibacterianas, corticoides, antibióticos; contribuições da tecnologia médica de imagens (radiologia, tomografia, cintilografia, endoscopia; performances prodigiosas da cirurgia, principalmente do coração, pulmão, fígado; êxito contra a mortalidade infantil, a mortalidade no parto, a mortalidade senil, a hipertensão. Finalmente, a descoberta das células-tronco nos organismos adultos constitui uma promessa de prolongamento não senil da vida humana. A medicina ocidental também se difundiu em todos os continentes, relegando a medicina tradicional ao *status* de práticas antiquadas e até mesmo ilusórias.

Seus progressos na pesquisa, nos conhecimentos, nas terapias, ligados aos da higiene, da educação, do modo de vida, contribuíram para prolongar a expectativa de vida no mundo ocidental de 25 para 70, 80 anos.

Edgar Morin

Por isso, a única medicina oficialmente reconhecida é a que é ensinada nas faculdades, praticada em consultórios e nos hospitais pelos médicos, clínicos gerais ou especialistas, oriundos dessas mesmas faculdades.

Entretanto, os gigantescos progressos da medicina ocidental comportam limites, insuficiências e carências.

Limites

Até os anos 1960, prevaleceu a convicção médica de que uma eliminação definitiva das bactérias e dos vírus estava próxima. Os antibióticos exterminariam as diferentes bactérias e a tuberculose parecia um resíduo do passado. O aparecimento da Aids demonstrou que novos vírus podiam surgir e até mesmo os antigos podiam renascer. Paralelamente, manifestaram-se bactérias, resistentes aos antibióticos (das quais a última permanece invulnerável), e seus locais preferidos de proliferação foram os hospitais. Disso, resultam as doenças nosocomiais, com frequência fatais para os que são contaminados.

A ideia de uma vitória final sobre as doenças infecciosas passou, então, a existir. Tomamos consciência da necessidade de um combate permanente e interminável contra as populações bacterianas ou virais, que renovam suas resistências e multiplicam suas mutações. Da mesma forma que a consciência ecológica nos fez reconhecer os limites dos poderes humanos sobre a natureza, assim também fomos obrigados a reconhecer os limites dos poderes da medicina acerca da natureza humana.

Insuficiências

Em sua luta contra as doenças infecciosas, por muito tempo a medicina ocidental privilegiou a ideia de que o mal provinha muito

A VIA

mais do inimigo externo (patogênese) do que da deficiência das defesas internas. Ela subestimou as causas internas das deficiências imunológicas, principalmente as causas psíquicas (estresse, depressão) que agem por meio do cérebro — que, por sua vez, constitui uma gigantesca glândula produtora de hormônios — no organismo como um todo. Se o inimigo exterior penetra na fortaleza, é porque existem deficiências internas que lhe permitem a entrada. Embora a medicina psicossomática tenha surgido, ela permanece marginal, uma vez que a maioria dos integrantes do corpo médico permanece concentrada na fisiologia e na patogênese externas.

As ambivalências

Da mesma forma que os progressos conquistados pelos conhecimentos científicos produzem novas ignorâncias, em razão da separação e das compartimentalizações entre disciplinas especializadas, que impedem que se concebam os problemas vitais e fundamentais, assim também o progresso da hiperespecialização médica oculta as relações e interações entre o órgão ou a doença tratada e o conjunto do organismo. A especialização promove o progresso dos conhecimentos, mas tende a separar os conhecimentos que deveriam ser religados. A separação entre disciplinas oculta as conexões e complexidades que existem nos seres humanos como um todo. Paradoxalmente, os progressos da medicina provocam regressão do conhecimento e novas ignorâncias. As ambivalências da medicina ocidental também são inseparáveis de seus progressos.

O órgão é isolado no organismo. O organismo é isolado do psiquismo. Tudo isso conduz à ambivalência de tratamentos e medicamentos que, apesar de sua eficácia local, provocam efeitos secundários perversos. Os corticoides alteram o sistema digestivo; os antibióticos provocam micoses e alergias; a salutar aspirina pode provocar hemorragias.

O indivíduo tratado é percebido como paciente, mas ignorado como pessoa. Ele é isolado de seu ambiente humano. Diferente do médico de família, que fazia suas visitas em domicílio, o médico do hospital ou da cidade trata o paciente isolado de seu espaço doméstico, de seus próximos, de sua família, de seu meio profissional, urbano, social. No tempo em que ainda havia uma civilização rural, sem saber, o médico do campo também era um psicossociólogo. Ele fazia parte da casa, conhecia a família, o caráter dos pais. Ele não curava apenas este ou aquele órgão; ele situava seu paciente em seu contexto humano.

O médico da cidade perde o contato familiar: ele atende em seu consultório. Mas, sobretudo, em vez de ser quem reúne os dados especializados e faz a síntese, ele fica reduzido a um lugar subalterno de obediência às instruções dos especialistas. Por isso, seria lógico que o clínico geral estivesse no topo da hierarquia médica: em uma orquestra sinfônica, é o maestro que conhece, dirige e controla os músicos. No domínio terapêutico, aquele que deveria ser o maestro é rebaixado à mais reles categoria, tornando-se um médico insignificante.

A concentração exclusiva no organismo, ou seja, em tudo o que depende do corpo e da fisiologia, omite o eventual papel do psiquismo. Percebe-se que o corpo age sobre a mente e a torna depressiva, mas não se percebe que a mente pode agir sobre o corpo, para o mal e para o bem. Para o mal, por exemplo, quando, após uma situação de luto, de tristeza, de um obstáculo intransponível, a mente se

A VIA

deprime, o que pode acarretar enfraquecimento das defesas imunológicas. Para o bem: quando a mente é ativa, vigorosa, pode ajudar a luta contra a doença, como fazem os enfermos que, diante do sofrimento e da morte, se agarram à vida e, com isso, aumentam as chances de se salvar.

Antonio Damásio demonstra que os estados de alegria, sejam eles sentidos verdadeiramente ou apenas "imaginados", são salutares para o organismo: a coordenação fisiológica é então otimizada e a sobrevivência é favorecida. De modo inverso, os estados de tristeza provocam desequilíbrio funcional. "É preciso, então, reencontrar a alegria por um decreto de razão, mesmo que essa busca pareça quimérica", conclui ele, e "afastar-se das emoções negativas como o medo, a cólera, a inveja, a tristeza".[1] Conheciam-se as virtudes de um programa como esse na busca da serenidade estoica ou búdica. Hoje, essa serenidade aparece como o próprio fundamento de nossa saúde, mesmo que a atenção da medicina oficial a relegue à periferia (consultar mais adiante o capítulo "Reforma de vida").

Desse modo, o foco sobre o organismo físico conduz à ignorância das forças da mente, capazes de desempenhar seja um papel destrutivo, seja um papel construtivo e positivo para a pessoa. Como veremos, o médico também desempenha papel curativo, não apenas pelos medicamentos que faz ingerir, mas pela confiança que seu avental branco inspira, por sua linguagem esotérica, pelo caráter quase hieroglífico de sua receita. O exemplo dos xamãs nos revela

---

[1] Antonio R. Damasio. *Spinoza avait raison. Joie et tristesse, le cerveau des émotions* [Spinoza tinha razão. Alegria e tristeza, o cérebro das emoções]. Odile Jacob, 2003.

Edgar Morin

a existência de forças psíquicas que, infelizmente, não procuramos reconhecer nem estudar. Os xamãs são percebidos como curiosidades etnográficas, quando o que se deveria fazer era interrogar seus poderes espirituais.

A disjunção entre a medicina que trabalha o corpo e as diversas psicoterapias, entre elas as psicanálises, ainda é muito forte. Além disso, existem os conflitos entre psicoterapia e psicanálise, e mais ainda, as discórdias molierescas entre as diferentes escolas psicanalíticas.

A medicina trata de um órgão, cuida de um organismo, raramente da pessoa que, em tese, está inserida em um contexto familiar. Uma das virtudes da psicanálise, embora ela tenha se tornado extremamente dogmática, reside em demonstrar o papel das experiências, dos traumatismos vividos tanto na tenra infância como no resto da vida. O ser humano vive em um contexto familiar, eventualmente depois em casal, e qualquer perturbação nesse contexto se reflete em seu ser.

Existe a família, mas é preciso levar em conta também o meio, por exemplo, o meio urbano. Em uma megalópole como Paris, proliferam-se as doenças psicossomáticas de todo tipo, provenientes do estresse, da poluição, da própria aceleração da vida. Os doentes vagueiam de médico em médico, queixam-se de fadiga e recebem prescrições de complexos vitamínicos. Médicos e doentes ignoram que essas afecções são doenças de civilização resultantes da vida urbana.

O indivíduo vive em diversos circuitos. Não existem apenas o ambiente urbano e o ambiente social. Vivemos em um planeta dotado de uma biosfera da qual nós mesmos fazemos parte. Somos constituídos principalmente de água. Somos feitos de elementos e moléculas

A VIA

que existem na Terra. Respiramos o ar. Encontramos aí a ideia das antigas medicinas tradicionais para as quais a água, o céu, a terra, o ar eram presenças ativas no próprio ser humano.

Está comprovado que algumas pessoas ficam perturbadas na época da lua cheia. Sabemos que vivemos em alguma parte de um sistema solar cujo astro central encontra-se em erupção permanente. As interações entre os planetas poderiam exercer certo papel sobre nós, mesmo que não seja o que a astrologia clássica pretende formular. Somos filhos do Cosmo: nossas partículas nasceram nos primeiros segundos de existência, nossos átomos de carbono foram criados em um sol anterior ao nosso. Nossas moléculas formaram-se na Terra. Mesmo sendo evidentemente diferentes, pela cultura, pelo conhecimento e a ciência, carregamos em nós a herança inteira da Vida, somos uma minúscula fração interior do Cosmo, que, por sua vez, encontra-se no interior de cada um de nós.

Nossa ciência e nossa medicina nos isolaram de nosso mundo como se ali fôssemos estrangeiros. Devemos nos recordar da totalidade complexa no interior da qual existimos, vivemos, sofremos, somos felizes, infelizes, doentes ou bem saudáveis.

Acrescenta-se a isso o fato de que o médico deve ter uma virtude que não é ensinada em parte alguma; a intuição, esse "não sei o quê", cuja importância foi demonstrada por Jankélévitch,* ou seja, a arte do diagnóstico, do prognóstico e da prescrição. Na verdade, tudo o

---

* Vladimir Jankélévitch (1903-1985) — filósofo e musicólogo francês, aluno de Henri Bergson, integrou o movimento francês de Resistência na Segunda Guerra Mundial. Suas contribuições para a filosofia moral e para a ética foram fundamentais na análise do contemporâneo. (N.Ts.)

Edgar Morin

que depende da medicina constitui uma íntima combinação entre ciência e arte. A arte, a intuição, aquele "não sei o quê", permitem discriminar entre os sintomas ambíguos, por vezes quase imperceptíveis, a natureza do mal que certamente vai se manifestar após a crise, termo que, para Hipócrates, significa o momento preciso em que se pode formular um diagnóstico seguro. De certa forma, o bom médico antecipa a crise e, assim, pode intervir mais cedo, pois cuida-se com mais facilidade dos males em estado nascente do que quando se enraízam. Esse tipo de médico tende a desaparecer: ele é substituído pelo clínico geral urbano, ele próprio rebaixado à mais reles categoria, que recebe os pacientes muito rapidamente, sem reservar nem mesmo tempo para conhecer sua biografia.

Por outro lado, o enriquecimento da farmacologia contemporânea com novos produtos aconteceu paralelamente ao empobrecimento dos conhecimentos médicos sobre as virtudes fitoterápicas. Desde o fim do século XX, o foco das prescrições médicas nos produtos da indústria farmacêutica favoreceu a extraordinária concentração dessa indústria e contribuiu para o total esquecimento, por parte de todos os médicos atuais, da antiga e rica farmacopeia de plantas curativas. Acrescenta-se a isso o fato de que o caráter essencialmente analítico e redutor da medicina ocidental, que privilegiou as moléculas químicas da indústria farmacêutica, constitui um problema. Por vezes, essas moléculas são de origem vegetal. O mais belo exemplo disso é a aspirina, o ácido acetilsalicílico, obtido da árvore denominada salgueiro e, nos dias de hoje, fabricado sinteticamente. A aspirina possui grandes virtudes, descobertas graças ao salgueiro, mas, por vezes, apresenta também inconvenientes, quando usada por pessoas de sangue excessivamente fluido. Além disso, o pensamento médico concedeu importância exclusiva à molécula química e às

A VIA

suas propriedades terapêuticas, sem pensar que o todo complexo da planta poderia reforçar a virtude da molécula que lhe foi extraída.

Nenhum ensinamento da medicina, nenhum ensinamento universitário, mostra que o ser humano é multidimensional: que o *Homo sapiens* é também *Homo demens*, que, segundo a expressão de Paul MacLean, seu cérebro é triúnico (não existe nenhuma hierarquia entre sua herança reptiliana, sua herança mamífera e seu neo-córtex racional). Nenhum ensinamento médico mostra que o ser humano não é apenas uma máquina trivial, cujo comportamento se pode prever quando se conhecem seus *inputs*, mas que contém em si a potencialidade do inesperado, do que está fora das normas. Nenhum ensinamento da medicina nos mostra a necessidade da simpatia para se compreender o outro, nem a necessidade do "querer viver" (Nietzsche), do "conatus" (Spinoza).

A invasão estatística

A todos esses problemas "clássicos" (já formulados com extremo vigor por Ivan Illich, há quarenta anos), Philippe Abastado, em seu livro inovador *L'Impasse du savoir. Essai d'épistémologie médicale*[2] [O impasse do saber. Ensaio de epistemologia médica], acrescenta um novo problema central que diz respeito à própria natureza do conhecimento médico contemporâneo: a hipertrofia de um saber que obedece às regras da *"evidence-based medicine"*, a medicina baseada em evidências,* que institui o modelo de raciocínio fundado em um

---

[2] Éditions EDK, 2007.

* Medicina baseada em evidências (MBE) — definida como o elo entre a boa pesquisa científica e a prática clínica. Baseia-se na aplicação do método científico a toda a prática médica. (N.Ts.)

Edgar Morin

trabalho estatístico sofisticado, acessível a populações de alta renda; esse modelo, que hoje o saber avançado encarna, contém muitos pontos fracos e desemboca em um impasse. Como afirma Abastado, "atualmente a resposta à questão mais trivial é tão inacessível ao médico isolado como ao mais poderoso médico de hospital". Ela necessita "reunir um colegiado de especialistas, meios humanos e financeiros, agentes recrutadores" e, por isso, "não são em dez, cem, mil, que os doentes devem ser convocados"[3]... Por meio dos múltiplos exemplos e ilustrações que balizam seu livro, Philippe Abastado revela todas as imperfeições de um saber que aspira à perfeição. No limite, esse saber destrói tanto a personalidade do médico como a do paciente. Por isso, como ressalta um artigo publicado em *Lancet*, em 1999, "os pacientes não são clones, e os médicos não são autômatos".[4]

Como a especialização e a individuação são duas necessidades antagônicas e complementares, Abastado acredita poder salvaguardar as virtudes de uma e de outra pela integração da informática (pelo telediagnóstico) e, assim, elaborar modelos virtuais ("virtual" significando aqui dispor do conhecimento das potencialidades de uma patologia e de uma terapêutica), um virtual em constante diálogo com o real, ou seja, com o paciente *hic et nunc*. Esse modelo permitiria o retorno do qualitativo, indevidamente descartado pela *evidence-based medicine*.

Para concluir, Abastado mostra-se bastante consciente de que o abandono do modelo ainda dominante demanda uma revolução epistemológica; devo acrescentar que é o conjunto dos problemas

---

[3] P. Abastado. *L'Impasse du savoir*, op. cit.
[4] Ibid.

A VIA

suscitados pela hiperespecialização e a hiper-racionalização que requer uma revolução epistemológica, levando-se em conta a complexidade de uma realidade multidimensional que engloba igualmente as dimensões éticas e políticas.

Efetivamente, constata-se cada vez mais que a medicina apresenta problemas bioéticos desconhecidos no passado, entre eles a contradição entre o imperativo hipocrático (que é de preservar a vida a qualquer preço) e o imperativo de humanidade (que quer poupar o doente de sofrimentos atrozes, por meio da eutanásia, se ele assim o desejar), entre a manutenção de um corpo aparentemente sem consciência em um coma irreversível e a utilidade salvadora da doação de um órgão retirado desse corpo em benefício de uma pessoa acidentada. De forma semelhante, no que diz respeito à procriação, ao nascimento, aos contraceptivos, ao aborto, às doações anônimas de esperma, às mães de aluguel, aos pais e mães homossexuais, o progresso da medicina apresenta problemas éticos logicamente insolúveis, sobre os quais não se pode senão estabelecer compromissos incertos e provisórios (consultar *O método*, t. 6, Ética).

Finalmente, coloca-se o problema político-ético da fantástica desigualdade entre os que têm acesso à cirurgia, aos diagnósticos por imagem, aos tratamentos mais atentos, e a maioria da população do globo (despesas em dólar por pessoa em medicamentos: França, 3 mil; Brasil, 300; Índia, 30).

Profundamente ambivalente, estamos, no entanto, diante de uma medicina que triunfa em todos os continentes. Ela resolve problemas antigos, mas cria novos. No próprio Ocidente, ela não eliminou os curadores, os naturopatas e outras terapias tradicionais. Muito pelo contrário, elas são cada vez mais procuradas no mundo hiperurbanizado. Esse fato revela um paradoxo muito significativo na medicina ocidental: existe um desequilíbrio não resolvido entre o potente estabelecimento médico, fundado na ciência, e a insatisfação crescente das pessoas no que diz respeito à sua saúde. Essa medicina reflete a imagem dos imensos benefícios e das gravíssimas carências de nossa civilização ocidental.

As vias reformadoras

A reforma dos estudos de medicina

Essa reforma deveria incluir:

- ensino das ciências humanas, integrando a psicossociologia dos médicos e a sociologia da medicina;
- ensino de civilização (consultar o capítulo "Reforma da educação");
- ensino da complexidade humana, situando o ser humano na natureza viva e no Cosmo;
- ensino do conhecimento e do pensamento complexos que permita enfrentar as relações entre o local e o global, a parte e o todo, bem como superar as separações e compartimentalizações vinculadas à especialização.

A reforma da relação médico/paciente

Todos os médicos têm uma eficácia não apenas profissional, mas também carismática e quase mágica. Até mesmo o mais humilde médico de bairro manifesta em si um poder taumaturgo. Suas receitas ilegíveis possuem uma virtude esotérica. O paciente ignorante confia no avental branco que dispõe de um saber curador. Uma parte da cura é resultado da confiança, um verdadeiro placebo psíquico. Não se corre o risco de perder as vantagens dessa magia se entre paciente e médico se instaurar um diálogo em que o paciente compreende e coopera? A perda da magia poderia ser compensada por um ganho de consciência e de uma confiança que não é mais cega, mas esclarecida? Não haveria um progresso se entrasse em ação a automedicação em cooperação com a medicina tópica? As experiências dos encontros/debates sistemáticos médicos/pacientes realizados em Trieste caminham nesse sentido. *O desenvolvimento da auto-observação pessoal, que poderia favorecer a reforma da educação e a reforma de vida, compreenderia também o autoexame do funcionamento, dos hábitos, das incapacidades de seu próprio corpo. O "Conhece-te a ti mesmo" não seria mais apenas psicológico, mas também biológico.*

A reforma da relação generalista/especialista

O clínico geral deve possuir não apenas uma competência generalizada (isto é, uma policompetência), mas também uma competência singular sobre as particularidades individuais, psíquicas, somáticas e outras de seu paciente. Cabe a ele reunir e sintetizar as informações provenientes dos exames especializados, estabelecer seu sentido, apresentar o diagnóstico definitivo e, levando em conta os efeitos secundários dos tratamentos e medicamentos, prescrever a receita.

As múltiplas vias de cura

A medicina ocidental privilegia os medicamentos da indústria farmacêutica e o uso da cirurgia. Poderia ampliar seu leque terapêutico utilizando as medicinas suaves da fitoterapia para as afecções

Edgar Morin

que não requerem tratamento de choque. A título de exemplo, eis o que ocorreu há vinte anos com o autor destas linhas. Tratamentos comuns (injeções de cortisona na medula) revelavam-se impotentes em me curar de uma dor ciática rebelde que perdurou por dois anos, cujo agravamento a cinesioterapia prescrita por um grande especialista não podia senão retardar, sem aliviar a dor. No fim do segundo ano, aconselhado por um amigo, médico do interior, recorri à cinesioterapia pelo "método Mézières":* no fim de dois meses, eu estava curado. A partir de então, os movimentos cotidianos prescritos por minha terapeuta "mezierista" pouparam-me das dores ciáticas e lumbagos.

Como afirma Damásio, de modo geral, os métodos mais eficazes são os que contam com a capacidade do organismo de se curar; a resolução das dificuldades passa pela harmonia entre o cérebro emocional, o cérebro cognitivo e a psicologia do corpo. "Trata-se de um novo mundo da cura que se abre para a medicina", afirma ele. Ele prevê, ainda, que dentro de alguns anos as pessoas compreenderão que simples medidas preventivas se revelam mais eficazes do que a química dos remédios. As dores, as afecções psicossomáticas e os problemas psíquicos serão curados por meio de tratamentos adequados, baseados em nutrição, exercícios, terapias psicocorporais, nos quais a medicação desempenhará papel complementar, adaptado caso a caso. Esta é a lição da medicina chinesa: o médico é consultado mais para se manter a saúde do que para curar uma doença.

---

* Criado em 1947 por Françoise Mézières, o método volta-se à reeducação postural e constitui uma filosofia do corpo fundada em uma base transdisciplinar. (N.Ts.)

A VIA

A reforma dos orçamentos

Considerando-se o orçamento da saúde uma entidade separada, não se percebe que uma grande parte dos males e das doenças sofridos não tem apenas uma base biológica ou psicológica, mas também bases socioecológicas — as poluições, o estresse do meio urbano etc. — que provocam bronquites, asmas, alergias, depressões, uso indiscriminado de tranquilizantes ou de soníferos. As enormes despesas de saúde também seriam reduzidas se os problemas de civilização de nossa sociedade fossem tratados em profundidade. Assim, a transformação dos centros das cidades em regiões exclusivas para a circulação de pedestres, a construção de estacionamentos em sua periferia, em resumo, a humanização das cidades, poderiam reduzir os orçamentos da saúde. Dito de outra forma, a medicina está na cidade, diz respeito à política da cidade e nos remete à política de civilização.

Uma nova política internacional de saúde

O próprio desenvolvimento massivo de uma medicina de prevenção deve estar ligado ao desenvolvimento da higiene e da saúde.

As enormes desigualdades da saúde e de acesso aos cuidados médicos, constitutivas da agravação das desigualdades no mundo, exigem mais do que costumam fazer os organismos da ONU encarregados dos problemas mundiais de saúde.

O acesso à medicina e o direito à saúde deveriam estar inscritos entre os direitos fundamentais e integrados entre os maiores problemas da política internacional.

Edgar Morin

A via das simbioses entre medicinas

a) *As outras medicinas no Ocidente*

Havia no Ocidente e persiste até hoje, mesmo que de modo residual, outra medicina. Pode-se denominá-la a medicina das avós, praticadas pelas camponesas, que se transmitiam as receitas de ervas medicinais utilizando plantas ou diversas substâncias animais para curar. Assim, as anginas banais cediam com água e limão ou, melhor ainda, com a adição de vinagre rosado a essa água. Esses casos não demandavam análises para estabelecer uma causa bacteriana ou viral. A medicina oficial também ignora, por exemplo, que a folha da oliveira reduz a hipertensão. Com a morte da cultura camponesa, muitas fórmulas eficazes continuam a desaparecer, mas começam a reaparecer com a retomada das demandas fitoterápicas e a persistência do comércio de ervas medicinais.

Devido às carências da medicina oficial, os curadores, que tanto o catolicismo como o racionalismo haviam relegado às zonas rurais distantes, reapareceram a céu aberto e se tornam cada vez mais numerosos. Enfim, instalaram-se na França os marabutos de origem africana, que também desempenham o papel de curadores.

Diferentes correntes desenvolveram-se ao lado da medicina normal, como a homeopatia, que durante muito tempo foi condenada e que, no entanto, se introduziu em uma parte do corpo médico. Novas correntes, invenções e inovações terapêuticas são utilizadas à margem da medicina oficial, enquanto a acupuntura chinesa penetra até nos hospitais. Assiste-se a simbioses entre a medicina ocidental e a medicina tradicional chinesa, como, por exemplo, as realizadas pelo dr. Véret, com sua nutripuntura.

A VIA

b) *As medicinas tradicionais*

Assim, nos países ocidentais, só existe a medicina dita "normal". Mas em outras partes ainda existem as medicinas tradicionais próprias às grandes civilizações. A China tem uma experiência médica multimilenar. A medicina chinesa não se reduz apenas à acupuntura; ela utiliza muitos outros métodos originais. Na Índia, subsistem as grandes tradições médicas, entre elas a medicina ayurvédica. Na verdade, cada cultura detém sua própria medicina. E as medicinas tradicionais, eclipsadas pelo avanço da medicina ocidental, encontram-se em vias de renascimento e mesmo de expansão em seu país de origem e até mesmo no Ocidente.

Finalmente, é preciso lembrar que, mesmo nas sociedades mais arcaicas de caçadores-coletores, existem conhecimentos médicos pertinentes. Todo povoado da Amazônia conhece as virtudes e propriedades tóxicas de inúmeras plantas. Os xamãs utilizam beberagens particulares como o ayahuasca, que os mergulham em estados de transe em que se manifestam seus poderes curadores.

Existe ali uma vasta pluralidade de médicos, mas eles são ignorados ou desprezados. Entretanto, os grandes trustes farmacêuticos começam a lucrar com os conhecimentos dos povos indígenas da Amazônia. Com a diferença de que não usam as plantas diretamente, mas extraem a substância propriamente curativa e a transformam em comprimidos ou cápsulas em gel.

No que diz respeito às pretensas superstições, é possível citar um exemplo interessante, o dos Pueblos índios de certa região do México que se alimentavam exclusivamente de milho. Em um vilarejo, o cozimento do milho era feito com a ajuda da casca das árvores; em outro, com as pedras de cálcio; em outro ainda, não sei mais com que substância. Os antropólogos atribuíam a utilização das pedras de cálcio, da casca das árvores e da outra substância a crenças mágicas. Até um bioantropólogo analisar essas diferentes matérias e descobrir que todas elas permitiam que a lisina — ou seja, o principal componente nutritivo do milho — fosse assimilada pelo organismo. Se se limitassem a cozinhar seu único alimento na água, essas populações teriam perecido.[5]

Devemos tomar consciência de que a pluralidade e a diversidade das medicinas constituem uma extraordinária riqueza para a espécie humana. Mas não existe comunicação entre elas, em parte porque pertencem a povos de regiões distantes que não trocam informações; em parte, devido ao modo de pensar da medicina ocidental, que se considera a única medicina verdadeira e exclui o que lhe é estrangeiro. De resto, a carência comunicacional constitui um dos aspectos mais importantes dessa medicina em que os diferentes compartimentos especializados não se comunicam entre si.

c) *As vias das simbioses*

Léopold Sédar Senghor* afirmava que a civilização planetária deveria ser a do dar e do receber. Segundo a visão dominante no Ocidente, porém, somos os que ensinam, somos os detentores da verdade e nada temos a receber, inclusive cognitivamente, do mundo

---

[5] Consultar Solomon H. Katz. "Anthropologie sociale/culturelle et biologie" [Antropologia social/cultural e biologia]. In Edgar Morin. *L'Unité de l'homme* [A Unidade do Homem].

* Léopold Sédar Senghor (1906-2001) — político e escritor senegalês, governou o Senegal entre 1960 e 1980. Foi defensor da aplicação do socialismo à realidade africana. (N.Ts.)

A VIA

que denominamos subdesenvolvido. Entretanto, toda cultura possui seus saberes, seus fazeres, sua arte de viver e também seus erros, suas ilusões, suas superstições. Isso é verdade também para a nossa. Temos nossas próprias carências, nossas superstições, nossas ilusões, e, ao mesmo tempo, possuímos efetivamente virtudes consideráveis, por exemplo no plano da democracia e dos direitos humanos. Isso quer dizer que, sob todos os pontos de vista, não ocupamos uma posição superior em relação a um mundo considerado inferior. E o que afirmamos aqui da cultura vale para a medicina. Temos muito a aprender e, ao mesmo tempo, muito a ensinar, o que deve nos conduzir a simbioses em prol de uma medicina planetária em que será recolhido o melhor de cada uma das medicinas.

Desse modo, por intermédio de outras medicinas, poderíamos redescobrir as múltiplas virtudes fitoterápicas e incorporar muitos saberes curativos. Em diversos lugares do globo — China, Índia, África etc. —, já se estabeleceram cooperações entre a medicina ocidental e as medicinas tradicionais. Elas são complementares. A medicina ocidental é uma medicina de inovação, de renovação, de exame crítico, mas faltam-lhe a abordagem global, a profundidade, o enraizamento antropocosmológico. A medicina tradicional é estática, conservadora, mas inscreve-se nas experiências e nos acúmulos de saberes e técnicas milenares e, no xamanismo, em poderes espirituais especiais.

As experiências efetuadas no Benin, no Togo, no Mali, no Senegal, na África do Sul e nos centros de saúde colaboradores da OMS asseguram a cooperação entre os dois sistemas com um dispositivo de saúde que inclui uma medicina alternativa, o acesso da medicina tradicional aos programas de auxílio médico, a colaboração dos curadores

Edgar Morin

tradicionais, particularmente nos cuidados de saúde, na pesquisa e na formação. Os clínicos tradicionais e os médicos modernos podem proceder à troca de pacientes segundo o tipo de doença a ser tratada (crônica, psicossomática ou psiquiátrica). Na Costa do Marfim, o Grupo Nacional de Reflexão sobre a Medicina Tradicional, criado em 28 de maio de 1997 pelo Ministério da Saúde, examinou a questão da integração da medicina tradicional no sistema nacional de saúde. O centro Malango, na floresta de Fatick, no Senegal, inaugurou um processo de conhecimento mútuo orientado às simbioses em benefício de uma medicina mais complexa e mais rica. Situado na região do Sine, o Malango é um centro experimental de medicina tradicional, único no mundo, estabelecido sob a supervisão da ONG Prometra (Promoção da Medicina Tradicional). O ensino do método Fapeg (Formação de Autoaperfeiçoamento dos Curadores, na sigla em francês) pela Prometra integra os curadores profissionais na luta contra as infecções sexualmente transmissíveis, a Aids, e na proteção da saúde materna e infantil.

Em relação à pesquisa, a cooperação efetua-se no âmbito de um instituto de pesquisa em farmacopeia africana para a medicina tradicional, como ocorre no Instituto de Pesquisa Científica de Kinshasa (República Democrática do Congo) e em Bamako (Mali), em que se concebem projetos conjuntos a fim de facilitar um verdadeiro diálogo entre os dois tipos de pesquisadores.

O HOSPITAL

Se existe um lugar de humanidade, ele é o hospital. E se existe um lugar de desumanidade, também é o hospital.

A VIA

O hospital concentra em si o melhor da medicina e da cirurgia. Dispõe das melhores aparelhagens e das melhores técnicas de investigação e de cuidados. É um lugar de missão, pois a salvaguarda da vida humana é de natureza missionária. Mas sofre as falhas da compartimentalização e da hiperespecialização, da rigidez hierárquica, que faz com que nenhuma iniciativa possa ser tomada sem se referir ao escalão superior — da enfermeira à enfermeira-chefe, da enfermeira-chefe ao médico de plantão, do médico de plantão ao chefe do setor e assim por diante. Com frequência, o respeito à hierarquia exigido das enfermeiras impede a transgressão salvadora nos casos extremos.

O hospital também pode ser um lugar de perdição. Rebaixado ao estado de paciente, o ser humano já é reduzido a uma extrema passividade. A sobrecarga de trabalho para um pessoal em número insuficiente e malremunerado, a hiperespecialização dos grandes médicos concentrados unicamente no órgão de sua competência, tudo isso faz do doente um objeto. A degradação da missão degrada a função.

As vias reformadoras

Seria conveniente:

- *Regenerar o sentido da missão* por meio das reformas da medicina acima indicadas.
- *Centralizar e descentralizar os hospitais.* Concentrar a aparelhagem e o material mais sofisticado em grandes hospitais centrais, como ocorre em Estocolmo, onde se operou a fusão de dois grandes hospitais universitários da cidade a fim de pôr fim a uma concorrência e uma competição custosas para

o orçamento da Saúde. Mas também descentralizar, criando pequenos hospitais, dispensários, postos de saúde, hospitais itinerantes para os vilarejos, cidadezinhas e zonas rurais. Na Itália, a região da Toscana criou pequenos hospitais comunitários gerenciados por clínicos generalistas, a fim de desafogar os hospitais de curta permanência e oferecer uma alternativa à hospitalização clássica e aos cuidados domiciliares.

- *Desenvolver a luta contra as doenças nosocomiais*, que todos os anos, na França, atingem 800 mil pessoas hospitalizadas, ou seja, um paciente a cada quinze; mais de 4 mil chegam a óbito.

- *Generalizar e melhorar o Home Care* (hospitalização domiciliar), que contribuiria para uma descentralização dos cuidados hospitalares em benefício do paciente.

- *Reformar as comunicações humanas.* Para o hospital, assim como para a medicina em geral, é importante reformar a relação cuidador/paciente. Os profissionais do saber devem praticar a auto-observação observando os pacientes. As enfermeiras não devem ser consideradas apenas executantes; elas adquiriram um saber empírico, pragmático, concreto, que os médicos raramente possuem, e suas trocas de informações com os médicos deveriam ser instituídas de modo permanente. O próprio doente possui um saber que, em inúmeros casos, pode estar obscurecido, mas ele também pode ser lúcido sobre si mesmo, sobre seus próprios males, sobre a evolução que alcançou. Como ensina a etnometodologia, cada paciente dispõe de uma experiência de vida, de um saber que é preciso ativar.

A VIA

A reforma visaria descompartimentalizar as relações no hospital. Sem dúvida, como em todo sistema inflexível, o sistema hospitalar não funciona bem senão graças a múltiplas transgressões e graças à humanidade de numerosos médicos e enfermeiras. Algumas pessoas são mais humanas do que outras, que sucumbiram ao peso da rotina, da fadiga, do excesso de trabalho, da compartimentalização. Elas têm, porém, o mesmo potencial de humanidade. Por isso, é preciso despertar a humanidade potencial que se encontra adormecida no hospital.

A INDÚSTRIA FARMACÊUTICA

Ao longo das últimas décadas, a indústria farmacêutica viveu um extraordinário processo de concentração em benefício de multinacionais gigantescas que controlam a maior parte do mercado de medicamentos. Em inúmeros países, durante a revolução terapêutica iniciada com a invenção dos antibióticos e a generalização de testes clínicos controlados, formou-se uma aliança entre a indústria farmacêutica e o corpo médico.

Com frequência, a indústria farmacêutica produz novos medicamentos que, por vezes, são dez, vinte, ou mesmo trinta vezes mais caros do que os remédios que já se encontram no mercado, sem forçosamente terem provado sua superioridade. Essa é a condição para que as grandes empresas farmacêuticas possam manter elevada taxa de rentabilidade. Os preços dos novos medicamentos contra o câncer são enormes. Na França, o tratamento com Erbitux (Cetuximab) chegava a 1.045 euros por semana sem ter comprovado uma boa relação benefícios/riscos; na edição de julho-agosto de 2005 da revista *Prescrire*, era possível ler: "Pergunta-se como uma agência de medicamentos digna desse nome pôde recomendar a outorga de uma autorização de liberação para o mercado do Cetuximab, com base no dossiê apresentado pela empresa."

Certos laboratórios aproveitam-se, igualmente, do período de monopólio que lhes reconhece o direito das licenças, para, por vezes, multiplicar por quatro ou cinco o preço dos medicamentos já encontrados em países em que os preços são livres. Foi o que fez o laboratório Abbott, em 2004, com seu medicamento contra a Aids; é o que acaba de fazer o Celgene com a Talidomida, que agora é utilizada no tratamento de certos tipos de câncer. Um estudo demonstrou que, entre 1999 e 2004, o custo do tratamento medicamentoso do câncer de cólon nos Estados Unidos subiu de 500 dólares para 250 mil dólares por ano! A reação aos custos excessivos opera-se pelo uso crescente dos genéricos. Em primeiro lugar, os genéricos são colocados no mercado há vinte ou trinta anos, mas que permanecem salutares. Nos Estados Unidos, eles já representam mais de 50% das prescrições. Em países como a França, onde representam menos de 10% das receitas, o atraso em sua utilização deve-se unicamente ao peso das regulamentações que apenas recentemente foram revogadas.

Outra resistência é feita em detrimento dos pacientes: o Estado corta o reembolso de certos medicamentos a partir do momento em que são considerados de "conforto", ou diminui a taxa de reembolso para outros.

A VIA

A questão das licenças e o seguro-doença

Foi o processo instaurado pelos maiores laboratórios farmacêuticos do mundo junto ao governo da África do Sul que transformou a questão das licenças em uma questão política.

Nas doenças infecciosas, a aquisição de resistências aos agentes infecciosos exige a utilização de novos medicamentos. Nos países pobres, com frequência desprovidos de um sistema de seguro-doença generalizado, os medicamentos licenciados são vendidos a preços proibitivos. O fato de que, das pessoas no mundo que necessitariam dos antivirais disponíveis contra o HIV, apenas 5% têm acesso a eles demonstra, mais uma vez, que uma das maiores desigualdades é a dos homens diante das doenças.

Nos países em que existe um sistema de seguro-doença, em longo prazo, o aumento dos custos poderia fazer os sistemas de reembolso explodirem. Isso faz com que os poderes públicos reduzam regularmente a porcentagem de despesas assumidas pelo seguro-doença.

Os seguros complementares, que se generalizam em um número crescente de países, não funcionam sob o princípio da mutualização, mas sob um princípio securitário. No primeiro caso, cada um se cotiza em função de seus rendimentos e beneficia-se do sistema em função de suas necessidades. No segundo, cada um se cotiza em função dos riscos contra os quais deseja defender-se; assim, as cotizações não dependem mais dos rendimentos. O sistema securitário poderia progressivamente suplantar o sistema mutualizado, como é a tendência no caso da França. Esse seria um retrocesso social a mais.

Edgar Morin

As vias reformadoras

a) Desenvolver a consciência e o papel dos cidadãos consumidores de produtos farmacêuticos e todos os pacientes em potencial, a fim de estimular a criação de medidas políticas de controle da indústria farmacêutica, simultaneamente nacional e internacional. Diante de uma "oferta" extremamente poderosa, a resposta residiria na constituição de uma demanda coletiva, consciente de suas possibilidades de boicote. Em uma sociedade de consumo, o calcanhar de aquiles do capitalismo reside na consciência e na organização dos consumidores. Daí a importância da reforma do consumo e da educação para o consumo (consultar mais adiante o capítulo "O consumo").

b) Instaurar controle das licenças e permitir que nações que contam com um número importante de populações pobres produzam medicamentos licenciados fora do sistema de licenças.

c) Tornar obrigatórios os estudos comparativos que verificarão se os novos medicamentos colocados no mercado são mais eficazes e tolerados do que os que, tendo obtido aceitação pública, a partir de então podem converter-se em medicamentos genéricos.[6] Atualmente,

---

[6] Tomemos um exemplo. Os laboratórios americanos Bristol-Myers Squibb esperam hoje por uma autorização da União Europeia para a colocação no mercado europeu do novo neuroléptico Abilify (tratamento sintomático da esquizofrenia). Esse medicamento já pode ser encontrado no mercado americano a um preço público exorbitante. Provavelmente, o laboratório exigirá um preço semelhante na Europa, cem vezes mais caro do que o neuroléptico de referência, o Aldol. Pode-se perguntar: seu benefício é cem vezes superior ao do Aldol? Não se sabe nada a respeito disso, pois não existe estudo comparativo no dossiê.

A VIA

a realização de estudos comparativos se dá por livre escolha das indústrias. Entretanto, esses estudos deveriam ser efetuados pelos serviços públicos.

d) Proceder à publicação de editais de concorrência para financiar os medicamentos simultaneamente mais úteis e mais econômicos.

Perspectivas futuras dos progressos biomédicos

a) *A medicina anti-idade.* A medicina anti-idade ou *"optimal health medicine"* constitui um novo ramo médico cujo objetivo é promover a saúde física e mental dos indivíduos, a fim de lhes garantir uma qualidade de vida ideal, retardando o processo de envelhecimento. No futuro, ela poderia desenvolver-se com a utilização das células-tronco extraídas do próprio organismo da pessoa a ser tratada. Diante disso, um prolongamento da vida ativa e saudável criaria problemas políticos, demográficos, econômicos e éticos que já deveriam ser considerados a partir de agora.

b) *Os progressos cirúrgicos.* Foi antes da Primeira Guerra Mundial que começaram a ser praticadas as grandes técnicas cirúrgicas, tais como a cirurgia da parede do abdômen, do tubo digestivo, do tórax e da ginecologia. A segunda metade do século XX testemunhou o explosivo progresso dessas técnicas. Assistia-se, então, ao desenvolvimento dos transplantes de órgãos, a partir dos anos 1950, os primeiros transplantes de rim, de medula óssea e de fígado que se seguiram de transplantes de coração, de pulmão etc. O primeiro transplante cardiopulmonar, realizado por Christian Cabrol, data de 1982. No dia 1º de agosto de 2008, na clínica universitária de Munique, na Alemanha, foi realizado o primeiro transplante de dois braços inteiros. Essas evoluções das técnicas cirúrgicas efetivaram-se com a ajuda indispensável de novas técnicas de imagem, como a ecografia (1970), a ressonância magnética (nos anos 1980), o Petscan e muitos outros.

c) *A terapia gênica.* Trata-se de uma estratégia terapêutica que consiste em fazer com que os genes penetrem nas células ou nos tecidos de um indivíduo com o objetivo de tratar uma doença. Ela visa substituir ou complementar um alelo mutante ou defeituoso por um alelo funcional, ou superativar uma proteína cuja atividade teria impacto terapêutico. Entretanto, os conhecimentos em matéria de genética ainda são insuficientemente desenvolvidos para que se possa promover uma terapia genética eficaz. Essa terapia permanece como uma perspectiva.

Conclusão

As reformas específicas da medicina precisam de reformas propostas pela política de civilização (a humanização das cidades, a regeneração da solidariedade, a diminuição das desigualdades, as mais revoltantes em termos de acesso aos cuidados), a reforma de vida, as reformas do consumo e da alimentação. Nesse caso, ainda não se poderia isolar uma via reformadora.

Por outro lado, com o crescimento das despesas de saúde (a tecnologia e a cirurgia cada vez mais sofisticadas), que se amplifica para os mais idosos (estudos demonstraram que se gasta muito mais com a saúde nos últimos cinco anos de vida), e, salvo em caso de catástrofe, se ampliará ainda mais no futuro com o aumento da

A VIA

expectativa de vida, haverá cada vez mais necessidade de se desenvolverem sistemas preventivos, de melhorar a qualidade de vida, de regenerar as solidariedades. A inflação tecnológica da radiografia, da ressonância magnética, da tomografia etc. deverá ser bloqueada por um retorno às habilidades diagnósticas do médico no exame clínico: visual, auditivo, tátil, bem como pelo exercício da *intuição*. A ganância descontrolada da indústria farmacêutica capitalista pelo lucro necessitará de dispositivos moderadores. Retornamos aqui ao axioma: menos, porém melhor.

Capítulo 2

Cidade e *habitat*

O fenômeno das cidades

O planeta está hoje engajado em um processo acelerado de urbanização. Entre 1950 e 2000, a população urbana do mundo, inclusive nos países em desenvolvimento, mais do que triplicou, passando de 750 milhões para 2,9 bilhões de pessoas.[1] As próximas décadas deverão confirmar essa tendência (salvo por uma involução improvável!). Atualmente, a população urbana do mundo aumenta em 1 milhão de pessoas por semana e esse ritmo deverá se acelerar segundo as Nações Unidas, que prevê uma população mundial de 8 bilhões de indivíduos em 2030 (a população urbana dos países em desenvolvimento deverá dobrar, passando de um pouco menos de 2 bilhões, em 2000, para cerca de 4 bilhões, em 2030). De acordo com essas mesmas previsões, 21 cidades contarão com pelo menos 10 milhões de habitantes em 2015; estima-se que, por volta de 2050, dois terços da população mundial viverão nas cidades. A maior parte envolverá países em desenvolvimento, cujas cidades

---

[1] Nações Unidas. *Relatório sobre a demografia dos PED* (países em desenvolvimento). In Info Project, Center for Communication Programs, volume XXX. n.º 4, outono, 2002, série M, n.º 16, EUA.

A VIA

deverão acolher pelo menos 2 bilhões de habitantes a mais do que hoje.

A particularidade da urbanização da maior parte dos países do Sul, comparada à dos países do Norte, é a velocidade e a amplitude do processo, é o crescimento acelerado da pobreza e o rápido desenvolvimento das periferias empobrecidas. É, também, a existência de um setor de economia informal que se expandiu sem controle, pois, ao contrário das cidades ocidentais, a maioria das cidades do Sul (essencialmente as da África) cresceu sem desenvolvimento econômico, sem industrialização, nem progressão da produtividade agrícola. Em razão das políticas impostas pelo FMI, o crescimento da pobreza no decorrer das décadas de 1970 e 1980 transformou favelas "tradicionais" em megafavelas. Um bilhão de pessoas vivem nessas aglomerações, lugares de reprodução de miséria, instáveis, poluídos e perigosos. Exceto muito parcialmente pelo Brasil, nenhum governo elaborou uma resposta adaptada a esse fenômeno. Assiste-se a uma hipertrofia urbana, agravada por uma circulação em massa de produtos manufaturados provenientes de países desenvolvidos, e a uma especialização excessiva da agricultura não destinada à alimentação.

Esse crescimento urbano é marcado, essencialmente, pelo afluxo das populações pobres oriundas das migrações rurais para a cidade, mas não se pode subestimar, por isso, a atração exercida pela cidade. Uma população cada vez mais numerosa vai buscar ali a solução para sua miséria. Para ela, a cidade surge como uma alternativa de progresso, de oportunidades de trabalho, mas também como um espaço de liberdade e um lugar essencial para se viver. A cada dia que passa, o êxodo rural vai engrossar as favelas, onde a miséria se

Edgar Morin

autoproduz: a partir de então, assiste-se à sua multiplicação e à sua expansão dentro e fora das cidades do Sul. Essas favelas, que nascem e crescem sem planejamento urbano,[2] são quase sempre resultado de ocupações ou invasões ilegais de terrenos ainda disponíveis. Com frequência, são lugares por excelência da marginalidade, da insalubridade, das violências urbanas, da criminalidade, dos problemas de saúde e do tráfico de drogas. Entretanto, em certas sociedades do Sul, os sistemas de solidariedades encontrados aparecem no meio desses espaços cuja miséria eles conseguem atenuar.

Por toda parte nesses países, é possível constatar os mesmos cenários: crescimento urbano acelerado, êxodo rural massivo, agravação das desigualdades (o índice de desigualdades atingiu o apogeu nas quatro últimas décadas). Embora as causas da amplitude desse crescimento sejam complexas, nesse processo é possível distinguir três fases principais:

- A primeira está ligada à época colonial (período caracterizado pelo controle do fenômeno da urbanização pelos poderes locais);
- A segunda fase (1950-1970) caracteriza-se por um crescimento urbano acelerado vinculado à instabilidade política (guerras de independência em certos países) e pela mecanização da zona rural;
- Enfim, a terceira fase (1970-2000) foi marcada pelos PAS (Planos de Ajustes Estruturais). Esse período conheceu um

---

[2] "La Culture du bidonville" [A cultura da periferia]. In Thierry Paquot (dir.). *Le Monde des villes, panorama urbain de la planète* [O mundo das cidades, panorama urbano do planeta]. Bruxelas: Complexe, 1996, p. 459-465.

A VIA

segundo avanço de crescimento urbano estimulado por esses planos, sustentados pelo Banco Mundial e pelo FMI. Eles agravaram a pobreza nesses países e contribuíram para o fenômeno do êxodo de uma fração importante das populações rurais para as cidades, em busca de empregos.

Ao fim de trinta anos de execução desses planos, as consequências são dramáticas. Segundo os trabalhos da OIT (Organização Internacional do Trabalho), no decorrer desse período, a pobreza aumentou em 50%. Em todos os PED (Países em Desenvolvimento), o salário mínimo caiu: 30% na Argentina, 20% no Brasil, 40% na Venezuela. Em todo lugar, da África ao Magreb, os ajustes provocaram cortes drásticos nas economias urbanas e, com isso, queda do poder de compra. Na Costa do Marfim, por exemplo, a pobreza urbana duplicou entre 1987 e 1988. Por toda parte, a extrema pobreza urbaniza-se sempre mais e cresce em proporções dramáticas.

Em um número crescente de países do Sul, assiste-se à emergência de uma cidade dual: de um lado, esses países conhecem uma explosão marcante na construção de hotéis de luxo, de infraestruturas como as autoestradas e os equipamentos turísticos; os novos-ricos proliferam com a multiplicação de bairros de luxo protegidos. Simultaneamente, do outro lado, milhões de pessoas se amontoam nas favelas, vivendo em condições subumanas.

A expansão crescente da cidade faz com que seus habitantes privilegiem o transporte individual (no caso, o automóvel), o que explica a densidade da poluição atmosférica. A OMS estima que, no mundo inteiro, 1,5 bilhão de cidadãos são submetidos a níveis de poluição do ar superiores ao nível máximo tolerável. Com frequência, essa poluição é considerada um problema típico dos países do Norte, dado o elevado nível de atividades industriais e do tráfego de automóveis, nos países em desenvolvimento, porém constata-se mais de 70% de mortes resultantes da poluição atmosférica. Sem dúvida alguma, isso se deve, em parte, às suas densidades populacionais, com frequência maiores, mas também a normas menos restritivas do que nos países do Norte.

Pensar a cidade

Na história da humanidade, todas as instâncias decisivas e deci-sórias sempre estiveram circunscritas à cidade (poder político, poder religioso, poder econômico, desenvolvimento científico), bem como aos lugares de criações artísticas, de divertimentos, de espetáculos. As capitais atraíram as populações e as profissões mais variadas, os bairros se diversificaram e, ali, se instalaram todas as classes sociais, por vezes em violenta oposição. As artes floresceram. Rebeldes e excluídos povoaram seu submundo. Um burburinho de vida fervilha nas capitais e megalópoles contemporâneas, um intenso tráfego provoca fusão e confusão.

A grande cidade é um caos no qual se combinam ordem e desor-dem.[3] Ela obedece a leis, prescrições e regras, mas reorganiza-se coti-dianamente por si mesma, a partir de miríades de deslocamentos e de comportamentos individuais de seus habitantes e usuários. Cada um

---

[3] François Rangeon. "Désordres urbains" [Desordens urbanas]. Centre univer-sitaire de recherches administratives et politiques de Picardie, 1997.

A VIA

e todos se deslocam para lá a fim de realizar suas finalidades singulares, e tudo ali parece animado por um movimento browniano.

Uma diversidade na unidade tão extraordinária, uma confusão de interações e de retroações desse tipo, constitui um tipo de caos organizador/desorganizador. Henri Lefebvre afirmava que a cidade é um organismo vivo. Efetivamente, ela é autoeco-organizadora, sua ecologia não é constituída apenas pelo ambiente externo que a alimenta e abastece, mas também pela nação da qual faz parte, e as leis e os controles aos quais se submete.

Nos países do Norte, no momento atual da globalização, a competição entre as cidades traduz-se por diversos desafios importantes lançados aos novos conjuntos urbanos, como assinala muito bem François Ascher.[4] Segundo esse autor, um primeiro desafio é o da concorrência entre as cidades (o que não é nenhuma novidade), que devem estar aptas a atrair para si os capitais, as mercadorias e, sobretudo, os profissionais de alto nível. Como ressalta Ascher, sua presença é indispensável para seduzir os investidores em domínios-chave.

Um segundo desafio é o da diferenciação social. Com a metropolização e o desenvolvimento das velocidades de deslocamento, os processos de segregação social mudam igualmente de escala. Em determinado número de países, o que se vê atualmente é uma fortíssima tendência ao reagrupamento, nos bairros ou em áreas mais amplas da cidade, de populações cada vez mais homogêneas. A América do Norte assiste ao desenvolvimento das *Gated Communities* [comunidades

---

[4] F. Ascher. "Les Défis urbains de l'Europe" [Os desafios urbanos da Europa]. *Constructif*, n.º 16, fevereiro, 2007.

muradas], ou seja, das cidades quase fechadas e privadas. Por vezes, na França, em algumas comunidades concentram-se as populações mais ricas, enquanto em outras formam-se verdadeiros guetos de pobres e de excluídos. Essa realidade torna-se análoga à de certas grandes cidades do Sul, em que cada vez mais se assiste ao desenvolvimento de belos bairros fechados, em que a segurança é super-reforçada, e à edificação dos "muros da vergonha", ocultando espaços de pobreza e de miséria crescentes.

Pensar a cidade é levar em consideração, também, um fenômeno próprio da metrópole, o da mobilidade. Mais do que nunca, os deslocamentos tornaram-se uma necessidade nas grandes cidades. Ontem ainda, falava-se das mobilidades relativas aos deslocamentos que se alternavam entre residência e local de trabalho; hoje, porém, os deslocamentos assumiram um aspecto totalmente diferente: as pessoas se deslocam para se divertir, se formar, se alojar, se cuidar etc. Por isso, uma fração não negligenciável desses cidadãos não dispõe de meios suficientes de acesso aos transportes coletivos, razão pela qual se veem excluídos de tudo o que a cidade pode oferecer de vantagens e lazeres. "Hoje, um dos paradoxos de nossas megalópoles é que as categorias de populações modestas, que foram mais longe em busca de um pouco mais de espaço habitável, se tornaram muito dependentes do automóvel, enquanto as camadas da classe média alta, que retornaram às partes centrais das cidades, onde encontram o habitat, os empregos e as diversas atividades que correspondem às suas exigências, utilizam abundantemente os transportes coletivos, as bicicletas e o passeio a pé."[5]

---

[5] Ibid.

A VIA

O desenvolvimento da "cozinha móvel", ou do que denominamos "pratos para viagem", invenção contemporânea explicada por nossos modos de vida, cada vez mais individualizados, cada vez mais estressados pela obrigação de rentabilidade no trabalho, multiplicam as entregas, que, por sua vez, agravam o estado do trânsito, sem falar do caráter desumano de uma mudança no modo de vida, que não se faz sem consequências em nossa vida familiar, nossas relações sociais, sem falar de nossos processos digestivos!

Todos esses desafios apresentam o problema das instituições de nossas democracias, consideradas desenvolvidas. A descentralização, que reforçou o escalão local, sem dúvida alguma enfraqueceu os poderes centrais. Com a passagem, nossas metrópoles perderam os meios financeiros e, consequentemente, os meios políticos e reguladores. Por isso, como ressalta muito bem François Ascher, pensar a cidade, hoje, é refletir sobre as múltiplas disfunções (econômicas, sociais, ambientais) que resultam dessa nova configuração; é poder compreender essa nova forma de governança urbana na qual se decidirá o futuro de nossas cidades.[6]

A cidade não pode ser deixada ao livre jogo de investidores, de construtores, de tecnocratas, de políticos desculturados, em um mercado voltado para a maximização do lucro. Uma complexidade viva como essa necessita ser pensada e repensada. Um pensamento repensado deve alimentar-se de conhecimentos históricos, econômicos, ecológicos e sociológicos. Ele deve levar em conta a geografia, o clima (chuva, vento, sol), englobar o urbanismo e, ao mesmo tempo, ultrapassá-lo por todos os lados. Assim, poderia emergir um "urbanismo

---

[6] Ibid.

reflexivo", que desenvolveria efetivamente uma reflexão sobre o presente e o futuro urbanos, a partir de conhecimentos ligados de modo transdisciplinar.

A cidade não é uma simples projeção territorial baseada em relações socioeconômicas. No debate sobre a cidade, o reconhecimento da existência de uma espacialidade anterior à do espaço urbano exige que se levem em conta os mitos fundadores. Certamente, não se trata dos fantasmas do arquiteto ou do investidor, mas de suas ideias, que participam de uma finalidade social ou até mesmo a insuflam. Se a cidade é uma entidade material, um constructo socioeconômico, uma narrativa que permite a articulação entre os dois, refletir sobre a cidade do amanhã resulta de uma providência cultural destinada a encontrar os fundamentos de um laço entre o local e o global, o contexto urbano e o contexto natural, a exigência da mobilidade e a da identidade para todos.

Pensar a cidade é pensar o habitante, ou melhor, a pluralidade dos habitantes. Não bastam questionários-padrão para conhecer as promessas e aspirações em matéria de *habitat*. Muitas respostas aos questionários são respostas de conformidade, de padrão, com frequência as aspirações profundas não se expressam, seja por timidez, seja pelo fato de não serem totalmente conscientes.

Qualquer que seja ele, há um caráter primordial e sagrado no *habitat*: ele deve ser o espaço da intimidade, da privacidade, da liberdade pessoal e familiar. Essa intimidade deve ser preservada das escutas, protegida dos ruídos externos (isolamento acústico). O *habitat* deve ser, também, o espaço do bem-viver, que engloba o bem-estar material, mas deve envolver uma dimensão psicológica e moral, ou seja, para as pessoas solitárias ou abandonadas, ele deve ser

A VIA

um dispositivo de apoio e solidariedade no âmbito do imóvel ou do bairro.

Finalmente, pensar a cidade é pensar seu crescimento, pensar seu futuro. De fato, no decorrer da segunda metade do século XX, e para além dele, o crescimento urbano efetua-se segundo duas modalidades que se associam:

- o modo compactado, no qual a concentração das atividades e do *habitat* conduz à construção de torres e arranha-céus;
- o modo de extensão anárquico dos *subúrbios* e periferias (daí o distanciamento e a hipermobilidade, necessários para os transportes, entre *habitat*, lugar de trabalho, escola, comércios e supermercados periféricos, serviços públicos, hospitais, centros de espetáculos).

Esse último modo e o precedente estão associados em Nova York (Manhattan, Brooklyn, Bronx) e em inúmeras cidades.

Acrescentam-se a isso algumas experiências de novas cidades, segundo os modelos racionalizadores para o *habitat* celebrados por Le Corbusier, realizados na cidade de Brasília por Oscar Niemeyer. Esse modo, que criou blocos de imóveis isolados, de um lado, e largas avenidas destinadas aos automóveis, de outro, multiplicou os espaços verdes, mas impede a convivialidade, o passeio, e revela-se desumano em relação à sua periferia não planejada, bricolada e bricoladora.*

---

* Edgar Morin usa o termo francês *bricoleur* para designar o indivíduo que, sem projeto específico, utiliza resíduos culturais acabados, dando-lhes finalidades e usos. (N.Ts.)

Edgar Morin

Parece-nos importante visualizar projetos inovadores de futuras cidades, mas que deverão levar em conta as necessidades humanas de autonomia, de convivialidade, de solidariedade e de segurança.

No que diz respeito ao modelo de dupla-face compactação/expansão, seria necessário visualizar uma compactação e uma expansão reformadas, no sentido de uma humanização de uma e de outra. A compactação reformada manteria ou ressuscitaria a grande densidade de população, oferecendo comércios e serviços nos bairros centrais, cuja prioridade máxima seria a circulação exclusiva de pedestres, dotados de transportes públicos, não poluentes, em que os deslocamentos do *habitat* para o trabalho, para a escola e para os serviços públicos seriam breves e poderiam ser efetuados a pé ou de bicicleta. Em determinados lugares, essa compactação poderia incluir torres ou arranha-céus nos quais se deveriam instituir as relações comunitárias internas. A expansão reformada deveria ser bem-provida de transportes públicos, e cada núcleo suburbano deveria ter seu correio, seu posto de saúde, seu cinema, seus pequenos comércios.

Finalmente, pensar o crescimento urbano exige que se visualizem a paralisação do gigantismo e a inversão dos fluxos migratórios. As previsões dos demógrafos, economistas, sociólogos projetam candidamente as grandes correntes atuais no futuro, sem imaginar que as correntes dominantes criam contracorrentes, que, com frequência, o inesperado acontece (esse foi o caso para a previsão estatística europeia no fim dos anos 1950), e acreditam demais no provável como certo. Observamos, porém, que (tanto para o melhor como para o pior) o improvável aconteceu com muita frequência na história humana.

O provável é que, em pouco tempo, dez megalópoles terão, cada qual, de vinte a 30 milhões de habitantes e que a urbanização

A VIA

continuará, até chegar ao despovoamento dos campos destinados à agricultura e à pecuária industrial. Entretanto, a inversão dos fluxos migratórios parece possível. Em uma metrópole como Paris, esse fluxo já se inverteu. Esse movimento rumo à zona rural deve-se ao interesse dos jovens, atraídos pela agricultura orgânica, a pecuária, a viticultura, e de gente aposentada em busca de paz e harmonia; ele já é estimulado pelas possibilidades do teletrabalho. Pode-se prever que o crescimento dos tipos de estresse urbano, que o aumento do número de aposentados, que a força da atração exercida por uma nova vida rural ou pastoral desenvolverão essa tendência. Ela, porém, não poderá afirmar-se verdadeiramente senão por meio de uma política de revitalização das zonas rurais (consultar os capítulos "Agricultura e zonas rurais" e "Política de civilização") que favoreceria a instalação de neocamponeses, neorrurais e neoteletrabalhadores.

As vias reformadoras

As vias reformadoras inscrevem-se em um projeto global de humanização das cidades que implica, em primeiro lugar, a instauração de uma boa governança.

Para uma boa governança

Há alguns anos, as noções de "democracia participativa", de "participação", de "boa governança", mais particularmente a de "governança urbana", apareceram em cena. Desde já, convém ressaltar que esses termos ainda são objeto não apenas de inúmeros mal-entendidos, desvios e outras instrumentalizações, mas, igualmente, de dificuldades. Quase sempre, eles ainda recobrem conceitos fluidos, por vezes enganadores.

Edgar Morin

Paralelamente a essa abundância de termos e de teorias, inúmeras iniciativas florescem por toda parte. Elas testemunham o despertar de uma nova forma de cidadania, de compromisso e de mobilização. Com suas conquistas e seus fracassos, elas não apenas trazem as esperanças, ilusões e desilusões da democracia participativa da boa governança, como também ilustram as capacidades de ação e os progressos que ainda precisam ser realizados para sustentar esse vasto movimento de participação e de concentração em escala local — em uma palavra, de reconquista da cidadania local.

As prioridades para uma cidade mais inclusiva

Para começar, seria preciso que a política pudesse colocar no centro de suas prioridades maiores o projeto de uma política de desenvolvimento econômico com a inserção social das populações desvalidas. Seria preciso desenvolver microempresas, comércios de proximidade e atividades de prestação de serviços nos locais em que os espaços são estigmatizados. Paralelamente, seria preciso prever os percursos de inserção, com a instalação de centros de recursos capazes de trabalhar em rede, a fim de capitalizar e enriquecer suas experiências.

Seria preciso, igualmente, assegurar a qualidade dos espaços urbanos, dotando os bairros de equipamentos públicos e garantindo a segurança nas áreas mais problemáticas (nesse caso, a segurança policial não deve, entretanto, agravar a estigmatização dos bairros reconhecidamente difíceis).

Seria necessário acompanhar essas medidas de uma política de prevenção voltada para as crianças em idade escolar e,

A VIA

simultaneamente, para os jovens adultos em busca de atividade profissional. Nesse caso, existe também todo um conjunto de intervenções que devem associar-se e trabalhar em parceria.

Outro desafio se impõe, o desafio relativo à questão do domicílio. Seria desejável que nossos políticos levassem em consideração os efeitos perversos das políticas habitacionais, que há mais de quatro décadas afetam os países da Europa em geral, mais particularmente a França. Não é por acaso que se fala de guetos, de espaços de exclusão. Uma política adaptada poderia reabilitar esses espaços e permitir maior coesão social.

Outro desafio, enfim: nossa capacidade de desenvolver o laço social, de buscar fazer de nossas diferenças (étnicas, raciais, culturais, econômicas) uma riqueza, e não um empobrecimento.

Nos países em desenvolvimento, encorajados pelos movimentos de democratização e pela multiplicação das reivindicações populares, o crescimento das associações e a emergência de uma sociedade civil organizada permitiram tornar mais concreta a democracia participativa. Além desse movimento de democratização horizontal, nota-se, igualmente, que evoluções verticais provocaram o estabelecimento de estruturas ou de dispositivos que favorecem uma democracia desse tipo. Além disso, as injunções das instituições internacionais voltadas para a "boa governança", bem como a ênfase colocada no reforço da associação de empresas e da conciliação entre todos os atores do desenvolvimento, favoreceram a efetivação das abordagens participativas.

No âmbito das nações, o vasto movimento de descentralização, que começou tanto no Norte como no Sul, permitiu a transferência de competências (mais ou menos real) para as coletividades

Edgar Morin

territoriais, mais precisamente para as cidades e as comunidades rurais. Ao disporem de novas competências e de novas responsabilidades, as coletividades locais devem encorajar os processos de conciliação com seus administrados, não apenas para responder melhor às suas necessidades, mas, igualmente, para assegurar uma coesão social no território que administram. Por outro lado, a multiplicação dos atores sociais que agem na cidade, no bairro ou na comunidade rural complexifica a gestão do território, tornando os limites das competências cada vez mais fluidos; a partir daí, a conciliação local surge como uma necessidade para administrar pacificamente e com coerência.

É preciso consolidar e valorizar o potencial humano representado pelas populações pobres. Hoje em dia, essa constatação é unânime — no âmbito de uma luta eficaz contra a pobreza urbana, o sistema de assistencialismo fracassou. Desde então, inúmeras iniciativas populares surgiram, sobretudo nos bairros desfavorecidos. Elas demonstram as capacidades de auto-organização e de mobilização dos recursos que as populações sabem demonstrar a fim de superar suas situações desfavoráveis. É nessa vitalidade e nessa inventividade que se baseia o desenvolvimento da cidade informal. Hoje, um grande número de trabalhos, de relações e de atores do desenvolvimento local descreve as capacidades inventivas das populações desfavorecidas das grandes cidades do Sul. Muitos bairros tornaram-se "polos de inovação social" e de criatividade. É preciso valorizar esse potencial humano representado pelas populações pobres, sustentando as iniciativas e contribuindo para o reforço dessas capacidades. Dado o descompromisso do Estado nos espaços de fragilidade urbana, as iniciativas propulsadas pelos próprios habitantes quase sempre revelaram-se muito eficazes.

A VIA

É preciso promover a construção de um referencial metodológico a serviço do desenvolvimento social. Hoje em dia, assiste-se por toda parte à emergência de novos atores sociais que intervêm na cena urbana. Há três décadas, as associações de bairro, as ONGs, os financiadores se mobilizam e reivindicam um papel na gestão da cidade. Dado o caráter inovador dessa interface no domínio da intervenção urbana, sobretudo nos espaços de pobreza dos países do Sul, as experiências desses novos atores sociais devem contribuir para a reflexão e a elaboração de uma metodologia e de um referencial em matéria de acompanhamento social nos projetos conduzidos pela cidade. Uma associação entre esses diversos atores precisa ser consolidada ou existir a fim de criar uma força comum capaz de agir no âmbito de uma gestão combinada. Essa abordagem deve apoiar-se na capitalização de todas as experiências exitosas em matéria de gestão urbana compartilhada, a fim de perenizá-las e transformá-las em ensinamentos aplicáveis em outras partes, evidentemente, adaptando-as às particularidades e especificações de cada caso.

É preciso multiplicar as formações dos trabalhadores sociais. Quase sempre, a ausência de formações adequadas, devidamente qualificadas, prejudica o êxito dos projetos de desenvolvimento social. Diante do desafio atual e do fato de que essa interface entre populações e instituições é mais necessária do que nunca, as formações de agentes sociais são indispensáveis a fim de permitir que esses novos operadores se empenhem na ação social urbana e na luta contra a miséria e a exclusão. Mais do que nunca, é preciso encorajar a criação de módulos de formação para essas novas profissões, torná-las capazes de atuar como intermediárias necessárias entre os diversos atores

Edgar Morin

da cidade, em um contexto de desengajamento do Estado central. A fim de alcançar melhor desenvolvimento urbano, é preciso ter a preocupação de promover e ativar um desenvolvimento integrado na escala de um território de ação definido com o conjunto dos atores sociais envolvidos. O desenvolvimento urbano deve estar inserido em uma dinâmica complexa da Cidade e levar em conta os fortes vínculos entre a totalidade de seus componentes. Agir na cidade requer um conhecimento de todos os sistemas complexos que interagem e produzem espaços de inclusão ou de exclusão.

Por outro lado, em um contexto de desengajamento do Estado centralizador — e de expansão das democracias nascentes nos países do Sul —, o campo de competências dos representantes locais eleitos amplia-se, a sociedade civil emerge e impõe-se cada vez mais como uma parceira da boa governança em matéria de políticas públicas. Surgem os espaços de governança e de ação participativa. Eles exigem um reforço de suas capacidades e a transferência de instrumentos e de metodologia de diagnóstico, de planificação, de ação e de acompanhamento. É dessa maneira que poderemos assegurar seu êxito.

É preciso militar em prol de um desenvolvimento urbano participativo real, no qual a cidade seria compreendida em sua complexidade. É primordial pensar a cidade em relação a seu espaço regional, a rede urbana na qual ela se inscreve e, além disso, as redes de cidades das quais ela seria capaz de participar. Trata-se de uma abordagem global que leva em conta a complexidade da cidade, as especificidades de seus componentes e as dinâmicas dos diferentes espaços nas quais ela se inscreve.

A VIA

Para além da periferia empobrecida

Um estudo de campo[7] demonstrou muito bem que, quase sempre, os habitantes das favelas no Marrocos não aspiram mudar sua vida de favelados. Indagados sobre os programas de realocação social,[8] eles manifestam sua recusa em integrar as novas habitações sociais. Deixar a favela, lugar de convivialidade e de ajuda mútua, para habitar um apartamento em imóveis de anonimato é quase sempre difícil para pessoas cuja origem, em sua maioria, é a zona rural. Acostumadas a uma vida de convivialidade e de ajuda mútua, elas, sem dúvida, aspiram a uma nova condição de vida, mas não a novos lugares. Isso acontece por toda parte onde as periferias preservaram as relações de solidariedade de família e de vizinhança, por toda parte onde se criaram os microcomércios e as microempresas e onde uma economia informal, ignorada pelos setores externos, permitiu que um número cada vez maior de pessoas pudesse sobreviver.

Um controle eficiente das dimensões sociais deverá contribuir para a melhoria sustentável das condições de vida, por meio da supressão gradual da habitação insalubre em bairros integrados à cidade. Na prática, é preciso contar com uma boa engenharia social dos projetos, o que contribuiria para a melhor adequação entre o projeto e as características socioeconômicas da população dos bairros desfavorecidos.

---

[7] Sabah Abouessalam. *Étude sociologique pour la création de la ville nouvelle de Tamesna* [Estudo sociológico para a criação da nova cidade de Tamesna]. Rabat: Marrocos, 2004.

[8] S. Abouessalam. *Programme VSB, enquête sociale* [Programa VSB, pesquisa social]. Marrocos, 2009.

Edgar Morin

Para a humanização das cidades

Uma política de reumanização das cidades deveria incluir principalmente:

- A circulação exclusiva de pedestres nos centros das cidades, locais históricos, ruas de comércio ou de lazer dos bairros, a exemplo de Fribourg-en-Brisgau, na região de Bade: toda cidade deveria incluir um cinturão duplo de estacionamentos, o primeiro, pago, em volta do centro de pedestres, reservado aos transportes públicos, o segundo, gratuito, a céu aberto, ao redor da aglomeração, com um bilhete de transporte subvencionado e igualmente gratuito.

  Os bairros seriam reumanizados e transformados em ecobairros (como o bairro de Vauban, em Fribourg) nos quais seriam efetivadas a despoluição e a ecologização do *habitat*, principalmente pelo emprego de energias limpas, e seriam restabelecidas as convivialidades. A sátira de Alphonse Allais, que propunha transferir as cidades para o campo, poderia ser substituída pela inserção concreta de espaços de jardinagem, de pequenas pecuárias, da apicultura sobre os telhados das cidades, como se faz em Toronto e em outros lugares. Assim, a luta contra poluições, ruídos, estresse e anonimato seria, ao mesmo tempo, uma providência concreta pela qualidade de vida.

- Os transportes públicos e privados deveriam ser não poluentes (automóveis elétricos ou híbridos). Pedágios urbanos poderiam ser instituídos, como aconteceu em Londres, o que

A VIA

reduziu consideravelmente o tráfego vindo de fora da cidade. Bicicletas e automóveis de aluguel estariam à disposição de todos. Para os transportes fora das zonas de pedestres, a conscientização cidadã estimularia o uso de caronas, de táxis coletivos e de triciclos elétricos para o transporte de mercadorias. Os ônibus a gasolina seriam substituídos pelos metrôs e trens, que poderiam servir amplamente os espaços suburbanos e periféricos. Os horários de acesso de caminhões ao centro da cidade seriam limitados aos períodos da manhã e, para as pessoas que estivessem fora de suas casas durante o dia, os serviços de entrega seriam efetuados por transportes não poluentes e em pontos intermediários próximos de suas residências.

Na América Latina, por exemplo, certo número de cidades com altos índices de concentração populacional, entre elas Bogotá (Colômbia) e Curitiba (Brasil), optaram por fundar um sistema de transporte em uma rede integrada de corredores de ônibus, menos custosa e apresentando performances respeitáveis. Essas disposições são acompanhadas de uma estrita regulamentação feita pelos poderes públicos municipais, que não se encontra em nenhum outro lugar. Em que medida esses exemplos latino-americanos poderiam servir de modelo para certos países do Norte e contribuir com soluções técnicas para a crise dos transportes urbanos em outros países do Sul? Em termos de organização e regulação, essas conquistas podem ser inspiradoras para se conceber um sistema de transporte mais eficaz a serviço da organização urbana? Em todo caso, a abordagem privilegiada por Bogotá e Curitiba enseja oportunidade para a discussão de uma política e uma competência locais de organização dos transportes urbanos.

Enfim, o destino das cidades depende, ainda que muito raramente, de iniciativas audaciosas e ainda voluntaristas, que, quase sempre, se explicam pela personalidade de um indivíduo (um prefeito, por exemplo), pela vontade da sociedade civil (os habitantes de bairros organizados em associações) ou de ONGs (cf. os orçamentos participativos de Porto Alegre, Recife, Medellín etc.). Os exemplos desse tipo de iniciativas começam a se multiplicar por toda parte e exibem resultados convincentes em sua escala de aplicação.

Mas o destino da maior parte das megalópoles e capitais permanece, de um lado, sob a dominação dos investidores, e, de outro, dos especialistas compartimentalizados (urbanistas, arquitetos), cada qual em seu domínio, que não percebem o caráter multidimensional dos problemas urbanos e são inaptos para pensar a cidade em sua globalidade complexa.

Conclusão

A humanização das cidades constitui um desafio maior para um futuro melhor. Tanto nos países do Sul como nos do Norte, um número não negligenciável de cidades pratica uma governança baseada no papel decisivo da participação dos habitantes-cidadãos. Essa cidadania reencontrada não é nem um sonho nem uma utopia inacessível. Hoje, mais do que nunca, os poderes locais compreendem que é cada vez mais difícil governar sem levar em conta as demandas sociais que se fazem ouvir nas cidades e sem associar cidadãos e associações locais aos projetos que lhes dizem respeito.

A VIA

Anexo

Alguns exemplos reformadores urbanos realizados ou em andamento

Estocolmo, cidade de 1 milhão de habitantes, constitui um modelo de cidade verde. Dos 80% do aquecimento urbano utilizados ali, 70% são obtidos a partir de energias renováveis. A cidade estabeleceu um programa cujo objetivo é não recorrer mais às energias fósseis de agora até 2050. Os aspectos ambientais são sistematicamente levados em conta nas decisões de organização urbana e no orçamento da cidade.

Hoje, 95% da população de Estocolmo vive a menos de 300 metros de um espaço verde. As inumeráveis zonas verdes da cidade contribuem para a purificação da água, a redução do ruído, a diversidade biológica e o bem-estar dos habitantes.

O estabelecimento de um pedágio urbano, votado por referendo desde 2007, permitiu reduzir a poluição atmosférica e desenvolver os transportes coletivos não poluentes. Assim, desde 1990, em Estocolmo, as emissões de gás causadoras do efeito estufa diminuíram 25% e, hoje, são até mesmo 50% inferiores à média do país.

Estocolmo inaugurou, igualmente, um sistema inovador de gestão integrada dos resíduos que assegura uma taxa de reciclagem elevada, principalmente no caso dos resíduos orgânicos.

O bairro de Bonne, em Grenoble, é um ecobairro no qual a vontade de associação estabeleceu, simultaneamente, alojamentos sociais de propriedade comum, residências de estudantes, comércios, escritórios, um cinema.

Edgar Morin

A princípio, o Conjunto Palmeiras, próximo de Fortaleza, no Brasil, era uma favela na qual se refugiavam os habitantes pobres do centro da cidade, expulsos dali pelos empreendedores imobiliários. Sob o impulso de Joaquim Melo, essa favela converteu-se em bairro popular, com suas casas construídas com material pré-fabricado, em seu terreno original. O conjunto conta com um banco popular, que concede microcréditos e oferece todo tipo de operações bancárias aos habitantes, tem até mesmo sua moeda local e preservou a vida comunitária. Atualmente, o local conta com 30 mil habitantes.

Auroville, no sul da Índia, da qual falaremos mais adiante (consultar o capítulo "A via da reforma de vida", p. 329), é uma cidade de 2 mil habitantes, de base comunitária, que pratica economia social e solidária.

Em Hamburgo, o ecobairro em construção será aquecido por cogeração: utilizará a energia solar e a fotovoltaica e gerenciará a recuperação das águas da chuva.

Masdar, próxima de Abu Dabi, nos Emirados Árabes Unidos, cidade em construção desde 2008, funcionará exclusivamente por meio de energias renováveis, entre elas a solar, fonte perene no deserto do emirado. Deverá estar concluída em 2015 e contará com 50 mil habitantes. Está prevista para funcionar com um nível zero de emissões de gás carbônico, e sem resíduos. Será uma cidade *car free* (sem automóveis).

Dongtan, na China, é um projeto de cidade ecológica que se pretendia apresentar na Exposição Universal de 2010, em Xangai, para servir de modelo a outras ecópoles. A nova cidade se situaria na ilha de Chongming, na foz do rio Yangzi Jiang, ao norte de Xangai. Construída em uma área de 86km, a cidade deveria contar

A VIA

inicialmente com uma população de 50 a 80 mil habitantes. Está previsto que 500 mil pessoas sejam ali instaladas em 2050.

Dongtan permitiria instaurar, em tamanho natural, todas as últimas inovações técnicas e urbanísticas, principalmente em termos de produção de energia verde, de isolamento térmico vegetal e de circulações não motorizadas. As últimas proposições em matéria de ecologia serão aplicadas, como a implantação das energias eólicas, o desenvolvimento de transportes coletivos limpos, de veículos elétricos, a utilização da biomassa, do isolamento vegetal, das placas solares etc.

A *ecotown* BedZED,[9] na Grã-Bretanha, produz mais energia do que consome e apresenta um balanço positivo em níveis de carbono emitido.

New Songdo é uma nova cidade em construção em uma ilha artificial perto de Seul, na Coreia do Sul. Projeto imobiliário mais importante do mundo, a cidade prevê acolher 65 mil residentes e 300 mil trabalhadores em 2014. Seus habitantes disporão de um "Central Park" como o de Nova York, de canais venezianos, de um hospital "americano" do tipo John Hopkins e de escolas preparatórias gerenciadas pela Faculdade de Educação de Harvard. New Songdo será uma cidade-laboratório na qual as lixeiras públicas utilizarão etiquetas específicas para creditar certa quantia de dinheiro a qualquer habitante que reciclar uma garrafa vazia; os pisos dos apartamentos serão sensíveis às pressões e, se detectarem uma queda, contatarão os serviços de atendimento de urgência... Na U-City, a

---

[9] Desenvolvimento Beddington de Emissões Zero.

Edgar Morin

mesma chave de acesso servirá para pagar o metrô, o estacionamento, assistir a um filme, abrir o próprio apartamento... Todos os sistemas de informações (residenciais, médicos, empresariais, administrativos) compartilharão seus dados.

Residências e escritórios serão originalmente equipados com múltiplos captores-sensores que coletarão os dados de identificação, de localização, climáticos, corporais, que serão reinseridos no sistema de informação global da cidade. Essa atitude voluntária das autoridades e das empresas sul-coreanas suscita muita admiração, mas também muitos medos. Em New Songdo, a integração muito avançada, o desenvolvimento em grande escala das tecnologias e os serviços de difusão informática constituem uma oportunidade única de observar *in loco* a emergência de seus usos. Aliás, um centro de pesquisa sobre as RFID[10] encontra-se em vias de implantação em New Songdo, financiado pelo governo sul-coreano ao custo astronômico de 297 milhões de dólares.

As ecópoles, que deveriam ser instauradas na França, seriam cidades de mais ou menos 500 mil habitantes, integrando uma alta qualidade ambiental e todas as novas tecnologias de comunicação. Elas serviriam, principalmente, para que o urbanismo geral progredisse maciçamente a serviço de objetivos como as infraestruturas de fibra ótica, os transportes tecnológicos de ponta e as construções "sustentáveis". Esses "espaços urbanos sustentáveis" deverão integrar emprego, habitação, contexto de vida e aliança social, e acionar os recursos energéticos renováveis: eólicos, placas solares etc. Eles

---

[10] Identificação de Frequência de Rádio.

A VIA

desempenharão, assim, o papel de laboratórios para a redução do consumo de água, a triagem de resíduos, o desenvolvimento da biodiversidade, a redução do uso de ar-condicionado, a organização de planos para a água, a criação de espaços verdes (equivalentes a 20% da superfícies da cidade), o acesso amplo e gratuito às novas tecnologias de informação. Enfim, eles deverão encorajar a aliança social.

A cidade decadente de Detroit já comporta grandes culturas de verduras e legumes: um empresário propôs que se instalasse ali uma fazenda urbana. Os ecologistas preconizam a implantação de ciclovias, de corredores verdes, de espaços de lazer nos locais das antigas fábricas.

Em Marinaleda (2,7 mil habitantes), na Andaluzia, sob o impulso do prefeito Manuel Sanchez Gordillo, a cidade é autogerida pelos habitantes. Ali se realizam assembleias públicas todas as semanas. Os cidadãos fazem a manutenção das ruas e calçadas gratuitamente todos os domingos. Não há polícia municipal. Após a expropriação dos 1.200 hectares do aristocrata latifundiário, a cooperativa agrícola rentabiliza as terras: ela emprega a maioria da população com um salário igual para todos. O desemprego foi eliminado.

Capítulo 3

Agricultura e zonas rurais

Situação

Um fenômeno inédito ocorreu na história da humanidade. Os extraordinários desenvolvimentos de produção, de produtividade e de irrigação na agricultura foram acompanhados pelo crescimento da dependência alimentar de milhões de seres humanos. Dos 1,3 bilhão de subalimentados (segundo a FAO), cerca de 900 milhões habitam a zona rural. A FAO computa 1 bilhão de famintos em 2009, dos quais 15 milhões em países considerados desenvolvidos e os demais nos outros. De cada seis seres humanos, um passa fome ou é desnutrido. Além disso, em regiões de alta produção agrícola mais voltadas à exportação, como o Egito ou a Nigéria, as fomes reapareceram. Matthieu Calame salienta que "o medo da fome está de volta... Poderemos nós, em 2050, alimentar 9 bilhões de homens sem, com isso, degradar o meio ambiente de maneira irreversível, sem transformar a Terra em um deserto de cor ocre? Qual será a dieta alimentar? Que valor terá a energia? Que ganhos de produtividade poderemos esperar? Com quantos hectares de terra poderemos contar? Etc. E ressalta-se, então, que as questões técnicas, biológicas, sociais se interpenetram..."[1]

---

[1] Matthieu Calame. *La Tourmente alimentaire. Pour une politique agricole mondiale* [A tormenta alimentar. Por uma política agrícola mundial]. Éditions

A VIA

O problema da agricultura é de âmbito planetário, indissociável do problema da água, da demografia, da urbanização, da ecologia (mudanças climáticas), bem como, sem dúvida, o da alimentação, eles mesmos problemas interdependentes uns dos outros.

A água. Como afirma Matthieu Calame: "Sem água, não há cultura, portanto não há alimentos." Segundo a FAO, o controle da água é um elemento-chave da segurança alimentar,[2] da securização da produção e da melhoria rápida da produtividade do setor agrícola, particularmente na África, onde são utilizados menos de 4% dos recursos hídricos renováveis (contra 20% na Ásia). Nos países em desenvolvimento, apenas 20% da superfície agrícola é irrigada e fornece 40% da produção; na África subsaariana, apenas 4% das terras aráveis são irrigadas (contra 38% na Ásia). As captações efetuadas por diversos países ultrapassam a capacidade atual de recuperação dos lençóis freáticos, mas alguns deles não hesitam em bombear as preciosas águas potáveis fósseis desses lençóis para irrigar suas culturas.

A demografia. A "revolução verde", primeira forma de racionalização da agricultura, ao aumentar os rendimentos, respondeu ao crescimento demográfico mundial na segunda metade do século XX. Veremos que, desde então, a agricultura industrializada cria mais problemas do que resolve. O problema demográfico perfila-se novamente. O prolongamento das curvas de crescimento demográfico permite prognosticar 9 bilhões de seres humanos em 2050. É

Charles Léopold Mayer, 2008; e *Une agronomie pour le xxe siècle* [Uma agronomia para o século XX]. Éditions ECLM, 2007.

[2] UN-WATER. http://www.fao.org/nr/water/indexfr.htm.

Edgar Morin

necessário, então, prever um crescimento de recursos de vida, mas, como veremos, esse crescimento não poderia ocorrer segundo os métodos da "revolução verde", mesmo aperfeiçoados (principalmente com os OGM, organismos geneticamente modificados). Indicaremos mais adiante as possibilidades de resposta a esse problema, em essencial pela multiplicação das produções de alimentação locais, das técnicas fertilizantes saudáveis (biocarvão, microirrigação), a aquicultura, etc., mas também por uma reforma da alimentação carnívora dos países ricos.

A urbanização. A urbanização crescente reduz a população das zonas rurais, aumenta a população dependente de alimentação e estreita as zonas de produção de alimentos; além disso, provocado pelas necessidades urbanas de veículos, o desenvolvimento das culturas de produção de biocarburantes aumenta ainda mais esse estreitamento; daí provêm a alta de preços, a agravação da subalimentação das populações pobres e o aparecimento de fomes regionais.

A crise da agricultura e da pecuária industrializadas

"O modelo agrícola dos anos 1960, que permitiu negociar com muita eficácia a passagem de 3 a 6 bilhões de indivíduos no mundo, está esgotado." Fabrice Dreyfus, diretor do Instituto das Regiões Quentes, em Montpellier, membro do IAASTD,[3] chegou à seguinte conclusão: "De agora em diante, fica evidente que não

---

[3] International Assessment of Agricultural Knowledge in Science and Technology for Development.

A VIA

podemos mais prosseguir nessa via. Mesmo os países mais violentamente partidários da agricultura industrializada, como os Estados Unidos ou a Austrália, começam a aceitar — timidamente — a ideia de mudança."[4]

Na verdade, sob o estímulo das necessidades e o impulso do lucro capitalista, a tendência dominante, um pouco por todo o globo, é continuar e amplificar a agricultura e a pecuária industrializadas, que concorrem para o desaparecimento dos pequenos agricultores, para a urbanização crescente, bem como para a degradação geral dos solos e da qualidade dos produtos.

De fato, as evoluções favoráveis à produtividade "são favoráveis também às doenças fúngicas, aos insetos parasitas e às ervas daninhas", escreveu Jean Marc Meynard, agrônomo do INRA. "As culturas cerealistas industrializadas são (...) muito exigentes em tratamentos fitossanitários (...) e os pesticidas tornaram-se os pivôs dos sistemas de produção."[5] Na verdade, os pesticidas passaram da condição de remédios à de droga. Frutas, vinhos e outros contêm seus resíduos.

---

[4] Fabrice Dreyfus. In "Rapport de l'expertise intergouvernementale de l' IAASTD sur l'agriculture mondiale" [Relatório da *expertise* intergovernamental da IAASTD sobre a agricultura], abril de 2008.

[5] Jean Marc Meynard. "Produire autrement; réinventer les systèmes de culture" [Produzir de outra forma; reinventar os sistemas de cultura]. In R. Réau e T. Doré. *Des Systèmes de culture innovants et durables: quelles méthodes pour les mettre au point et les évaluer?* [Os sistemas de cultura inovadores e sustentáveis: que métodos usar para colocá-los em ação e avaliá-los?]. Educagri Éditions: Dijon, 2008.

Edgar Morin

"Há décadas, os fitossanitários são desenvolvidos pelas multinacionais, que disseminam esses produtos junto aos agricultores a quem impõem sua solução"[6] assinalam Pierre Mischler, da Agência de Estudos Agro-transfert, e Bernard Triomphe, do Cirad, Centro de Pesquisa Agronômica para o Desenvolvimento.

Mais ainda, o uso maciço de fertilizantes, as poluições dos cursos de água e dos lençóis freáticos têm consequências ecológicas e sanitárias cada vez mais nefastas. A agricultura industrializada é uma das principais causas do esgotamento das águas, do empobrecimento dos solos e da poluição química. De fato, 1,9 bilhão de hectares e 2,6 bilhões de pessoas estão sendo afetados por essa degradação ambiental.

Paradoxalmente, a crise alimentar ocorreu no mesmo instante em que os espaços irrigados no mundo atingiam recordes em superfície e em progressão anual. Nos dias de hoje, conta-se com cerca de 290 milhões de hectares irrigados pelo mundo, e a agricultura irrigada sorve entre 70% e 80% das águas doces disponíveis. Nos últimos cinquenta anos, só no Egito, assistiu-se à criação de cerca de 2 milhões de hectares de perímetros irrigados, graças à construção da Barragem de Assuã. Isso permitiu que o Egito produzisse cereais para a alimentação, mas também que passasse a fazer parte dos grandes exportadores agrícolas (de frutas, de legumes e de flores fora de estação). Em 2008, a crise alimentar consolidou-se com a morte de cerca de 15 pessoas (segundo as autoridades), de muitas mais,

---

[6] Pierre Mischler e Bernard Triomphe. CIRAD. Consultar R. Réau e T. Doré. *Systèmes de culture innovants et durables*, op. cit.

A VIA

segundo fontes independentes. A África é o único continente em que a produção agrícola por cabeça diminuiu em vez de aumentar. Para Tiémoko Yo, ministro da Agricultura da Costa do Marfim: "A África continua a ser o continente que produz o que não consome e consome o que não produz." Atualmente, a África precisa importar um terço de suas necessidades.

A explicação desse paradoxo encontra-se na política dos países que favorecem as exportações agrícolas em detrimento de sua soberania alimentar, que permitiria alimentar sua população de maneira autônoma, principalmente em cereais. Em consequência, o trigo de baixo preço, originário de países que subvencionam sua produção cerealista (França, Estados Unidos), e que substitui o mileto, o sorgo, a mandioca, extingue as produções indígenas. No meio agrícola, essa política se traduz pela eliminação dos recursos dos pequenos agricultores rurais, que praticam uma agricultura de subsistência em benefício dos agroinvestidores, os quais, por sua vez, preferem trabalhar prioritariamente para o mercado internacional, com o apoio material dos governos que buscam divisas estrangeiras.[7]

Para além da crise alimentar de 2008, que agravou a dependência alimentar dos países do Sul e de suas comunidades locais, a industrialização agrícola desenfreada provoca a degradação acelerada da terra, da água, e o rápido empobrecimento da biodiversidade. Pior ainda: a concorrência desigual na exploração dos recursos agrava

---

[7] Certamente, é importante para os estados africanos desenvolver suas culturas de exportação de frutas e produtos tropicais (o que demanda uma industrialização moderada), mas com a condição de salvaguardar sua agricultura de subsistência.

Edgar Morin

o processo de empobrecimento e de exclusão de milhões de famílias de pequenos agricultores rurais.

Com sua lógica de rentabilidade a curto prazo, as produções de monoculturas industrializadas não levam em conta os desastres climáticos, ambientais e sociais que em parte elas provocam.

Assim, o desenvolvimento da agricultura e da pecuária industrializadas destrói as culturas de subsistência, reduz a biodiversidade, devasta as florestas, degrada o solo. Esse desenvolvimento não somente provocou devastações ambientais consideráveis, como também devastações humanas não menos consideráveis, entre elas a miséria, a exclusão, as migrações. Ele continua a promover a desertificação das zonas rurais e a morte dos camponeses; ele aumentou as desigualdades gritantes entre países ricos e países pobres.

Matthieu Calame indica que as devastações causadas pela agricultura e a pecuária industrializadas provocam uma sucessão de problemas: "o das cadeias internacionalizadas de alimentação que fazem circular os produtos de um continente ao preço de transportes rodoviários e aéreos que consomem uma grande quantidade de energia e produzem uma enorme emissão de CO_2; o de uma economia planetarizada comandada unicamente pelo lucro, em que os enriquecimentos produzem novos empobrecimentos e novas proletarizações; na qual os progressos técnicos e econômicos provocam novas regressões morais e psíquicas; na qual perdemos em qualidade o que ganhamos em quantidade; na qual uma racionalidade econômica parcial provoca uma irracionalidade econômica global: assim, a ovelha da Nova Zelândia embarcada por avião é vendida a 7 euros o quilo nos grandes supermercados, ou seja, a metade do preço da ovelha criada na França, mas, ao ser transportada de avião por mais

A VIA

de 18 mil quilômetros, a quantidade de CO_2 emitido totaliza mais de cinquenta vezes seu peso!"[8]

Acrescenta-se a isso o neocolonialismo agrário, que, a partir de 2008, efetuou a compra massiva de terras no hemisfério Sul por empresas do Norte, a fim de satisfazer um consumo exterior. O mundo corporativo do Norte adquire terras férteis, por vezes do tamanho de Estados, ao mesmo tempo que o capitalismo chinês, brasileiro ou indiano monopoliza a extração de matérias-primas (cobalto, lítio, bauxita). As terras do Sul se tornaram ativos rentáveis para os capitais das bolsas de valores. Em um ano, dezenas de milhões de hectares, representando, por vezes, porcentagens elevadas de superfícies aráveis dos países em questão, passaram para o controle de alguns grandes grupos. Embora metade das terras aráveis do mundo ainda esteja disponível, a África, por exemplo, não tem, ou tem muito poucas terras ainda livres.[9]

Ao lado desses investidores privados, muitos países do Norte (Alemanha, Suécia) demonstram interesse na compra de bens agrícolas a preço baixo ou em mediar o arrendamento de terras a 1 euro ao ano, durante 99 anos, isentos de impostos sobre propriedades agrícolas, com uma mão de obra local de baixo custo, uma isenção parcial ou total de taxas sobre as atividades e os bens da empresa, terras adaptadas à produção de agrocarburantes. Outros países investidores associam o crescimento de seus investimentos capitalistas à proteção da segurança alimentar de sua população, em razão de

---

[8] M. Calame. *La Tourmente alimentaire. Pour une politique agricole mondiale*, op. cit.

[9] Paul Mathieu — especialista em gestão agrícola, FAO.

não disporem de terras de qualidade, nem de água, nem mesmo de fontes suficientes de energia limpa (Arábia Saudita, Coreia, Líbia, China, países do Golfo, Emirados, Malásia, Índia, Japão...). Salvo exceção, como a Nigéria, os antigos países colonizados, que se tornaram Estados soberanos, quase sempre estimulam os investimentos estrangeiros, segundo eles, os únicos capazes de tirar melhor partido dos recursos e das terras do Sul, graças a seus capitais e à pretensa superioridade da produção tecnológica sobre a produção familiar ou rural. Assim, esses países recebem os investimentos e cedem vantagens e bens preciosos no longo prazo, como a terra, em troca de vantagens financeiras a um prazo demasiadamente curto.

A FAO, o Banco Mundial, o Via Campesina, principalmente, contradizem essa tese, que não leva em conta na valorização de suas terras os conhecimentos ancestrais, climáticos e ecológicos acumulados pelos camponeses.

O roubo das terras das populações rurais do Sul, acompanhado da negação de seus direitos consuetudinários, teria feito mais de 1 bilhão de pessoas se deslocarem para as periferias.[10]

A transformação da terra em bem de mercado, por meio da captação de riquezas e de rendas, tornada lícita pelos contratos "voluntários" concluídos em uma relação de forças financeira, técnica e juridicamente desigual, acelera o desemprego por meio da mecanização, da proletarização, da migração e do desaparecimento irreversível da metade da humanidade rural e de seus saberes.

---

[10] Liz Alden Wily. "Whose land is it? Commons and conflict states" [De quem é essa terra? Estados comuns e de conflito]. *Rights and Resources Initiative*. Washington, 2008.

A VIA

Os deslocamentos desses refugiados agrícolas agravam a pobreza, a insegurança alimentar, os riscos de conflitos sociais e étnicos, a ampliação das favelas e a imigração clandestina com destino a países "desenvolvidos".

Finalmente, a crise agrícola, que atinge sobretudo os camponeses desenraizados e os habitantes urbanos do Sul, provém dos efeitos da mundialização de tripla face (globalização, desenvolvimento, ocidentalização), da expansão descontrolada da economia capitalista, com a extensão da agricultura industrializada e todas as suas consequências.

As vias reformadoras

Encontramos aqui os dois imperativos simultaneamente antagônicos e complementares, mundializar e desmundializar.

a) *Uma política conjunta mundializada*

Uma política de conjunto implica uma regulação do mercado mundial baseada previamente na manutenção dos preços e depois na taxação dos fatores de produção (água, terra, insumos, energia). As taxas posteriores permitirão financiar a parte inicial. Um sistema desse tipo favoreceria os agricultores cujas técnicas agrícolas são ecologicamente eficientes (Matthieu Calame).

Uma política conjunta para a utilização de terras mal-exploradas deveria ser global e, simultaneamente, diferenciada. A FAO estima em 1,53 bilhão de hectares as terras em plena cultura e em 3 bilhões de hectares as terras mal-exploradas.

Edgar Morin

Uma política conjunta se conjugaria com uma política de reforma alimentar. Ao abandonar o modelo carnívoro argentino e norte-americano, seria possível alimentar 9 bilhões de seres humanos com 1,5 a 2 bilhões de hectares de terra; são necessários 7 quilos de cereais para produzir 1 quilo de carne. De 1970 a 2010, o consumo médio anual de carne passou de 25 para 38 quilos por pessoa.

b) *A desmundialização*

Ela deve caminhar no sentido da autonomia da agricultura de subsistência das nações, isto é, de sua soberania alimentar;[11] graças a eventuais proteções aduaneiras; graças a ajudas estatais ou internacionais[12] na promoção de pequenas explorações que respondem

---

[11] Doravante, Índia e China têm como objetivo político frear o êxodo rural.

[12] A segurança alimentar é uma verdadeira proteção social, estimou a CEO do Programa Alimentar Mundial (PAM), Josette Sheeran, por ocasião da Reunião de Cúpula da União Africana realizada em Kampala, Uganda, em julho de 2010. "O PAM promete estar presente junto aos africanos acossados pelos conflitos e catástrofes climáticas e assolados pela fome", afirmou ela em um discurso pronunciado diante dos participantes da conferência. Os programas de proteção social, como as cantinas escolares, ou programas como o 'Alimento em troca de educação' ou 'Alimentação em troca de trabalho', são instrumentos de base que não apenas permitem acabar com a fome e a desnutrição, mas, igualmente, conduzir mais rapidamente ao desenvolvimento econômico e agrícola." Segundo a diretora do PAM, ao oferecer dinheiro em troca de alimentos, esses programas participam diretamente da reconstrução ou do desenvolvimento. Eles permitem injetar dinheiro na economia local, oferecendo uma ocupação e um salário aos que se beneficiam deles, construindo estradas, infraestruturas de irrigação ou instalações industriais que aproximam os agricultores do mercado. "Os programas de proteção social

A VIA

às demandas locais (uma parcela bem-explorada de 1000m² pode garantir a prosperidade de uma família no Sul, desde que ela disponha de um circuito de comercialização adequado); graças a uma melhor limitação e a uma regressão progressiva das monoculturas industrializadas; graças à formação de modos de exploração por meio de técnicas não poluentes e à proteção do meio ambiente (reflorestamento); graças ao desenvolvimento da alimentação de proximidade para as cidades: graças à expansão dos sistemas locais, incluindo a ecologia (agricultura rural e biodinâmica); graças ao impulso dado às práticas de distribuição direta do produtor aos consumidores.

c) *Há necessidade de ligar uma governança mundial dos estoques à soberania alimentar das Nações.*

Uma instância planetária devia ser voltada à governança mundial dos estoques alimentares que hoje que não é assumida nem pela Organização das Nações Unidas para a Agricultura (FAO), nem pela

---

baseados na alimentação podem ser um dos meios mais confiáveis de compra entre os pequenos produtores", afirmou ela. O PAM fornece cerca de 1 bilhão de dólares em ajuda alimentar por ano e, além disso, multiplica as iniciativas que visam sustentar os pequenos agricultores em suas comunidades, a fim de permitir que os povoados se tornem autossuficientes. "Por meio de uma iniciativa como 'Compra pelo progresso', acionada em 16 países da África, reforçamos as capacidades dos pequenos exploradores agrícolas, facilitando suas ligações com o mercado", ressaltou ainda a diretora do PAM. "Visitei recentemente a Nigéria, a República Democrática do Congo, Ruanda e Uganda, e em todos esses países ouvi o mesmo pedido das pessoas que desejam tornar-se autônomas para construir uma vida melhor para sua comunidade e, sobretudo, para acabar com a insegurança alimentar."

Edgar Morin

Organização Mundial do Comércio (OMC). De qualquer modo, os Estados do Sul, sobretudo os da África, deveriam poder conduzir sua política agrícola sem sacrificar seus pequenos produtores, e isso acumulando a produção de subsistência e a produção para a exportação.[13] Parece que a melhor solução deveria residir em uma sinergia entre capitais estrangeiros e locais, meios técnicos, culturas agroflorestais e agroecológicas, e conhecimentos da vida rural ligados aos saberes ancestrais.

Dentro da perspectiva de uma verdadeira política agrícola de desenvolvimento das infraestruturas de produção, os investimentos recebidos pelos governos anfitriões poderiam ser uma boa oportunidade de transformação e de comercialização, que, por sua vez, seria geradora de salários e empregos.

É preciso conjugar política mundial de conjunto e políticas diferenciadas segundo os lugares.

É preciso enxergar as mudanças climáticas sob o ângulo da mundialização (consequências demográficas, sociais, políticas) e, simultaneamente, sob o ângulo da regionalização (seca em um lugar, excesso de chuvas no outro). Tornou-se vital visualizar um vasto programa ao mesmo tempo planetário e local de economia de água (consultar o capítulo "Água"). Enfim, a salvaguarda das culturas regionais pode e deve ser encorajada pelas associações planetárias de preservação e de solidariedade entre os modos de pecuária e de cultura autóctones como Terra Madre (1,6 mil comunidades de alimentação

---

[13] A África deve adquirir grande parte de sua alimentação nos mercados mundiais, pois pouco investiu em sua agricultura de alimentação. A FAO revela que, em 25 anos, sua produção foi multiplicada por três, mas a falta de infraestrutura faz com que a metade das colheitas não chegue aos mercados.

tradicional estabelecidas em todos os continentes, 5 mil camponeses criadores-produtores em 150 países, quatrocentos professores, mil cozinheiros; após o encontro de 2006, outro encontro mundial de comunidades de alimentação, em 2010, reuniu cerca de 6 a 7 mil pessoas de todos os continentes). Ou também como o Agrisud (Stéphane Hessel e Robert Lyon), que permitiu o lançamento de 19,5 mil pequenas agriculturas em dez países africanos, cuja taxa de sobrevivência foi de 85% ao fim de cinco anos de experiência. Ou ainda a Aliança-Terra, cidadã...

As vias de revitalização das zonas rurais

1) Em termos agrícolas, a revitalização das zonas rurais é a finalidade fundamental da política de conjunto mundializante e desmundializante. Uma política de regeneração das zonas rurais permitiria inverter os fluxos migratórios, revitalizar os vilarejos, substituir as grandes explorações agrícolas industrializadas por médias e pequenas agriculturas rurais ou biológicas.[14] Por meio de ajuda e de proteção, ela encorajaria os êxodos urbanos (fugir do estresse, da poluição, dos ruídos), favoreceria a manutenção ou a retomada dos pequenos comércios, animaria a recolonização dos burgos e dos vilarejos rurais, bem como o turismo agrogastronômico, que forneceria recursos suplementares aos produtores. A regeneração das zonas rurais incluiria a criação de parques naturais como o de Montesinho, em Portugal, que

---

[14] Nesse sentido, citamos, entre outros, o Movimento pela Terra e o Humanismo: Colibris, iniciado por Pierre Rabhi, que desenvolve a agricultura biodinâmica, a ecoconstrução dos ensinamentos de saúde e de ecologia, e estimula encontros e fóruns.

não apenas permite a proteção de uma flora e de uma fauna muito variadas, como também a manutenção dos vilarejos, onde se encorajam o artesanato e a utilização dos moinhos de água, onde se restauram as antigas fazendas, onde se favorece a criação do porco magro que se alimenta dos frutos do carvalho e fornece o presunto e o chouriço, atraindo apreciadores vindos de todas as regiões de Portugal.

A nova política agrícola só poderia ser estimulada pela consciência crescente das consequências nocivas da industrialização desenfreada das culturas (pesticidas que se infiltram nas frutas e legumes) e da industrialização desenfreada da pecuária suína (poluição dos lençóis freáticos), de aves e de bovinos.

Ela se fundaria no direito à terra dos agricultores sem-terra, ou expropriados, do Sul, o que, como acontece no Nordeste do Brasil, demandaria uma reforma agrária (que, em parte, teria evitado as grandes migrações para São Paulo). Protegeria a propriedade comunitária da terra, sempre privilegiando os sistemas de arrendamento no longo prazo (25 anos) para explorações privadas. Legalizaria os direitos agrários existentes, sobretudo os das comunidades rurais e dos pequenos fazendeiros (exemplo: na África, 80% dos direitos de propriedade não são registrados por escrito), e faria com que os camponeses locais participassem das negociações de cessões de terras.

Por outro lado, a instalação de produtores sem capital, oriundos do meio urbano, seria favorecida por uma mutualização do capital, tal como a que se vê em ação no movimento "Terra de Relações".[15]

---

[15] Movimento associativo que deseja "agir concretamente para permitir a instalação de camponeses e o desenvolvimento de uma agricultura biológica".

A VIA

2) É nessa mesma perspectiva de mundialização/desmundialização que se deveria promover o crescimento das superfícies cultivadas. Observa-se hoje que 1,5 bilhão de hectares são consagrados à agricultura. A FAO estima que 4,2 bilhões de hectares seriam cultiváveis, dos quais 1,5 bilhão seria facilmente suplementado, utilizando-se os vastos territórios incultos da Sibéria, Rússia, Polônia, América do Sul, África. (A Ásia, por sua vez, teria pouca margem de ação.) Seria possível, igualmente, fertilizar as zonas áridas (pela adução de água, microirrigação, biocarvão), tratar os solos contra a erosão, revitalizar as terras esterilizadas pela agricultura industrializada (na Austrália, os camponeses são pagos para manter ou reconstituir as sebes nas quais os pássaros vêm construir seus ninhos), restabelecer os caminhos escavados pelo tempo e, com isso, restaurar os microclimas benéficos.

A redução progressiva da utilização de pesticidas ocorreria em relação com a diminuição progressiva da agricultura industrializada, beneficiando uma agricultura rural e biológica.

Seria igualmente necessário reduzir e depois suprimir os biocarburantes (corresponsáveis pela alta de preços alimentares).

3) Por toda parte, as instâncias nacionais e internacionais deveriam oferecer apoio sistemático ao desenvolvimento e à propagação de uma agrobiologia que eliminaria os meios químicos em prol de meios biológicos. A própria engenharia biológica deveria permitir que as plantas cultivadas se livrassem rapidamente dos adubos nitrogenados, absorvendo o nitrogênio diretamente do ar. Trata-se de criar e desenvolver, sem demora, tecnologias ecologicamente apropriadas. Assim, 60 m^2 de biocarvão podem produzir anualmente mais de 1 tonelada de vegetais, ou seja, de alimentos para uma família de dez

Edgar Morin

pessoas, mais as vendas para o mercado local. Independentemente das estações e em um ciclo médio de 45 dias, essa produção possibilita uma importante redução (80%) do uso da água.

Seria igualmente necessário pesquisar a "intensificação ecológica", que aumenta os rendimentos utilizando as funcionalidades bioecológicas dos ecossistemas, o que conduzirá ao desenvolvimento dos reflorestamentos (que regulam o ciclo da água).[16]

4) A derrubada e a extração das árvores de milhares de hectares contribuem para o desequilíbrio hídrico e a desertificação. "Por todo o planeta, 'esse tipo de agricultura criou desertos' [...]. O desmatamento e o desflorestamento (destruição das árvores fora da floresta) indiscriminados transformarão, por exemplo, as fontes tropicais do rio Nilo em cursos de água temporários, secos durante três quartos do ano. Encerrados na lógica da produção desenfreada, os capitalistas, políticos e técnicos responsáveis pelo desflorestamento amazônico utilizado para a agricultura, a pecuária e a indústria, ainda desejam ignorar que a reciclagem da água das nuvens pela floresta fornece a metade do volume hídrico do rio Amazonas..."[17]

5) Segundo Matthieu Calame, redesenvolver o sistema agroflorestal apresenta inumeráveis vantagens. Trata-se de uma reforma alimentar e agronômica que deve conduzir ao abandono do "dogma cerealista". "O futuro da humanidade passa pelo agroflorestal (associação de

---

[16] O que a Associação Las Gaviotas de Paolo Lugari começou a fazer na Colômbia.

[17] E. Morin. *Terre-Patrie*. Le Seuil, 1991.

A VIA

árvores, de cultura e de pecuária) e pela árvore agronômica (nogueira, macieira, castanheira, árvore-do-pão, amendoeira, oliveira etc.). A história agronômica está repleta desses sistemas agroflorestais, dos quais ninguém jamais contestou a performance. A eficiência agroecológica e energética das árvores alimentares e dos sistemas agroflorestais é muito superior à policultura-pecuária e, sem dúvida alguma, à monocultura! Poderíamos estabelecer um "plano frutose" e substituir essa última por sacarose; dar prioridade absoluta aos óleos "arborícolas" (nogueira e oliveira mais do que ao colza e ao girassol); reduzir a porcentagem de cereais na alimentação dos animais monogástricos (galinhas e porcos) e reutilizar os frutos do carvalho."[18]

6) Segundo François Garczynski, especialista em engenharia rural, convém igualmente ressuscitar a associação de culturas com arbustos e árvores pelo replantio de árvores campestres: "Sob as árvores, os rendimentos do solo podem ser mais do que dobrados. Elas não apenas asseguram a fertilização do solo, como estabelecem um microclima ao redor das culturas cortando o vento e mantendo uma boa umidade." Esse tipo de agricultura permitiria que se ganhassem novas terras nas regiões áridas sem ter de recorrer à irrigação maciça.

Os agrônomos ainda mal conhecem o papel salutar da árvore isolada que controla os fluxos de água, de ar e de elementos químicos no solo, que dispõe de um poder depurador sobre a água e o ar e conserva a fertilidade da terra.

---

[18] M. Calame. *La Tourmente alimentaire. Pour une politique agricole mondiale*, op. cit.

Edgar Morin

"Pois a floresta não tem nenhum papel agroambiental além de cerca de 100 metros de seu limite. Desde o ano 2000, comprovo esse papel da árvore até uma distância igual a cerca de dez vezes sua altura — por volta de 100 metros para uma altura de 10 metros (...). Plantar árvores corta-ventos com 10 metros de altura e distantes cerca de 200 metros, em aproximadamente vinte anos, duplica ou triplica as colheitas" (Garczynski).

Segundo Garczynski, o retorno da agricultura, desde o equador até o círculo polar, sempre poderia acontecer, não graças às forragens, mas pelo replante de árvores campestres. Em nossa opinião, de acordo com os contextos, seria possível praticar o reflorestamento, o plantio de árvores, o sistema agroflorestal, e a utilização das forragens e do biocarvão como adubos...

7) De acordo com os princípios de uma política da humanidade adaptada às condições culturais singulares, é necessário despadronizar as normas, unir os conhecimentos rurais herdados de experiências seculares, até mesmo milenares, aos conhecimentos resultantes das pesquisas agronômicas atuais (vegetais resistentes ao estresse climático, armazenamento do carbono, bancos genéticos para os vegetais, biotecnologias que visem melhorar as variedades). Isso implica melhor utilização dos animais (tração, adubo animal), bem como o retorno da utilização da mão de obra não apenas no sul, mas por toda parte onde, em relação à intervenção mecânica, a intervenção manual seja garantia de qualidade ou saúde. Quem disse que "a generalização do uso da enxada suprimiria a fome no mundo"...?

8) No meio rural, a melhora das condições de vida nos planos humano, educativo, social, econômico e agrícola requer a criação de

proteções sociais e de serviços sociais nos países do Sul em que elas não existem. Provido de uma qualidade de vida agradável, o mundo rural não terá mais necessidade nem vontade de engrossar as fileiras da urbanização ou da imigração.

9) Hoje em dia, tornou-se capital problematizar os OGM, que se pressupôs iriam eliminar o uso de alguns pesticidas (mas não conter a degradação dos solos), questionando minuciosamente as diversas consequências de sua utilização, principalmente na redução universal da biodiversidade. De qualquer modo, é importante anular todas as licenças da Monsanto e de outras empresas que colocam os cultivadores sob a dependência exclusiva de seu monopólio.

10) É preciso suscitar a conscientização das populações urbanas e dos poderes públicos para os problemas da qualidade, da saúde e do desperdício alimentar; a conscientização dos cidadãos a respeito dos perigos e do custo de um aprovisionamento que dependa essencialmente do mercado mundial e da indústria agroalimentar. Essa conscientização deve vir acompanhada de uma educação para o consumo e para a alimentação (consultar os capítulos "A alimentação" e "O consumo").

11) É preciso reformar as ajudas humanitárias. Os gigantescos meios alocados para as situações de urgência (desastres, inundações, fomes) não são apenas parcialmente desperdiçados, passando por administrações corruptas, mas, sobretudo, não têm uma medida comum com os destinados à salvaguarda e ao desenvolvimento dos sistemas agroflorestais, da agricultura biológica, das médias e pequenas

Edgar Morin

explorações agrícolas, que são insignificantes, fator responsável pela estagnação e regressão nos países sinistrados e que revela a ineficácia de muitas dessas ajudas. De modo semelhante, certas ONGs aplicam as concepções do Norte aos problemas do Sul e, com isso, agravam o que gostariam de melhorar.

É preciso visualizar muito mais um *desenvolvimento participativo* que considere as populações do Sul capazes de tomar seu destino nas mãos e que lhes dê acesso às boas ferramentas. A contribuição das associações ou ONGs se traduziria, então, pelas formações oferecidas (contabilidade, gestão, informática...), pela aprendizagem e o compartilhamento de técnicas agroflorestais e de experiências agrícolas etc. (exemplo: o trabalho da Pro-Natura internacional na África, com suas hortas no Benin e na Nigéria, que associam micro-irrigação a culturas de legumes e árvores frutíferas). É a partir dessas experimentações dos agricultores, constituídas em rede, que novos métodos deverão emergir. De um papel passivo de usuários, eles passarão ao papel ativo de experimentadores.

12) A assistência seria substituída por uma parceria recíproca Norte-Sul. Fundada no princípio de trocas e de reflexões em comum, essa parceria reconheceria a riqueza das contribuições e dos progressos que os agricultores dos países do Sul, plenos de saberes ancestrais e familiares, de capacidades de adaptação a ecossistemas e climas diferentes dos nossos, poderiam nos fornecer (exemplo: a Associação France-Volontaires encontrou junto aos produtores africanos a possibilidade de desenvolver um fio de algodão biológico atrativo para o mercado).

A VIA

Conclusão

Todas essas vias reformadoras exigem uma política ambiciosa de múltiplos desenvolvimentos, que estaria na contracorrente da tendência atual: promulgar reformas agrárias para conceder terras aos camponeses mais do que aos "grandes empreendedores"; valorizar os sistemas de produção de "alta qualidade ambiental", econômicos em água e adubos; modificar nossos hábitos alimentares para reduzir o consumo de carne. É possível reinventar uma agricultura que asseguraria a qualidade da água, preservaria a biodiversidade e combateria a erosão, a fim de alimentar o planeta simultaneamente em quantidade e qualidade.[19]

---

[19] Além dos livros de Matthieu Calame, citados nas notas de rodapé, este capítulo foi enriquecido pela leitura de inúmeros relatórios.

Capítulo 4

A alimentação

Situação: a crise alimentar

Os desequilíbrios entre a superalimentação carnívora, gordurosa, açucarada, das classes abastadas e a subalimentação das populações urbanas pobres são enormes, sobretudo no Hemisfério Sul. O planeta conta com 1 bilhão de obesos supernutridos e 2 bilhões de pessoas que sofrem de desnutrição, das quais 195 milhões são crianças. Um bilhão de pessoas são subalimentadas — 8 milhões vivem na França. Evidentemente, a subalimentação têm causas econômicas (pobreza, miséria), regionais ou locais (insuficiência de recursos de subsistência) e, por vezes, razões psicológicas (anorexia) ou culturais (tabus alimentares).

Os desperdícios também são enormes. Um estudo publicado na revista científica *PLoS One* demonstra que, a cada ano, 40% da alimentação disponível nos Estados Unidos é jogada fora. Esse desperdício implica a dilapidação de um quarto da água doce consumida anualmente no país (a água utilizada para produzir esses alimentos), e um gasto anual de energia equivalente a 300 milhões de barris de petróleo. Esses dados confirmam as estimativas anteriores de desperdício alimentar nos países desenvolvidos avaliados em 30% a 40% dos víveres. Nos países ricos, o essencial das perdas acontece no "final da cadeia produtiva"; a distribuição rejeita uma parte dos produtos

A VIA

em função de sua má aparência e aplica importantes margens de segurança nas datas de vencimento do produto de consumo. Perdas consideráveis acontecem, igualmente, nos restaurantes coletivos e nas cozinhas particulares.

O desperdício atinge, também, os países em desenvolvimento. As cifras são discutíveis, mas as perdas atingiriam entre 10% e 60% das colheitas. De acordo com os produtores agrícolas, essas perdas "devem-se às más condições de colheita, de transporte, de armazenagem e a uma formação insuficiente quanto aos métodos de conservação dos alimentos", explica Stepanka Gallatova (FAO). Bastante limitadas quando se trata de cereais, essas perdas podem alcançar volumes consideráveis no caso dos víveres perecíveis. Elas se ampliam com a urbanização: quanto maior a distância entre os locais de consumo e os locais de produção, mais aumentam os riscos de deterioração.

Tanto no mar como na terra, os alimentos consumíveis são jogados fora. A cada ano, 7 milhões de toneladas de peixe seriam lançados de volta no oceano, ou seja, um pouco menos de 10% do total das pescas. Segundo as peixarias, o produto rejeitado abrange cerca de 10% a 90% das capturas. Em um caso, os pescadores lançam de volta à água os peixes pouco apreciados, que não poderiam comercializar; em outro, os peixes cuja pesca é proibida pela regulamentação (espécimes muito pequenos ou para os quais a cota foi esgotada).

A industrialização alimentar

A alimentação é cada vez mais anexada pela indústria agroalimentar, que, por sua vez, obedece aos critérios de lucro, competitividade, rentabilidade, produtividade da economia atual. Sob a

Edgar Morin

pressão da concorrência, as empresas agroalimentares obstinam-se em reduzir os custos de produção. Consequência: os alimentos são cada vez mais pobres em nutrientes. As frutas e os legumes oriundos de espécies selecionadas, que não apodrecem e são produzidos de modo intensivo, se tornam insípidos. Perdem uma boa parte de suas vitaminas e antioxidantes durante o transporte. Para que adquiram gosto e cor, as conservas incluem uma quantidade excessiva de sal, de açúcar, de acidulantes, de colorantes. As gorduras insaturadas nefastas (em margarinas, biscoitos, molhos, pratos preparados) aumentam cada vez mais, enquanto as gorduras saturadas (óleos vegetais, gorduras de aves, peixes) diminuem. Os conservantes destroem os nutrientes mais úteis e alguns revelaram-se perigosos. Um poderoso marketing e uma publicidade permanente estimulam o consumo de bebidas açucaradas (sodas, refrigerantes, sucos adoçados) em vez da água ou do chá.

A qualidade degrada-se nas cadeias de comida rápida, os "hambúrgueres fritos", os pratos preparados para aquecer no micro-ondas, os pratos produzidos em série para os hospitais e restaurantes, os potinhos para os bebês. Os sorvetes, confeitos e refrigerantes produzidos industrialmente tentam eliminar as produções artesanais. Nos domínios do vinho, dos embutidos, nos pequenos restaurantes, elas felizmente resistem.

A publicidade agroalimentar, que se apropriou do tema da saúde e pretende introduzir complementos vitaminados, cálcio (que, de fato, é de difícil absorção), anuncia com orgulho suas múltiplas virtudes regenerativas. As marcas de água engarrafada vangloriam-se de qualidades ilusórias. Os produtores de cereais matinais insistem nos

A VIA

benefícios das "fibras", palavra mágica que promete excelência do trânsito intestinal.

Nesse contexto, o poder público deveria intervir. É urgente fazer a indústria agroalimentar assumir a responsabilidade pela qualidade de seus produtos, como ocorre com a indústria do tabaco.

Por outro lado, os produtos frescos vendidos nos mercados e nos grandes hipermercados, assim como os vinhos, sofrem os efeitos nefastos da agricultura industrializada; a partir de então, eles apresentam tamanho, cor e gosto padronizados e contêm resíduos dos pesticidas.

A mundialização alimentar

A mundialização favoreceu as importações de frutas exóticas apreciadas e inexistentes nos países temperados, mas favoreceu, também, as importações dispendiosas (legumes e frutas de verão do hemisfério Sul importados no inverno no hemisfério Norte, a ovelha da Nova Zelândia importada pela França etc. Consultar o capítulo "Agricultura e zonas rurais").

As vias reformadoras

Nesse caso, também, é preciso combinar o duplo imperativo: mundializar e desmundializar.

Mundializar pressupõe o advento de uma governança mundial de aprovisionamentos que hoje não é assumida nem pela Organização das Nações Unidas para a Agricultura e a Alimentação (FAO), nem pela Organização Mundial do Comércio (OMC).

Edgar Morin

A mundialização do comércio de alimentos indispensáveis às populações de numerosos países deve ser mantida, mas, ao mesmo tempo, é preciso desmundializar, ou seja, desenvolver a alimentação local.

A mundialização dos recursos exóticos deve ser preservada e até mesmo encorajada, mas por meio de um comércio equitativo.

A salvaguarda dos alimentos produzidos em solo rural deve ser assegurada pelas ações locais e nacionais, bem como pelas associações planetárias como a Terra Madre.

A redução dos desperdícios alimentares e as reformas de alimentação necessitam da consciência dos consumidores e, simultaneamente, de medidas públicas apropriadas.

• Normas alimentares

Não seria possível propor uma dieta alimentar padronizada válida para todas as pessoas em todos os lugares. Prioritariamente, os organismos adultos são adaptados à alimentação recebida durante a tenra infância que, no contexto alimentar de outras culturas, poderia ser considerada muito gordurosa ou excessivamente alcoólica. É preciso levar em conta a diversidade das dietas das quais fazem parte os tabus e prescrições de origem religiosa.

Entretanto, existem regras gerais universalmente úteis para evitar as carências: em primeiro lugar, a regra da variedade: toda dieta alimentar deve incluir cereais e leguminosas, frutas e legumes frescos que contêm antioxidantes (entre 400 e 800 gramas por dia). Entre os alimentos que contêm antioxidantes, figuram, entre outros, as frutas e os legumes ricos em vitamina C (kiwi, cítricos), em betacaroteno (cenoura, damasco, melão, tomate, abóbora, verduras), em ácido

A VIA

fólico (encontrado nos espinafres), em polifenóis (encontrados em maçãs, uvas, chá, cacau, vinho tinto, óleos vegetais); os cereais e os mariscos oferecem elementos protetores como a vitamina E, além de cobre e manganês, aos quais se podem acrescentar os oligoelementos como o zinco e o selênio.

Uma dieta rica em fibras pode proteger contra o câncer de intestino, compensando o consumo de vegetais que hoje é insuficiente.

Certos fatores cancerígenos poderiam ser afastados caso se evitasse o consumo excessivo de embutidos, ricos em gorduras animais; de defumados e salgados que podem favorecer os cânceres digestivos. O excesso de álcool associado ao tabagismo constitui um temível causador do câncer das vias respiratórias e digestivas. Igualmente, o excesso de colesterol e a obesidade podem exercer efeitos negativos e acelerar o envelhecimento.

Cada um de nós é encorajado a adotar e a difundir um novo modo de alimentação baseado no sabor e no aroma dos alimentos, reconhecíveis graças a sentidos educados e bem-treinados; o ambiente, que deve ser respeitado, concedendo uma grande importância aos métodos de cultura, de pecuária, de transformação, de marketing e de comércio equitativo; a justiça social, que deve ser estabelecida por condições de trabalho que respeitem os direitos dos trabalhadores e concedam remunerações justas; a simpatia e a solidariedade, o respeito às diversidades culturais e às tradições que deveriam contribuir para um comércio de alimentação mundial fundado na equidade.

As culturas rurais e tradicionais mantinham o gosto dos alimentos. Esse gosto se degradou na alimentação rápida, com a proliferação de produtos insípidos; felizmente, quase por toda parte, há uma reação de certos restaurantes, bares especialistas em vinhos, lojas de temperos, de produtos orgânicos, no sentido de reencontrar a qualidade e o sabor dos alimentos. A invasão da alimentação padronizada secreta seu antídoto. As revistas e os programas de televisão gastronômicos comprovam isso. Mas seria preciso muito mais. Uma conscientização generalizada dos consumidores cidadãos faria de cada pessoa um *gourmet* e até mesmo um gastrônomo.

• Reequilibrar o consumo

Esse reequilíbrio implica a adoção de uma alimentação variada, como já indicado. Pressupõe uma diminuição do consumo de carne nos países ricos e sua regulação nos países emergentes como a China ou a Índia, nos quais o consumo cresce com a melhora do nível de vida. Segundo a FAO, em 2007, ele foi estimado em 284 milhões de toneladas e deverá dobrar até 2050. "Isso não é possível: não haverá superfícies agrícolas suficientes disponíveis. O modo de consumo calcado no padrão dos americanos precisa mudar", afirma Michel Griffon, agrônomo e economista, autor de diversas obras sobre segurança alimentar no mundo. Seria mais eficaz se as populações consumissem diretamente as proteínas vegetais — entre elas, a soja e o milho —, em vez de alimentar o gado com elas, como se faz atualmente no sistema pecuário intensivo. O balanço das emissões de CO_2 da pecuária bovina, equivalente ao dos transportes, aponta igualmente para uma diminuição da dieta carnívora. Em 1971, Alfred Sauvy já argumentava: "As vacas dos países ricos são as concorrentes diretas dos pobres dos países pobres."

No que se refere a isso, em dez anos os pesquisadores holandeses esperam produzir carne não mais dos animais, mas sim do cultivo em grande escala de células musculares do porco, da galinha

A VIA

e do boi em biorreatores, como os existentes na fabricação de cervejas, de iogurtes ou da insulina. Segundo Marloes Langelaan, da Universidade de Eindhoven, nos Países Baixos, onde as pesquisas são as mais avançadas, deveremos chegar a isso em dez anos. Em 2000, os pesquisadores do Touro College de Nova York anunciaram, na revista *Acta astronautica*, que haviam conseguido produzir carne de carpa partindo de células retiradas de um espécime vivo.

Não se sabe quais seriam o gosto e a textura desse alimento artificial. Segundo os pesquisadores holandeses, graças aos nutrientes, fatores de crescimento e outros tratamentos biofísicos, deveria ser possível obter um produto próximo da carne natural e, até mesmo, mais saudável. Atualmente, não seria possível afirmar se essa perspectiva tem futuro. Entretanto, alguns defensores dos animais declararam que estariam prontos para comer esse tipo de carne artificial em vez de animais criados em cativeiro, em condições aterradoras.

ALGUMAS INICIATIVAS

1) Slow Food*

Criado em 1989, pelo piemontês Carlo Petrini, o *Slow Food* transformou-se em um porta-bandeira do comer bem. Ele promove um

---

* O *Slow Food* é uma associação internacional fundada em 1989, em reação à propagação do *fast food*, ao ritmo frenético da vida contemporânea, ao desaparecimento das tradições culinárias regionais, ao descaso das pessoas com a origem e o sabor dos alimentos que ingerem e de como a escolha dos alimentos pode afetar a saúde do planeta. O *Slow Food* conjuga o prazer de comer com a responsabilidade ecológica, reconhecendo as fortes conexões entre o prato e o planeta. (N.Ts.)

Edgar Morin

retorno aos sabores, aos gostos e aos prazeres degustativos. Hoje em dia, mantida por cerca de 100 mil gastrósofos espalhados por mais de cem países, a tendência cruzou fronteiras e disseminou-se na Europa, no Japão, nos Estados Unidos... Em 2003, foi criada a associação *Slow Food*-França. Ela reúne 2 mil afiliados, anuncia seu presidente, Jean Lhéritier. O objetivo: salvaguardar o patrimônio culinário. Por meio de exposições e de manifestações nacionais como os Ateliês do Sabor, o *Slow Food* deseja perenizar a agricultura local, apoiando os produtores, conservar a diversidade gastronômica e, mais amplamente, preservar o planeta e a biodiversidade. Assim, a rede mundial Terra Madre, criadora do *Slow Food*, prolonga a salvaguarda das pequenas produções nas comunidades rurais do mundo inteiro.

2) Mercearia social

Por meio das especiarias que recolhe, a Associação Nacional de Desenvolvimento das Mercearias Solidárias (Andes, na sigla em francês), tem como objetivo permitir que uma população excluída dos circuitos de consumo tradicional possa adquirir víveres de qualidade a preços módicos. Ao propor atividades em que as competências de cada um se fazem valer, os Hyperlink, especiarias solidárias e sociais, desejam que, além da ajuda material que dispensam, possam servir como uma ferramenta de reinserção sustentável.

3) Redução da rede de intermediários

O grande interesse no desenvolvimento do processo de redução da rede de intermediários é que isso evita (assim como o comércio equitativo) antecipações financeiras dos distribuidores, com frequência consideráveis, que pressionam o produtor e, simultaneamente,

A VIA

espoliam o consumidor. No espaço de alguns anos, essa redução — na distribuição de produtos frescos: frutas e legumes, carnes, queijos... — sem intermediários entre produtor e consumidor passou do estado embrionário ao estado de circuitos de futuro. Elas ligam os produtores aos consumidores, seja diretamente (Amap), seja por meio de cooperativas de interesse coletivo (SCIC), e se dirigem não apenas aos particulares, mas também aos restaurantes das coletividades e às cantinas escolares.

A ampliação da redução da rede de intermediários é favorecida pelo progresso da consciência ecológica e pelo interesse humano no laço pessoal. Existem diversos tipos de redução da rede de intermediários, a começar pelos antigos mercados de produtores, que permanecem como o principal circuito de venda direta. Outra prática secular: a venda na fazenda, à imagem das 22 colheitas do Grupo de Interesse Econômico (GIE) "Chapéus de palha", que tende a se ampliar: os produtores permitem que os consumidores percorram, geralmente em família, suas plantações de verduras e legumes. Os produtores agrícolas do interior da França propõem aos viajantes sua "cesta de produtos frescos" em trinta estações de trem da região. As lojas dos produtores também obtêm êxito crescente e tendem a se multiplicar e especializar. Finalmente, por meio da web, alguns agricultores eliminam os intermediários, mas os custos ligados às restrições sanitárias dos produtos frescos permanecem como um freio ao desenvolvimento das vendas diretas pela Internet.

A Confederação Camponesa (próxima dos altermundialistas) felicita-se por esse movimento, que "contribui para relocalizar as produções". A venda direta, porém, ainda é uma prática comercial amplamente marginal.

Edgar Morin

Em maio de 2007, a marca Vida Clara, especialista em agricultura orgânica, lançou, por sua vez, a "Espírito de Estação": uma cesta semanal de frutas e legumes orgânicos fornecidos pelos produtores locais.

Conclusão

Nos dias de hoje, os sistemas de produção e de consumo alimentar mais comumente aplicados são perigosos para a terra, para os ecossistemas e para os seres humanos. A via das reformas alimentares se impõe. A reforma da alimentação e a reforma da agricultura estão vinculadas. A reforma do consumo e a reforma de vida estão vinculadas. Todas essas reformas precisam ser ajudadas e estimuladas pela reforma do pensamento, pelas reformas políticas, econômicas e sociais.

Capítulo 5

O consumo

Uma palavra de ordem na política de civilização é: *menos, porém melhor*. Essa palavra de ordem segue na contracorrente da fantástica máquina de consumo produzida e animada pelo lucro. Os consumidores, no entanto, estão empenhados em se autoeducar, se autorregular, se auto-organizar, e a política de civilização propõe seguir nesse sentido.

Diagnóstico

O desenvolvimento ininterrupto do complexo técnico-econômico-industrial-capitalista de nossa civilização implica o crescimento ininterrupto das necessidades e dos desejos gerados pelo binômio produção/consumo. Ao mesmo tempo que comporta zonas de pobreza e de subconsumo, com a contribuição dos estímulos publicitários e outros, nossa civilização é incitada ao hiperconsumo. Como argumentava Marx, o capitalismo não cria apenas um produtor para o consumidor; cria também um consumidor para o produtor. A multiplicação dos produtos oferecidos ao consumo propõe novos prazeres, novas satisfações, permite novas autonomias (que, como todas as autonomias, dependem do que as mantém). Além desses aspectos positivos, que abrem novos universos materiais, sensuais, espirituais para o consumidor, o consumo se transforma em consumismos nos quais o supérfluo torna-se indispensável, os antigos luxos tornam-se necessidades, as novas utilidades tornam-se imprescindíveis, e o estímulo publicitário conduz a compras de produtos dotados de virtudes ilusórias (para a saúde, a higiene, a beleza, a sedução e o prestígio). O consumismo conduz ao superconsumo, que foi denominado de "consumerismo".*

Encerrando zonas de pobreza e de subconsumo, nossa civilização conduz ao consumismo, estimulado pela obsolescência rápida dos produtos, a promoção do descartável em detrimento do sustentável, a sucessão acelerada das modas, o incentivo permanente do novo, a preocupação individualista de *status* ou "posição social", bem como as frustrações psicológicas e morais que encontram consolo passageiro na compra e no abuso das bebidas, alimentos, objetos e acessórios sem utilidade.

Sem dúvida, a concorrência comercial joga a favor da variedade de produtos e da regulação de preços. A industrialização, porém, tende a destruir as qualidades artesanais e, no campo da alimentação, agricultura e pecuária industrializadas, a indústria das conservas e o imperativo da longa conservação eliminaram as variedades vegetais e animais de qualidade, degradaram o sabor dos produtos e atrofiaram

---

* Em francês, a palavra *consumerisme* tem dois sentidos. No primeiro, designa o conjunto de doutrinas, ações e organizações, cujo objetivo é defender os interesses dos consumidores. A forma mais frequente do consumerismo são as associações de defesa dos consumidores. Utilizado pela Sociologia, o segundo sentido designa uma ideologia econômica na qual o consumo de bens e serviços ocupa um lugar central na sociedade, sem que nenhuma ideologia política lhe seja claramente associada. A partir disso, o termo sociedade de consumo tornou-se corrente. Edgar Morin usa a palavra sempre no segundo sentido. (N.Ts.)

as capacidades gustativas dos consumidores (consultar o capítulo "A alimentação").

A crescente utilização do crédito para manter o nível de vida conquistado pelas classes médias americanas, empobrecidas pelo neoliberalismo e pela alta de preços, gerou uma bolha financeira desencadeadora da crise econômica conhecida a partir de 2008. Por sua vez, o consumo excessivo agravou a crise econômica e, simultaneamente, a crise ecológica.

Produto e produtor da civilização ocidental, o consumismo se universaliza com o desenvolvimento de novas classes médias na Ásia, na Indonésia, na América do Sul, na África. As necessidades de conforto, de aquecimento, de ar-condicionado nos automóveis, de viagens, aumentam os consumos, entre eles, o de energia. Apenas começamos a tomar consciência de que o consumacionismo implica desperdícios e dilapidações, além de produzir degradações, poluições e rarefações (nas jazidas de combustível fóssil); devemos nos conscientizar também de que o problema não diz respeito apenas à energia, mas ao nosso modo de vida.

O consumerismo apresenta dois aspectos ligados e antagônicos. De um lado, serve para satisfazer as necessidades subjetivas e pessoais e, com isso, favorece o individualismo. Seus produtos padronizados, porém, contribuem de fato para o desenvolvimento do consumismo, que o coloca tanto mais sob sua dependência quanto mais ele se coloca a seu serviço.

Finalmente, o mal-estar, as angústias e as frustrações próprias à nossa civilização e ao nosso tempo determinam, de um lado, as compras compulsivas e, do outro, as múltiplas dependências químicas e intoxicações.

Edgar Morin

As intoxicações da civilização

Comecemos por examinar certo número de *intoxicações civilizacionais* que contribuem enormemente para o desperdício energético, a degradação ecológica e, correlativamente, para as condições de vida.

A lei do "sempre mais, sempre mais rápido", que comanda as atividades das elites dirigentes, é suportada pelos trabalhadores subordinados a elas.

A elite dirigente multiplica as reuniões breves, transforma cafés da manhã, e mesmo almoços, em reuniões de negócios, passa de um telefone a outro, de um trem de alta velocidade a outro, de um avião a outro. Fica intoxicada por uma sobrecarga de atividades que, ao mesmo tempo, desfruta como uma droga, cuja importância a dignifica. As elites profissionais e empresariais vivem assombradas pela preocupação da eficácia, do rendimento, da produtividade, o "*coaching*", o "*debriefing*". Pelo fato de sua cronometria ser feita de avidez, de pressa, de precipitação, elas submetem o mundo do trabalho a uma cronometria de obrigações, de constrangimentos, de estresse.

A obsessão permanente do lucro torna-se uma intoxicação em que o dinheiro se transforma de meio em fim.

A obsessão do quantitativo, do calculável, do cifrável, transforma-se em uma intoxicação cognitiva generalizada.

A rotina da cidade grande de tomar o metrô, ir trabalhar, voltar para casa e dormir, os ritmos opressores no trabalho, a fadiga, o mal-estar, as múltiplas incompreensões, até mesmo no seio das famílias, tudo isso estimula o consumo de substâncias psicoativas, drogas, anfetaminas. Para além das múltiplas xícaras de café, dos copos de bebida reconfortante, das cápsulas alardeadas como estimulantes, a espiral da adição pode se desencadear. Entretanto, o uso de substâncias psicoativas (álcool, drogas lícitas ou ilícitas) não aumenta a performance de ninguém no trabalho; muito pelo contrário, debilita a saúde, degrada a memória, gera angústias e, até mesmo, alucinações. Desviados por alguns de suas funções anti-inflamatórias, com o intuito de reduzir a fadiga, os corticoides também podem provocar desorganização psíquica, depressão, úlceras, diabetes... As anfetaminas, hoje proibidas na França, utilizadas por alguns assalariados para estimular a atenção, vencer a fadiga, podem provocar insônias, hiperagressividade, problemas cardíacos e, por vezes, a morte.

Intoxicações e adições consumistas

A onipresença publicitária nas mídias e nos muros das cidades, a valorização de produtos dotados de virtudes ilusórias para o paladar, para a saúde, para a beleza, para a sedução, tudo isso estimula os consumismos para os quais, mais adiante, proporemos os antídotos.

O termo "adição" designa a dependência extrema de uma pessoa em relação a uma fonte de desejo ou de prazer. É essa noção de adição que deve estar presente na consciência, muito mais do que a noção da droga. Na verdade, as substâncias denominadas drogas, como o haxixe, a cocaína e mesmo a heroína, podem ser consumidas por certo número de pessoas sem provocar nelas dependência obsessiva, ou seja, adição. O mesmo ocorre com o tabaco e o álcool, que não são nefastos senão para os "adictos".

Edgar Morin

Por outro lado, existem adições comportamentais que dizem respeito aos jogos de azar ou de competição, à televisão, à Internet, à imagem pornográfica, ao telefone celular, à sedução, enfim, a toda atividade ou todo objeto que provoca a sensação de ser imperativamente necessário. O *doping*, generalizado junto aos esportistas que desejam melhorar sua performance física, e até mesmo junto aos estudantes que se preparam para os exames e querem melhorar sua performance psíquica e cerebral, pode eventualmente se transformar em adição.

Dependendo do produto consumido, a adição pode causar problemas psíquicos ou somático, e a abstinência gerar uma necessidade tão incontrolável que é capaz de induzir ao roubo ou ao crime.

As adições de certos indivíduos ao álcool, ao tabaco, à cocaína, à heroína e a outras drogas, legais ou ilegais, geram enormes problemas. Em primeiro lugar, seria necessário proceder a uma pesquisa a fim de se descobrirem os fatores determinantes da adição: são eles genéticos? Fisiológicos? Psicológicos? Sociológicos? Por vezes, uma combinação de todos eles? Essa seria uma condição preliminar para a elaboração de melhores métodos curativos, de acordo com o caso.

A verdadeira reforma consistiria na legalização internacional das drogas ilegais em todos os países, que, a partir de então, seriam vendidas nas farmácias. Na verdade, a proibição favorece as máfias, isola os "adictos" e afeta certas pessoas que, para obter suas drogas, se transformam em delinquentes ou criminosos. A liberação suprimiria o poder financeiro e político das máfias, que se tornou gigantesco, daria um fim à delinquência dos "adictos" e os reintegraria na vida social. A descriminalização das drogas proibidas constitui uma reforma de relevância planetária e de grande interesse humano.

A VIA

A intoxicação do automóvel

Detenhamo-nos um momento no caso da intoxicação do automóvel, ainda mais interessante pelo fato de que, para a maior parte dos motoristas, dirigir um automóvel oferece vívidas satisfações e grandes prazeres. Efetivamente, o carro particular é uma conquista de nossa civilização, disseminado tanto mais amplamente quanto mais responde às necessidades de autonomia do indivíduo, às suas aspirações de mobilidade, à liberdade, ao conforto e ao poder que ele simboliza (um ligeiro toque no acelerador desencadeia uma enorme energia). Nesse sentido, o automóvel é inseparável da qualidade de vida.

Essa intoxicação mostrou-se irresistível, na medida em que o automóvel concentra em si todas as virtudes e todos os vícios. Máquina utilitária e máquina de diversão, pequena casa sobre rodas — para os homens, animal doméstico fiel, esposa-amante de formas arredondadas e de interiores macios; para as mulheres, macho de aço superpoderoso dominado e subjugado, que infantiliza o adulto e adultifica o adolescente,[1] que barbariza o civilizado e civiliza o bárbaro, estabelecendo a soberania do Eu enquanto o insere em sua concha como um escargô, libertadora e alienante, símbolo e instrumento de uma independência que subjuga, alternativamente individualista, familiar, amorosa, ninho de voluptuosidades para os amantes e pomo de discórdia entre casais, de velocidade embriagadora e de lentidão

---

[1] Consultar o rito de iniciação com perigo de morte da Chickie Run, de James Dean, em *Rebel Without a Cause* [Rebelde sem causa], de Nicholas Ray (1955).

Edgar Morin

apaziguadora, concha protetora e tanque de assalto, que desencadeia a vontade de poder na divina aceleração e na curva divertida, que estimula as estratégias hábeis na selva urbana, mas, que é impotente nos engarrafamentos, transformando o cidadão urbano pacífico em monstro feroz, que favorece o individualismo humano e, ao mesmo tempo, a animalidade sanguinária, que exalta a vida, mas, no risco de morte, por ser rápido, confortável e pessoal, o automóvel é o mais racional dos modos de transporte para a cidade, para o campo, para o trabalho, para o lazer, e, simultaneamente, o mais irracional de todos, porque provoca engarrafamentos, atrasos, estresse, nervosismos, os quais o rádio e a música anestesiam um pouco, e produz enormes poluições e gastos de energia. O automóvel nos dá a liberdade na escravidão, nos dá a mobilidade para melhor nos imobilizar nos engarrafamentos.

O uso intemperante do automóvel (em Paris, seu uso é de 65%, enquanto em Barcelona e Berna é de apenas 35%) conduz à paralisia da circulação. A intoxicação do automóvel transforma as necessidades legítimas de mobilidade em mania de andar de cá para lá. O uso excessivo do automóvel destrói a qualidade de vida: engarrafamentos ao redor e dentro das cidades, busca por lugares de estacionamento, perda de tempo, poluição, agressividade que, sob o abrigo da carapaça fechada de uma carroceria, desencadeia a sensação de domínio de uma potência energética.

Dadas as satisfações polivalentes que o automóvel propicia e as irresistíveis adições que determina, sacralizado desde o diretor presidente até o proletário, depois de ter avassalado o Ocidente, ele partiu para a conquista de 6 bilhões de seres humanos por todo o mundo. Sem dúvida alguma, serão encontradas outras fontes de energia além

A VIA

do petróleo, outros ingredientes para os automóveis elétricos, além do lítio, isso porque não se vê como paralisar a violenta maré do automóvel nem um meio de privar os que ainda não tiveram acesso a ele. Pois mesmo sendo uma fonte fatal de excessos, de poluições, de insanidades e de ilogismos, o automóvel é o mais belo brinquedo/instrumento para o adulto que concebeu e fabricou a civilização industrial.

Uma via reformadora justa consistiria em regular seu uso através de medidas coercitivas e, sobretudo, instigadoras (adequação dos centros da cidade para o uso exclusivo de pedestres; cinturões de estacionamentos ao redor das aglomerações, próximos de terminais de transporte público; multiplicação dos transportes públicos não poluentes: metrô, trens, carona compartilhada; diminuição da propriedade do automóvel pelo recurso da locação etc.).

Sempre preservando o charme do transporte por automóvel, é preciso visualizar a possibilidade de se fazer uma desintoxicação de sua utilização, não apenas por meio da penalização, mas também pelo estímulo da caminhada, do uso da bicicleta e da melhoria dos transportes coletivos.

As vias reformadoras

Assim, impõe-se a necessidade de uma política cuja ambição seja simultaneamente enérgica, ecológica e civilizacional, da qual se possam enunciar os primeiros elementos no estado do consumo. A tendência dessa política não deve ser tanto para as restrições ou privações, mas também para a luta contra as dilapidações ou intoxicações consumistas e para uma promoção altamente benéfica das

Edgar Morin

qualidades em detrimento da quantidade. Note-se que, pela necessidade de restrição, uma crise econômica pode ajudar a sociedade a se livrar do hiperconsumismo; a primeira reação ao empobrecimento é o recurso ao crédito; a segunda é o controle do próprio consumo.

Ao mesmo tempo, é importante promover equilíbrio do consumo, que, por sua vez, precisa ser equilibrado (deve-se perdoar o oximoro!) por intervalos de excesso. Isso porque o grande ensinamento das culturas arcaicas e tradicionais é que a sobriedade cotidiana deve ser interrompida por momentos de festas, de gastos, de embriaguez, de êxtase. É então que o consumismo cede lugar à consumação.[2]

Uma reforma do consumo implicaria necessariamente:

- reduzir as intoxicações consumidoras que impulsionam à compra de objetos dotados de qualidades ilusórias, ou efetuadas para acalmar a angústia, ou ainda para consolar de frustrações e tristezas;
- encorajar a conscientização de que, com frequência, a busca apaixonada por satisfações materiais decorre de profundas insatisfações psíquicas e morais;
- promover as finalidades que encorajariam a busca da qualidade e dos prazeres que decorrem dela;
- fixar e impor as normas de qualidade para os produtos de consumo; reverificar as indicações de qualidade (rótulos, denominações de origem controladas etc.)
- instaurar uma educação dos consumidores orientada para a qualidade na escolha dos produtos, iniciada na escola (cursos

---

[2] A respeito da consumação, consultar Georges Bataille. *La Part maudite* [A parte maldita]. Éditions de Minuit, 1967.

A VIA

consagrados ao estudo de nossa civilização — consultar as páginas 200-201), que prossiga de modo permanente a fim de que os consumidores sempre controlem a qualidade de suas compras;

- favorecer os movimentos de reforma de vida, que constituem movimentos de pesquisa de qualidade da vida e contribuem para modificar o consumo;
- favorecer a renovação dos artesanatos de reparação (sapateiros, relojoeiros, reformadores de roupas);
- substituir a produção de objetos descartáveis por objetos reparáveis; substituir os objetos de obsolescência programada por produtos mais duráveis;
- favorecer o retorno do sistema de restituição de vasilhames em vez de descartar as garrafas usadas (como na Alemanha); cobrar pelos sacos plásticos (como na Irlanda);
- generalizar a reciclagem dos produtos descartados (a Solerabals, uma sociedade sediada em Adis Abeba, fabrica sapatos a partir da borracha obtida de pneus usados acrescentando-lhes o tecido), principalmente do papel;
- instituir certificados de garantia para produtos livres de qualquer exploração de trabalhadores ao longo da cadeia produtiva, incluindo um selo de qualidade triplo: livre de trabalho infantil, livre de discriminação, livre de trabalho forçado (iniciativa do Instituto Boliviano de Comércio Exterior, sustentada pelo governo de La Paz, pela Organização Internacional do Trabalho e pela Unicef).

A tendência da reforma deverá ser a substituição dos hipermercados de periferia, grandes consumidores de energia, por supermercados

Edgar Morin

de bairro e, sobretudo, a promoção do retorno dos comércios de proximidade (consultar o capítulo "Cidade e *habitat*").

Essa reforma deverá favorecer o uso dos produtos biológicos e orgânicos, bem como os produtos do comércio equitativo.

Deverá favorecer, também, os comitês de ética do consumo, a ação de organismos de defesa dos consumidores (associações ou ligas de consumidores que estabeleçam procedimentos para testar os produtos e orientar as compras).

Deverá propagar uma política de consumo e, por isso mesmo, criar uma força política dos consumidores, organizados em associações ou ligas, frente aos produtores e aos distribuidores, dispondo da arma do boicote das compras, não menos eficaz do que a greve dos trabalhadores na cadeia produtiva.

Capítulo 6

O trabalho

Introdução

A palavra "trabalho" é um monólito que deve ser decomposto.

Em sentido estrito, recobre as profissões que requerem energia física daqueles que, precisamente, se denominam trabalhadores, sejam urbanos (operários da indústria, carpinteiros, entalhadores), ou rurais (operários agrícolas, meeiros, colonos etc.).

Em sentido mais amplo, refere-se a todas as atividades profissionais, inclusive as do escrivão ou do artista que "trabalham" em sua obra.

Ela recobre o trabalho subserviente ou dependente.

Recobre o trabalho dirigente, o trabalho autônomo, as profissões liberais.

Há o trabalho penoso, o trabalho perigoso; o trabalho fastidioso e sem interesse para quem o suporta; o trabalho com o qual a pessoa se identifica e que pode oferecer imensas satisfações (o do artista, do escrivão, do político, do pesquisador científico, com frequência o do advogado, do engenheiro etc.), em uma única palavra, o trabalho que pressupõe uma parte de iniciativa, isto é, de criação.

As reformas também devem ser diferentes, de acordo com o tipo de trabalho referido.

Edgar Morin

Por exemplo, as aposentadorias deveriam ser precoces no caso de trabalhos penosos, perigosos, opressores, mas poderiam ser diferenciadas por solicitação, ou segundo o bom estado intelectual nas profissões que oferecem satisfação tanto aos que as exercem como aos que se beneficiam delas. De modo semelhante, a redução das horas de trabalho semanais deve levar em conta a natureza do trabalho.

A humanização do trabalho impõe-se para os trabalhos penosos e fastidiosos, submetidos às regras coercitivas orientadas para as cronometrias, as cadências, os ritmos.

Evolução do trabalho

No decorrer do século XX, o trabalho nas fábricas ou canteiros de obras foi objeto da superexploração patronal até que, nos países ocidentais, a ação dos sindicatos e dos partidos de esquerda conseguiu impor melhores salários e proteções sociais. O trabalho foi a vítima mais persistente da hiperespecialização: Charlie Chaplin, no filme *Tempos modernos*, mostra o exemplo do OS (Operário Especializado em uma máquina) que se torna um apêndice de sua máquina, na qual efetua o mesmo gesto de autômato em um ritmo ultrarrápido, em cadências infernais de assujeitamento cronométrico.

Sob o efeito da automatização e da robotização nas fábricas, o trabalho físico que utiliza energia humana (principalmente a do operário) está diminuindo. O próprio trabalho industrial está diminuindo em benefício do desenvolvimento dos serviços e do impulso do trabalho informacional ou informatizado.

Se desde a segunda metade do século XX houve diminuição do trabalho alienado em benefício das máquinas automatizadas,

A VIA

passou-se da exploração das fábricas para a exploração dos escritórios administrativos e de empresas por meio da direção e da gestão dos recursos humanos. A hipercompetitividade da era neoliberal conduz à redução dos custos, ao crescimento da produtividade, à racionalização do trabalho, ao processo de "desengordurar" as empresas ou administrações, ao aumento da precariedade e do desemprego. Daí se origina o novo sofrimento do trabalho nas repartições e nos escritórios, que, na França, se traduziu por ondas de suicídios. Esse sofrimento no trabalho não se refere mais apenas aos empregos "precários"; estende-se até mesmo aos empregos mais estáveis da competitividade generalizada, inclusive às atividades estatutárias de setores protegidos.

O novo sofrimento do trabalho resulta da combinação do primado dos benefícios do sócio acionista, da busca permanente pelos custos baixos, que atinge a competitividade generalizada, enfim, de uma organização do trabalho meticulosamente vigiada e cronometrada voltada para a produtividade e o rendimento. Essa organização racionalizadora ganha novos ares com as virtudes da racionalidade; por isso, como já se viu, a racionalização não é sinônimo de racionalidade; é seu oposto.

A vida clandestina das empresas e dos escritórios

Se os trabalhadores obedecessem rigidamente às ordens estritas de bom funcionamento de uma empresa, ela se veria imediatamente paralisada, pois as instruções recebidas da cúpula são abstratas e não levam em conta os episódios imprevistos e os diversos incidentes. Assim, toda operação que envolve a aplicação estrita e minuciosa do

Edgar Morin

regulamento, como, por exemplo, a que puderam praticar os funcionários aduaneiros, paralisa o funcionamento por excesso de ordem.

À organização oficial ou formal da empresa, combina-se, também, uma organização clandestina ou informal que opõe uma resistência colaboradora às ordens impositivas do mundo do trabalho: resistência, no sentido de uma resistência a uma ordem desumana e absurda; colaboradora, porque essa resistência é o que permite o funcionamento do conjunto.

Essa forma de experiência foi vivida e relatada, há cinquenta anos, por um operário de nível dois da Renault, que depois se tornou sociólogo. Trata-se de Daniel Mothé. Em sua oficina de fabricação de máquinas-instrumentos, ele e seus companheiros combinavam secretamente as maneiras de dividir o trabalho de forma que, a cada tanto, durante a troca de função, um deles pudesse sair para fumar um cigarro, beber algo, dar uma volta etc., contrariando, assim, as ordens da direção. Na linha de produção de motores U5, a ordem expressa era que, em caso de paralisação da linha, era preciso telefonar imediatamente para a direção e aguardar a chegada do especialista. Na verdade, quando a linha de produção era paralisada, os operários davam uma martelada aqui e acolá e tudo voltava a funcionar. Se ela não recomeçasse, eles telefonavam. Observa-se aí uma resistência às ordens, à mecanização, o que salva um pouco os trabalhadores da asfixia e, ao mesmo tempo, de forma paradoxal, faz a máquina funcionar.

Por toda parte em que reina uma organização autoritária, sempre existe, subjacente, uma organização informal e clandestina. Isso é verdade para o campo de concentração nazista ou stalinista, é verdade também para instituições de utilidade pública como a escola. Os alunos têm sua organização clandestina constituída de interditos

A VIA

transgredidos, de serviços prestados às ocultas, de não denúncia, que salvaguarda um mínimo de sua autonomia.

Tomemos um exemplo macroeconômico: a União Soviética funcionava segundo um plano rígido decidido no alto-comando. Se esse plano tivesse sido aplicado estritamente, nada teria funcionado. Mas os diretores das empresas burlavam, omitiam-se diante de relatórios falsos, arranjavam-se entre si para trocar serviços e produtos; os trabalhadores, por sua vez, se viravam, transgrediam os imperativos de horário, ausentavam-se ilegalmente, furtavam... Enfim, graças a essa anarquia na base, a economia funcionava. Trata-se de um caso extremo, mas, na realidade, todas as grandes maquinarias complexas não podem funcionar pela submissão total a uma ordem simples e imperativa. Elas precisam mesmo de transgressões mais ou menos clandestinas para funcionar. A ordem da organização humana precisa de desordem.

É claro que, em uma organização formal e oficial, a organização informal ou espontânea não favorece apenas a transgressão apaziguadora ou útil; ela permite uma aparente perda de tempo de trabalho, que, pelo fato de diminuir o estresse, no final representa um ganho para esse mesmo trabalho, ela permite, sobretudo, a iniciativa e até mesmo a criatividade. A realidade informal é invisível na cúpula e fora da organização, mas é vital para ela. Trata-se de uma *resistência colaboradora*.

Ao mesmo tempo, essa via clandestina das empresas é reveladora das verdadeiras necessidades e dos verdadeiros problemas dos que ali trabalham.

Realizadas nos Estados Unidos, as experiências Hawthorne demonstraram que, vinculada a uma tarefa monótona, a hiperespecialização exerce efeitos negativos sobre o rendimento (absenteísmo,

Edgar Morin

acidentes de trabalho, desmaios), e que o *job enlargement** permitiu atenuar a robotização dos trabalhadores manuais. Por seu lado, a organização de Skoda, existente desde antes da guerra, demonstrou que as oficinas autônomas apresentam melhores rendimentos do que uma organização estritamente centrada e hierarquizada.

Existe certo limite de complexidade além do qual tudo o que é eficaz em uma organização simples, ou seja, tudo o que é fundado unicamente na autoridade e na obediência às ordens deixa de sê-lo.

Em consequência disso, pode-se compreender que a racionalização, que aquém de certo limite pode ser eficaz, torna-se contraprodutiva além desse limite. Ela se torna irracional, pois ignorou que, diferentemente das máquinas artificiais, o ser humano não é uma máquina trivial.

Não esqueçamos, porém, aquele que foi o problema-chave levantado pelo socialismo, o comunismo, o anarquismo: o da exploração dos trabalhadores. O progresso do direito, as conquistas da ação sindical e política haviam atenuado essa exploração nos países ocidentais dotados do Estado do Bem-Estar ou do Estado-Providência. Desde 1990, porém, a explosão do capitalismo e a incapacidade dos partidos de esquerda e dos sindicatos de refreá-lo conduziram a uma nova exploração fundada nos critérios de rentabilidade, de produtividade, de rendimento, de competitividade (caricatura da concorrência). Foi desse modo que nas fábricas, nos canteiros de obra, nos escritórios, instaurou-se uma exploração generalizada, ainda mais

---

* O termo designa a técnica na qual o número de tarefas associadas a um trabalho é aumentado e variado, reduzindo, assim, a monotonia do trabalho especializado. (N.Ts.)

bárbara, pois atinge os imigrantes desprovidos de direitos e todos aqueles que são excluídos ou submetidos ao trabalho intermitente, uma vez que a precariedade inibe os que trabalham de ousar formular a menor reivindicação. Enquanto para os trabalhadores dos países do Norte ainda subsiste um mínimo de proteção social, não existe nenhuma proteção para os trabalhadores dos países emergentes nos quais ainda persiste a escravidão industrial.

As vias reformadoras

A grande via das reformas é a da humanização e/ou da reumanização do trabalho; ela inclui diversas vias que deveriam confluir. Isso não se resume à eliminação progressiva das tarefas mais penosas e mais fastidiosas, nem das condições éticas para o trabalhador, estéticas para o local de trabalho; isso significa, sobretudo, o reconhecimento de que todo empregado ou trabalhador possui um capital de saber pessoal, que se tem total interesse em reconhecer, e que ele dispõe de capacidades de iniciativa.

Em âmbito planetário

1) Instituição de regras internacionais (pelo Birô Internacional do Trabalho), com o intuito de tornar as liberdades sindicais obrigatórias.

2) Elaboração de sanções comerciais por meio de medidas de proteção aduaneira, visando aos países "escravagistas" nos quais os trabalhadores são malpagos e privados de todos os direitos. No longo prazo, medidas desse tipo conduziriam à melhora material e política da vida dos trabalhadores desses países.

Edgar Morin

3) Generalização do controle das multinacionais por meio de acordos coletivos mundiais entre uma federação sindical mundial e a direção de uma dada empresa, a fim de que esta respeite as mesmas normas nos diferentes países em que está inserida, principalmente as liberdades de associação e negociação. A primeira empresa a aceitar negociar com uma federação sindical internacional foi a Danone, em 1989. Depois disso, cinquenta acordos coletivos foram concluídos em 2006. Como nenhuma obrigação impõe esses acordos coletivos, seria conveniente conceder-lhes estatuto legal.

Os acordos gerais mundiais são os precursores de uma mundialização do diálogo social no qual seriam enunciados os direitos e interesses dos trabalhadores organizados em federações sindicais de competência mundial.

Outras iniciativas, ainda balbuciantes, devem ser assinaladas, como a elaboração de normas e de sistemas de verificação pela Aliança Global para Trabalhadores e Comunidades criada pelo Banco Mundial, a Nike, a Gap e a Fundação Internacional da Juventude para o respeito das normas internacionais do trabalho e a observação das necessidades comunitárias.

No âmbito das empresas e das administrações

Como vimos anteriormente, a vida clandestina das empresas revela suas verdadeiras necessidades e seus verdadeiros problemas: ela evidencia a necessidade de uma ação reformadora contra a exploração dos trabalhadores e contra seu assujeitamento (parcelarização, mecanização, cronometrização).

1) As proposições que visam reformar o sistema centralizado-hierarquizado-hiperespecializado por um sistema que associe centrismo

e policentrismo, hierarquia e poli-hierarquia, especialização e poli-competências, foram indicadas anteriormente no capítulo "A desburocratização generalizada". Elas permitiriam conceder ao trabalhador autonomia, a iniciativa de substituir a racionalização desumana por uma racionalidade humana que, ao mesmo tempo, favoreceria a empresa.

O modelo "Low cost/Low price* = valor para o acionista" deveria ser substituído por um modelo "valor para todos", envolvendo a valorização dos saberes e dos fazeres de todos os assalariados.

Por outro lado, parece que mais útil do que separá-las é conjugar as três lógicas: lógica técnica, lógica gestionária e lógica comercial. Uma reforma do gerenciamento permitiria evitar a liderança "patogênica". Uma reforma das condições de formação, de seleção e de gestão dos responsáveis é igualmente necessária.

2) Humanização das tarefas monótonas e subservientes. Ela incluiria uma regressão progressiva das cronometrizações do trabalho.

As operações que exigissem um desgaste físico frequente e repetitivo deveriam, se possível, ser mecanizadas e automatizadas. Esforços físicos importantes por um período prolongado causam fadiga, reduzem a concentração e o rendimento, exercendo efeitos negativos diretos sobre rentabilidade, segurança e saúde. O transporte frequente de cargas pesadas deve ser substituído por uma automatização parcial ou total, ou ser facilitado por meio de ajudas apropriadas. Inúmeros acidentes que levam à interrupção do trabalho são consecutivos às manutenções ou a posturas inadaptadas.

---

* Baixo custo/baixo preço. (N.Ts.)

Edgar Morin

Na medida do possível, as posturas forçadas devem ser evitadas. Em caso de trabalho prolongado diante do monitor, o mobiliário adaptado deve permitir a mudança de posição. Exercícios ocasionais de alongamento ou de ginástica durante o trabalho deveriam ser encorajados.

Postos e processos de trabalho ergonômicos são indispensáveis ao bem-estar das pessoas.

Todas essas melhorias não podem exercer senão influência positiva nos trabalhadores, no trabalho e na própria empresa.

3) Desenvolvimento da economia social e solidária.

Se a propagação das ideias enunciadas por empresas éticas ou cidadãs pode exercer efeitos positivos nos trabalhadores, nos fornecedores e nos clientes, é o desenvolvimento das empresas sociais e solidárias, examinadas no capítulo 9 da primeira seção (consultar página 132 e seguintes), que, entre outras medidas, permitiria humanizar o trabalho.

4) Igualdade da mulher no trabalho.

Situações degradantes para as mulheres subsistem em inúmeros continentes, a despeito das recomendações da ONU, que, em 1975, escolheu o dia 8 de março para celebrar anualmente o "Dia Internacional da Mulher". Em 1979, a comunidade internacional adotou a Convenção Internacional na eliminação de todas as formas de discriminação com respeito às mulheres, ratificada por 170 países. A despeito dessa vontade política, sob o peso das tradições e da pobreza, os direitos das mulheres continuam a ser desrespeitados em inúmeros países do mundo.

O princípio da igualdade homem/mulher foi conquistado no Ocidente, mas é desigualmente inscrito na realidade social.

A VIA

Importantes disparidades continuam a existir em termos profissionais e salariais, bem como na representatividade política. Na França, a lei de 6 de junho de 2000 sobre a paridade política demora a produzir efeitos sensíveis.

5) Vias do teletrabalho.

O teletrabalho que implica a deslocalização e a externalização dos serviços das empresas dos países industrializados para os países em desenvolvimento, graças às tecnologias de informação, de um lado, cria empregos nos serviços "de viva voz", tais como as centrais de atendimento ou de contato com a clientela, de outro, nos serviços administrativos tais como finanças, contabilidade, tratamento e gestão de dados informáticos, desenvolvimento de recursos humanos. Trata-se de um setor em pleno desenvolvimento, estimado em 90 bilhões de dólares.

Os salários dos empregados indianos equivale a quase o dobro dos salários médios praticados em outros setores da economia indiana. Um relatório da OIT (Organização Internacional do Trabalho) intitulado "Deslocalizações e condições de trabalho no teletrabalho" oferece as informações que se seguem. Para fornecer em tempo real um serviço aos clientes que se encontram em outros fusos horários, o trabalho noturno é frequente; sob vigilância eletrônica, os empregados suportam as pesadas cargas horárias determinadas pelas metas de desempenho. Daí se origina a alta taxa de rotatividade dos efetivos que, em certas sociedades, pode alcançar até 100% a cada ano. O teletrabalho torna-se cada vez mais rentável, pois, por seu intermédio, opera-se uma redução dos custos com a utilização de tecnologias cada vez mais sofisticadas e cada vez menos caras. Com

Edgar Morin

algumas exceções, as mulheres representam a maioria (60%) dos empregados em quase todos os países que dispõem de um verdadeiro setor de teletrabalho. Para concluir, o estudo da OIT formula certo número de recomendações políticas para a intenção dos governos. Entre elas, o estabelecimento de medidas mais restritas de proteção à saúde e de segurança dos trabalhadores noturnos; o remanejamento dos procedimentos de trabalho, em particular nos centros de atendimento, a fim de que os empregados tenham mais possibilidade de explorar suas qualificações e de gerenciar suas pausas de descanso; a adoção de medidas que visem melhorar a representatividade coletiva dos trabalhadores e promover o diálogo social.

Como já vimos, em um contexto nacional, o teletrabalho permite que se trabalhe fora da cidade e contribui para o descongestionamento urbano e a revitalização da zona rural. Ele pode resolver casos particulares (deslocamento do assalariado, problemas de saúde). Pode, também, ser empreendido por um acordo entre empregado e empregador. Bem-entendido, o teletrabalho deve evitar a sobrecarga, e os teletrabalhadores deveriam ter seus próprios setores sindicais.

Coletividades territoriais decidiram investir nessas novas formas de atividade para recuperar uma vitalidade econômica em sua região. É o caso da Região de Murat, uma comunidade de comunas do Cantal, que, a partir de 2006, desenvolveu ali o teletrabalho por diversos meios, a princípio, criando cursos de formação para os teletrabalhadores, independentes e assalariados, alguns vindos de toda a França; em seguida, criando telecentros locais, no coração da comuna, com quatro ou cinco escritórios e computadores. Os trabalhadores podem ir trabalhar ali permanentemente, ou algumas horas

A VIA

por semana, para sair um pouco de casa, ou ainda, pontualmente, quando estão de passagem pela região.

Com o êxito da experiência, em 2009, o Conselho Geral do Cantal decidiu desenvolver uma rede de telecentros em sua divisão administrativa — já existem sete deles, logo serão oito. A divisão administrativa possui dois setores econômicos principais: o setor agrícola e pecuário montanhês e o setor turístico. Ao se dedicarem a toda espécie de atividades, os novos teletrabalhadores permitirão uma diversificação inconcebível no passado.

Para reforçar essa dinâmica, a Região de Murat organiza fóruns sobre o tema da instalação no meio rural graças ao teletrabalho, independente ou assalariado.

O desenvolvimento do teletrabalho é favorecido por um investimento de baixo custo, uma grande eficácia e uma qualidade de vida melhor para os trabalhadores. Um estudo do INSEE, Instituto Nacional de Economia e Estudos Estatísticos, de março de 2009, demonstrou que 60% das grandes empresas contavam com teletrabalhadores em seus efetivos. A ATOS,* por exemplo, possui 6 mil assalariados espalhados pela região parisiense: 5 mil se congregam em sua sede, em La Défense, os outros mil estão organizados sob a forma de teletrabalho. Pequenas sociedades recorreram igualmente a esse tipo de atividade.

---

* ATOS S.A. é uma companhia internacional de tecnologia da informação que opera em quarenta países, com cerca de 50 mil funcionários. (N.Ts.)

Edgar Morin

Conclusão

O problema do desaparecimento do trabalho e de sua substituição pela máquina não tem sentido senão para o trabalho penoso, não apenas fisicamente, mas também moralmente. O trabalho que implica atividades diversificadas, autonomia, iniciativa e criatividade deveria, ao contrário, se generalizar.

A reforma do trabalho pressupõe reformas econômicas, enunciadas no capítulo "Economia", que controlariam os excessos do capitalismo e fariam retroceder sua arrogância em prol da economia social e solidária, que, por sua vez, determinaria necessariamente a humanização das condições de trabalho.

As reformas elaboradas no consumo, na alimentação, na agricultura que visualizamos (consultar os capítulos 3, 4 e 5 desta terceira parte), ligadas aos desenvolvimentos de uma política da solidariedade, permitiriam a ressurreição de profissões artesanais, de profissões apaixonantes, como a agricultura ou a viticultura biológicas, e a criação de ocupações plenas de convivialidade e de solidariedade. Finalmente, a reforma do trabalho contribuiria para a reforma do modo de vida, assim como a reforma do modo de vida contribuiria para a do trabalho.

QUARTA PARTE

Reformas de vida

Capítulo 1

A via da reforma de vida

Oh! Irmãos humanos e futuros cadáveres tenham piedade
dos reles mortais; que dessa piedade nasça,
enfim, uma humilde bondade, mais verdadeira e
mais digna do que o presunçoso amor ao próximo.

Albert Cohen

Para as mulheres e os homens das civilizações ocidentais e ocidentalizadas, a reforma de vida é a base sobre a qual deveriam convergir todas as outras reformas, e aquela que, ao mesmo tempo, deveria irrigar todas elas.

Acreditamo-nos civilizados enquanto, interiormente, a barbárie apodera-se de nós no egoísmo, na inveja, no ressentimento, no desprezo, na cólera, no ódio. Nossas vidas são degradadas e poluídas pelo nível lamentável e quase sempre calamitoso das relações entre indivíduos, sexos, classes, povos. A cegueira de si mesmo e com o outro é um fenômeno cotidiano. A incompreensão não apenas de quem está distante, mas também do próximo, é geral. A possessividade e o ciúme corroem os casais e as famílias: quantos infernos domésticos, microcosmos de infernos mais vastos, existem no ambiente de trabalho, na empresa, na vida social! A inveja e o ódio envenenam a vida não somente dos invejados e dos odiados, mas também dos invejosos e odiosos. Em cada ser humano civilizado, a inumanidade e a barbárie estão sempre prestes a surgir. As mensagens de compaixão, de fraternidade, de perdão das grandes religiões, as mensagens humanistas laicas, não têm senão reduzido muito pouco a couraça das barbáries interiores.

Nossas vidas ficam diminuídas pelo excesso de prosa consagrada às tarefas obrigatórias, que não propiciam nenhuma satisfação, em detrimento da poesia da vida que desabrocha no amor, na amizade, na comunhão, no jogo.

O dinheiro e o lucro propagaram-se em domínios anteriormente reservados à gratuidade, ao serviço prestado, à troca, à dádiva, e suscitam em alguns a bulimia do dinheiro; em outros, a angústia de sua falta. "Antigamente, o que tinha valor não tinha preço; hoje, o que não tem preço não tem valor", afirma Patrick Viveret com muita propriedade. A sede de posse e a sede de consumo transformaram-se em formas de adição que recalcam uma angústia existencial que sempre renasce.

Nossas vidas ocidentais são degradadas, intoxicadas pelas compulsões "de posse, de consumo ou de destruição" (P. Viveret), que ocultam nossas verdadeiras aspirações e nossos verdadeiros problemas. O espírito de êxito, de performance, de rendimento, de eficácia encontra-se hipertrofiado e hipertrofia o caráter egocêntrico do indivíduo. Ele assujeita empregados, trabalhadores, operários submetidos às suas crescentes exigências. A compartimentalização e a hiperespecialização do trabalho, a crescente pressão do rendimento e da eficácia geram um mal-estar que se soma a outros mal-estares.

As relações humanas se estiolam no anonimato das grandes cidades, dos transportes coletivos. Os moradores de um grande

A VIA

edifício não se cumprimentam mais. O idoso ou o enfermo que cai na rua é contornado pelos transeuntes; os sem-teto são ignorados. Embriagados pela energia desencadeada por um mínimo impulso do pé no acelerador, os motoristas insultam-se mutuamente. Por nada, chovem por toda parte termos como "cretino!", "desprezível!", "infame".

Do mesmo modo, a velocidade em todas as coisas e domínios, do *fast food* aos *pacotes de turismo* das agências de viagens, tende a ocultar uma ausência de sentido e a preencher o vazio interior.

As urgências cotidianas nos fazem perder o valor do tempo e da vida e minam nossas relações com o outro e nossa relação conosco. A cronometria debita em minutos e segundos contados a continuidade de nosso tempo interior. Não perdemos apenas o fio de nosso tempo; perdemos, também, nosso tempo de vida nas esperas telefônicas intermináveis, nas filas de atendimento nos guichês, nos engarrafamentos urbanos.

Em 1970, Ivan Illich diagnosticava os grandes problemas de nossa civilização: a degradação da convivialidade no anonimato, na mecanização, na hiperespecialização.

No momento em que outro grande problema, o da degradação de nossa biosfera, começou progressivamente a ser reconhecido, depois de uma série de poluições e de catástrofes ecológicas, a degradação de nossa vida cotidiana permaneceu invisível como um mal de civilização, sem que ninguém percebesse o caráter subjetivo de seu mal-estar (abatimento psíquico, depressão,[1] desmoralização, ansiedade)

---

[1] Alain Ehrenberg estima que o individualismo e o culto do desempenho explicam a frequência dos problemas depressivos; desprovido do apoio de uma

Edgar Morin

e procurando tratá-lo por meios privados. Reputada como um país do bem-viver, a França é o maior consumidor de antidepressivos do planeta.

De fato, a civilização que prometeu a felicidade no bem-estar gerou mal-estar no bem-estar material, que não foi ligado a um bem-viver. Ela nos fez identificar o bem-estar com o acúmulo de coisas materiais (P. Viveret). Anestésicos, soníferos, ansiolíticos, euforizantes, drogas, psicoterapias, psicanálises, xamãs, gurus são solicitados para dissipar e acabar com esse mal-estar. Os bilhões gastos na compra de estupefacientes nos fazem pressentir a profundidade e a amplitude desse problema. De 1970 a 2006, a taxa de antidepressivos na França foi multiplicada por sete; o suicídio é a primeira causa de mortalidade entre os indivíduos de 25 a 40 anos, a segunda entre os de 15 a 24 anos.[2]

O cálculo monetário não poderia avaliar bem-estar e mal-estar. Os indicadores que dão conta do nível de educação e das condições sanitárias ignoram que diplomas e ausência de doenças podem ser compatíveis com mal-estar e depressão.

O sofrimento, o abandono e a solidão buscam consolo nas compras e no consumo. Nas classes médias, o consumo quase sempre se

---

comunidade, de uma Igreja, de um partido, de um sindicato bem-estruturados, exortado a se realizar sob sua única responsabilidade, o homem conhece a "fadiga de ser ele mesmo".

[2] G. Lipovetski e Jan Serroy. *La Culture monde, réponse à une societé désorientée*. Odile Jacob, 2008, p. 60. Edição brasileira: *A cultura mundo, resposta a uma sociedade desorientada*. Trad. Maria Lúcia Machado. São Paulo: Companhia das Letras, 2011.

A VIA

torna uma adição, uma dependência de determinados produtos que supostamente trazem beleza, magreza, juventude, sedução.

A lógica do cálculo, da máquina determinista, do rendimento, da produtividade espalha-se por toda parte na sociedade e tende a se apropriar dos indivíduos. Também resistimos a isso com nossas festas e por meio delas, com nossas comensalidades, nossas amizades, nossos amores, nossos jogos, e a própria Matrix nos fornece inumeráveis divertimentos. Nesse caso, é preciso entender a palavra "divertimento" em suas duas acepções: o que nos propicia diversão e prazer, o que nos distrai de nossos problemas mais importantes, entre eles, o do sentido de nossa vida.

A reforma de vida é, essencialmente, a conquista de uma arte de viver.

As filosofias da Índia, da China, da Antiguidade Grega consagraram-se a essa busca. Em nossa civilização, caracterizada pela industrialização, a urbanização, o lucro, a supremacia do quantitativo, essa busca se apresenta de nova maneira. A aspiração contemporânea a uma arte de viver é, primeiramente, uma reação salutar a nossos males de civilização, à mecanização da vida, à hiperespecialização, à cronometrização, à aplicação da lógica calculadora e determinista à vida dos indivíduos. A generalização de um mal-estar, inclusive no cerne do bem-estar material, provoca como reação uma necessidade simultaneamente de paz interior, de plenitude, de florescimento, ou seja, uma aspiração à "verdadeira vida".

O apelo à espiritualidade (empregamos essa palavra por falta de uma melhor no que se refere à materialidade e ao lucro) introduz-se um pouco por toda parte em nossa sociedade. Quanto mais sentimos falta de uma dimensão interior, mais a lógica da máquina artificial

Edgar Morin

nos invade e nos oprime, quanto mais o mundo quantitativo do "sempre mais" nos infesta, mais aquilo que nos falta se torna uma necessidade: a paz da alma, o relaxamento, a reflexão, a busca de outra vida que responde ao que se encontra atormentado, sufocado em nosso interior.

A reforma de vida propõe ir além do espírito de ganho, de performance, de competição, não para aniquilá-lo, mas para orientá-lo a atividades lúdicas, como o esporte, e para regulá-lo por meio do desenvolvimento de valores reputadamente femininos: amor, ternura. O homem traz em si potencialidades femininas ocultas ou inibidas, assim como a mulher traz em si potencialidades masculinas ocultas ou inibidas. Retomando a formulação de Michelet, sem deixar de manter a primazia de seu sexo, ambos, homem e mulher, poderiam e deveriam ter em si um yin/yang, "os dois sexos do espírito".

A reforma de vida não poderia senão reduzir o poder do dinheiro e do lucro. Ela faria com que se redescobrisse o que cada um sabe em profundidade, mas que é ocultado por aquilo que ele acredita ser "seu" interesse, enquanto seu interesse verdadeiro reside no florescimento, ou melhor, na realização de suas potencialidades.

Uma vez que o bem-estar material pode produzir mal-estar, a reforma de vida deve ser animada pela aspiração do bem-viver.

Formulado tanto pelo presidente equatoriano Correa, como pelo Fórum Social Mundial de Belém, na Amazônia, o bem-viver constitui um tema essencial. Seus denominadores comuns enunciam-se da seguinte maneira: a qualidade tem primazia sobre a quantidade, o ser tem primazia sobre o ter, a necessidade de autonomia e a necessidade de comunidade devem estar associadas, a poesia da vida, com o amor em primeiro lugar, é nossa verdade suprema.

A VIA

A reforma de vida nos conduziria a querer nos libertar das constrições e obrigações exteriores, bem como de nossas intoxicações de civilização; ela nos conduziria a expressar as ricas virtualidades inerentes a todo ser humano. Ela nos estimularia a viver poeticamente.

Ela nos encorajaria a evitar os estresses provocados pelas pressões ligadas ao tempo, a acelerações, precipitações, pressas, ressentimentos, nervosismos de todo tipo, e a reencontrar nossos ritmos vitais, a desacelerar, como fez o movimento *Slow Food* com a gastronomia, iniciativa que se poderia estender a muitos outros domínios: ao modo de criar os filhos, de viajar, de viver nas cidades, de lidar com o dinheiro* etc. Seria o caso "mais de viver a vida do que de correr atrás dela". Em nosso planeta, entregue a uma corrida de velocidade louca, a reforma de vida preconiza a desaceleração generalizada. Ao reduzir o tempo marcado nos cronômetros, reencontraríamos, então, o fio do tempo interior.

As finalidades da reforma de vida podem ser enunciadas da seguinte maneira:

1) *Serenidade-intensidade*

Como escreveu acertadamente Patrick Viveret, é preciso substituir a alternância perniciosa do par depressão/excitação por um sistema que combine ou alterne serenidade e intensidade.

A alternância depressão/excitação provém não apenas de ciclos internos mais ou menos acentuados, mas também de alternâncias de contratempos, contrariedades, estresses, aborrecimentos e

---

* No original, *slow-parenting, slow-travel, slow-cities, slow-money.* (N.Ts.)

estimulos diversos, como os do álcool, das competições, dos jogos, dos divertimentos.

A aquisição da serenidade e a emergência da intensidade requerem um encaminhamento educativo e/ou autoeducativo que inclui:

— a humanização de nossas pulsões e de nossas emoções, ou seja, a capacidade de controlar nervosismos, rancores, ressentimentos, cóleras etc.

— a capacidade de rir de si mesmo, bem como a liberdade de "bancar o palhaço" (todo mundo tem oculto dentro de si um palhaço que só quer aparecer em cena);

— a dialógica permanente entre razão e paixão: uma vida obediente a uma razão glacial perde suas qualidades; uma paixão sem controle racional transforma-se em delírio; como toda arte, a difícil e necessária arte de viver implica uma navegação permanente sob o duplo comando antagônico da razão e da paixão;

— o desenvolvimento do autoexame e da autocrítica para conhecer a si mesmo e compreender o outro;

— a possibilidade de forjar a estima de si mesmo, por intermédio de seus atos e de seu comportamento;

— a reserva de um tempo para a meditação, tanto no sentido ocidental do termo (reflexão profunda e serena) como no sentido oriental (criar o vazio interior, esquecer de si para melhor se encontrar);

— a desadição das intoxicações consumistas para melhor recuperar as alegrias do bom consumo;

— a alternância sobriedade/festas: o retorno à sobriedade cotidiana deve ser acompanhado do retorno aos excessos e transbordamentos dos dias e noites de festa. A sobriedade cura a "fúria de comprar", mas não impede a compra por encantamento. Longe de

A VIA

desdenhar a qualidade dos alimentos, a sobriedade a exige. Ela se reveste de um caráter hedonista que permite reencontrar o prazer das papilas gustativas, enquanto a intoxicação consumista nos torna escravos dos sabores artificiais e dos desejos supérfluos. O tempo da festa rompe com as normas, com as regras, provoca embriaguez, efusão, êxtase e, por isso mesmo, é um tempo de exaltação poética. A sabedoria precisa de temperança, mas também de excessos...

2) *Autonomia/comunidade*

Simultaneamente, a reforma de vida deve incluir o que tantas "comunas" juvenis na Califórnia tentaram realizar nos anos 1960: autonomia e comunidade.

Trata-se das duas aspirações humanas mais profundas e complementares: a da afirmação do "eu" em liberdade e responsabilidade, e a da integração a um "nós" que estabelece a religação com o outro pela simpatia, amizade, amor. A reforma de vida nos instiga a nos inserir nas comunidades sem perder nada de nossa autonomia.

3) *Convivialidade e compreensão*

A reforma de vida nos conduziria a restaurar a convivialidade — essa propensão para a simpatia e para o diálogo com os parceiros de nossa vida cotidiana, a começar por nossos vizinhos, bem como com os desconhecidos a quem encontramos. Nesse sentido, foram criadas diversas associações de convivialidade como a Mange ta soupe,[3] em Carentan, na região da Mancha, que organiza passeios, "oficinas

---

[3] Associação Mange ta soupe [Tome sua sopa], 17, rue de l'Yser, 50500 Carentan.

de sopa", aulas de culinária, de jardinagem (ressuscitando o cultivo de legumes esquecidos), salões de leitura. O aparecimento no vocabulário da palavra *care* (cuidado com o outro, que pode transformar-se em solicitude) traduz uma necessidade nas relações humanas. A reforma de vida cultivaria a gentileza (o imenso prazer do ser humano, segundo Marco Aurélio), a amabilidade (*filantropia, caridade*), a benevolência para com o outro (Confúcio). "Ainda mais disseminado do que o distanciamento entre as pessoas é o desejo de romper com esse distanciamento" (T. Adorno). Essa reforma cultivaria a empatia que reside na capacidade de perceber os sentimentos do outro e que, ao se desenvolver, transforma-se em simpatia e afeição. Na verdade, vivemos ocultando de nós mesmos nossas carências e fraquezas; praticamos constantemente a "*self deception*", a mentira para si mesmo, que nos instiga a rejeitar o erro, a falta, o mal cometido contra o outro, e nos leva a reduzir o outro a apenas uma de suas características, quase sempre a pior. Nesse caso, a reforma de vida associa-se à reforma intelectual, é a rejeição da redução de uma realidade complexa a um de seus elementos.

Reduzir o outro à sua etnia, à sua raça, à sua religião, a seus erros, às suas faltas, a seu pior comportamento, impede que se perceba o outro e a si mesmo. A compreensão é um componente capital da reforma de vida.[4] Como já dito, como esperar o menor progresso da sociedade se não estiver ligado a um progresso na compreensão do outro?

---

[4] Consultar Edgar Morin. *Os sete saberes necessários à educação do futuro*. Trad. Catarina Eleonora F. da Silva e Jeanne Sawaya; revisão técnica Edgard de Assis Carvalho. São Paulo: Cortez/Brasília, DF: Unesco, 2011.

A VIA

Mas atingir a compreensão do outro é algo muito difícil, tanto que nem a família nem a escola conseguem ensinar a compreender; compreender requer prioritariamente um processo de autoelucidação de cada um para lutar contra seu inimigo interior, que tende sempre a rejeitar a falta ou a culpabilidade do outro, que sempre encontra bodes expiatórios, que é sempre incapaz de considerar a complexidade de uma pessoa humana. Nesse caso, a reforma de vida requer a reforma de pensamento, que mostra a importância das opiniões preconcebidas e dos "paradigmas" que, inconscientemente, governam nossos modos de conhecimentos e nos tornam incapazes de compreender que os outros obedecem a outras opiniões preconcebidas e a outros paradigmas. Aqui, como em todos os domínios, a reforma de vida demanda uma profunda reforma interior.

Como o capitalismo e o individualismo estenderam a monetarização a setores da vida que antes eram o de prestação de serviço ao outro, da dádiva, da gratuidade, a compreensão do outro irá permitir reencontrar a satisfação do serviço gratuito e da dádiva pelos quais o doador presenteia o outro com o melhor de si mesmo. Isso pode abrir uma grande brecha no caráter dominante da moeda, do lucro, do cálculo egoísta.

4) O feminino no masculino, o masculino no feminino

Devemos saber que cada sexo traz em si (de modo atrofiado, recessivo ou latente) a presença do outro sexo. Desse modo, o homem conservou as mamas, e o clitóris feminino é um pênis reduzido. Aqui não poderia ser o caso de ultrapassar o masculino e o feminino em um unissex medíocre, mas muito mais de complementar a tendência

Edgar Morin

à igualdade homem/mulher, pela intensificação das características próprias da feminilidade no homem (cuidados e ternura) e, na mulher, de características próprias à masculinidade (carreiras de responsabilidade e de autoridade). Se a diferenciação (genética? cultural?) entre os hemisférios cerebrais desenvolveu as qualidades de análise e de abstração no hemisfério dito masculino, e as qualidades de intuição e de apreensão global, no hemisfério dito feminino, homens e mulheres possuem os dois hemisférios e o ideal seria associar o sentido de abstração e de análise ao da intuição e do global no pleno emprego comum dos "dois sexos do espírito", idealizado por Michelet.

A civilização ocidental moderna, voltada para o poder e a eficácia, concentrou os homens nas atividades técnicas, materiais, competitivas, por vezes impiedosas, enquanto as mulheres permaneceram confinadas ao universo maternal e afetuoso. Em um mundo de machos dominantes, brutais e limitados, as mulheres salvaguardaram a doçura e a ternura. Daí a verdade da expressão de Aragon: "A mulher é o futuro do homem", no sentido de que é a civilização humana como um todo que deve integrar as potencialidades de amor e de afeição do feminino. As mulheres talvez estejam mais preparadas para religar o sensível e o racional de modo complementar. Que o homem permaneça homem, mas que se feminilize! Que a mulher permaneça mulher, mas que se masculinize! Que cada um possua e assuma sua própria força e sua própria fragilidade!

Ou seja, em nossa época, em que os conhecimentos encontram-se cada vez mais dispersos, compartimentalizados, as mulheres talvez estejam mais capacitadas do que os homens a compreender a

A VIA

complexidade dos grandes problemas da vida pessoal e coletiva. Mais do que nunca, vivemos em um tempo em que o modo de conhecimento próprio dos empreendimentos masculinos conduz à cegueira (pela incapacidade de conceber o complexo e o global) e à barbárie. A civilização precisa de uma poderosa injeção de feminino.

5) A relação estética

A reforma de vida deve desenvolver, igualmente, um componente estético, essencial para se viver poeticamente. A vida prática pode e deve englobar uma dimensão estética nos objetos, nos instrumentos, nos serviços de mesa, na decoração dos apartamentos e locais de trabalho. O progresso do senso estético permitiria eliminar os anúncios publicitários que degradam os bairros históricos das cidades e as estradas, e, ao contrário disso, apreciar as imagens que exibem qualidade artística. Embora as imagens de filmes contenham em si uma estética que atinge vastas camadas da população, permanecem quase sempre privadas das sublimes emoções propiciadas pelas grandes obras de arte (romance, poesia, música, pintura, escultura). Entretanto, o cinema produziu obras-primas de perturbadora humanidade, no momento em que escrevo, a última delas é o filme *Biutiful*, de Alejandro Gonzáles Iñárittu. A reforma de vida implica avanço no sentido de desenvolver o senso estético virtual na criança, de maneira que, uma vez adulta, ela possa conservá-lo. A ampla difusão da música clássica junto às crianças das favelas venezuelanas não promove apenas a descoberta de emoções; traz a elas o sentido de sua dignidade e de seu valor pessoal. O canto que mantém a doçura da poesia em nossas almas deve ser praticado o mais frequentemente possível.

Edgar Morin

De forma semelhante, à luz de nossos conhecimentos atuais em astronomia, devemos regenerar nossa relação com o Cosmo, esse gigantesco e incrível universo do qual nos originamos e no qual descobrimos a pequenez do terceiro planeta (o nosso), sol de subúrbio no seio de uma galáxia periférica. À luz da ecologia, devemos regenerar nossa relação com a natureza e integrá-la a uma consciência de pertencimento à Terra-Pátria. Sem dúvida, a relação com a natureza é magnificada pela emoção contemplativa das paisagens, dos mares, das montanhas nevadas, mas pode-se cultivá-la em uma relação de cuidados e de prazer por meio da jardinagem. De resto, o cultivo de plantas nos apartamentos, em sacadas, em terraços, em jardins privados, a preocupação paisagística manifestada nas residências de fim de semana, tudo isso traduz a aspiração de se reencontrar uma relação íntima, até mesmo ancestral, com a natureza e, nesse caso, como foi dito com muita propriedade, o jardim seria "um cosmo miniaturizado". Nessa relação doméstica com a natureza, podemos liberar um aspecto reprimido de nossa própria natureza.

Podemos também restabelecer uma relação de cumplicidade com nosso próprio corpo, que exige relaxamento, cuidados, carinhos, mas também dança e movimento. Despertar e reestimular nossos cinco sentidos nos prazeres e nas alegrias do olhar, da audição, do olfato, do tato, do paladar.

A relação estética não deve ser considerada um luxo. Ela nos remete ao melhor, ao mais sensível de nós mesmos. Ela nos envia uma mensagem de autenticidade a respeito de nossas relações com os outros, com a vida, com o mundo. Ela nos propicia maravilhamentos que são momentos de felicidade. Essa capacidade de se maravilhar

A VIA

não pode senão nos ajudar a resistir à crueldade deste mundo e à barbárie humana.

O mesmo acontece no jogo, muito bem-categorizado por Roger Caillois[5] e tão corretamente definido por Johan Huizinga como "dotado de um fim em si mesmo, acompanhado de tensão e de alegria, e de uma consciência de ser outro além do que se é na vida cotidiana".[6] O jogo não é apenas um lazer secundário; é uma das maneiras de se viver poeticamente.

A reforma de vida traduziria uma aspiração aos estados de segunda ordem que encontramos em todas as emoções estéticas e lúdicas, em todos os entusiasmos, em todas as exaltações, em todos os ardores amorosos e festivos que nos aproximam do êxtase. São esses estados de segunda ordem, plenos de intensidade poética, que dão a verdadeira sensação da vida. É neles que nos perdemos para nos reencontrar, que nos reencontramos nos perdendo. O êxtase constitui o estado-limite benfazejo, ao qual nos conduz o estado de segunda ordem, que, então, se torna o primeiro. Mas, para evitar o risco de adição a uma única fonte de felicidade ou de êxtase, é necessário manter pluralidade de aspirações, de desejos e de emoções.

A reforma de vida deve abordar o problema complexo do divertimento. No sentido pascaliano do termo, essa palavra refere-se a tudo o que nos distrai dos problemas fundamentais, entre eles, o da

---

[5] Roger Caillois. *Les Jeux et les hommes* [O jogo e os homens]. Gallimard, 1958; e "Folio", 1992.

[6] Johan Huizinga. *Homo Ludens, essai sur la fonction sociale du jeu.* Coll. Tel. Gallimard, 1988. Edição brasileira: *Homo Ludens, o jogo como elemento da cultura.* Trad. José Monteiro. São Paulo: Perspectiva, 2010.

morte. Pode-se afirmar que um dos efeitos dos divertimentos (jogos, prazer estético, erotismo etc.) é nos desviar da reflexão sobre nosso destino mortal. Mas esses mesmos divertimentos também nos propiciam certas emoções poéticas da vida, são portadores de verdades humanas, e não apenas de desvio do essencial. Pascal, o mais complexo pensador do ser humano de nossa cultura, não percebeu, entretanto, essa outra face do divertimento que contém em si a poesia da vida.

A consciência de que "a verdadeira vida está ausente" emergiu um pouco por toda parte. Um pouco por toda parte as veleidades de reformar a vida manifestam-se na aspiração de viver de outra maneira, no desejo de viver melhor consigo mesmo e com o outro, por vezes, na renúncia a uma vida lucrativa para uma vida de plenitude, bem como na busca de harmonia com o mundo, que pode expressar-se na atração pelo zen-budismo, pelas sabedorias orientais e, até mesmo, na busca da alimentação biológica.

Essa aspiração de viver "de outra forma" manifesta-se de múltiplas formas e, um pouco por toda parte, assiste-se a buscas tateantes pela poesia da vida (amores, festas, aventuras, raves etc.).

Nesse contexto, as férias constituem antídotos temporários à vida prosaica. Uma parte dos cidadãos divide seu tempo entre uma vida urbana à qual são submetidos, com suas constrições e obrigações, e uma vida de fim de semana, durante a qual se desprogramam, escapam da cronometria, abandonam as roupas sociais por vestimentas rústicas, até mesmo pela nudez, e vivem livremente: o Clube Méditerranée é um bom exemplo dessa utopia concreta de uma vida liberada, até mesmo do dinheiro (evidentemente, ali é preciso pagar previamente para se viver sem dinheiro...). Segundo

A VIA

Mauss,* esse contraste é tão intenso como os que vivem os esquimós, que se alternam entre uma religião de verão e uma de inverno, com deuses diferentes de acordo com a estação. Tudo acontece como se nós também venerássemos deuses diferentes em função dos períodos da semana ou do ano. Mais do que alternância, porém, a reforma de vida exige a alternativa. Deveríamos integrar permanentemente algumas das virtudes que nossas férias e lazeres nos oferecem e mudar nossa vida.

O turismo também corresponde à necessidade de se fugir por algum tempo da prosa da vida. Mas ele é capturado pelas agências de turismo, que organizam viagens padronizadas, cronometradas, estabelecendo contatos exclusivamente folclóricos com as populações e, apesar da vantagem do desenraizamento, incluem vícios dos quais se foge. Entretanto, uma reação a tudo isso se esboçou: cada vez mais as pessoas se hospedam em casas de gente do campo, e não mais em hotéis separados da população, pratica-se o agroturismo na Itália, em Portugal, na Espanha, no Brasil; novas formas de turismo surgiram: "Natureza e tradição", viagens de peregrinação (deserto), "viagens responsáveis" organizadas pela agência Thomas Cook, que levam o turista a participar de um programa de reflorestamento da região visitada etc. O novo turismo procura oferecer não apenas emoções estéticas, mas também uma experiência de vida, no reencontro com o estrangeiro, que descobrimos ser simultaneamente diferente e semelhante a nós, principalmente nas culturas tradicionais e junto

---

* Marcel Mauss (1872-1950) — sobrinho de Émile Durkheim, renovou a teoria antropológica de seu tempo. Os *Ensaios sobre a dádiva* e *As técnicas do corpo* são referências obrigatórias para as ciências humanas atuais. (N.Ts.)

aos povos indígenas. O turismo de festivais permite profunda participação nas grandes obras musicais ou teatrais. O turismo mundializado (800 milhões de deslocamentos internacionais em 2005) é simultaneamente evasão e modalidade de conscientização planetária.

O turismo deveria consagrar-se não apenas à evasão, mas também à comunicação. Não apenas permitir a alguém sair de sua casa, mas também se sentir em casa em qualquer parte do mundo.

Sabemos que o bem-estar material não garante a felicidade. Como declarou um editorial da *International Survival*: "Os maiores bilionários do mundo não são mais felizes do que qualquer pastor massai do Quênia." Se a reforma de vida pode trazer bem-estar, isso não significa que, em si mesma, possa trazer felicidade. Momentos de felicidade podem surgir de maneira repentina, como contemplar as andorinhas em voo livre ou, de súbito, ouvir uma música da qual se goste muito. Os períodos de felicidade só ocorrem por uma feliz conjunção de condições externas (lugar, tempo) e de condições internas. A reforma de vida não poderia criá-las, mas poderia assegurar certas condições interiores para isso, eliminando ódios, rancores, invejas, e trazendo serenidade e intensidade. Ela não poderia abolir a infelicidade, que é o resgate da felicidade desaparecida e do amor perdido. Mas a reforma de vida permite viver "o bom momento", ou seja, estar intensamente presente no mundo, entre os outros e entre os seus.

O sofrimento é o preço que se deve pagar por viver. Esse preço, porém, não pode ser suportado senão na condição de se ter acesso à poesia do viver.

A VIA

Além disso, segundo a expressão de Boris Cyrulnik, ocorre que uma grande infelicidade possa tornar-se fonte de "resiliência" e que esteja na origem de uma felicidade inesperada. Como nos indica a máxima de Beethoven, *"durch Leiden Freude"* [Por meio do sofrimento, a alegria], existe uma via que conduz do sofrimento à alegria. Ocorre, também, que a própria felicidade se oferece a quem sabe se oferecer a ela.

De modo mais profundo, a reforma de vida subordinaria a felicidade à qualidade poética da vida. Nesse sentido, como afirma Nicanor Parra, "a poesia é um artigo de primeira necessidade". Viver poeticamente implica inumeráveis felicidades feitas de comunhão, de maravilhamentos, de alegrias, por vezes, de êxtases.

Finalmente, as idades da vida devem ser simultaneamente reformadas e reformadoras de nossa vida. Ao passar por cada uma delas, todos deveriam manter as virtudes da idade precedente: a curiosidade insaciável da infância, as aspirações infinitas e as revoltas da adolescência, a consciência das responsabilidades da idade adulta; ao conservar em si as qualidades das idades passadas, a velhice teria a possibilidade de tirar proveito das experiências vividas. De idade em idade, cada um poderia cultivar o amor devotado a seus pais, a seus amigos, à sua companheira ou companheiro, a seus filhos.

A reforma de vida não poderia eludir ou elucidar nem o mistério da vida nem o enigma do universo; mas ela nos torna poeticamente acessíveis a esse mistério e a esse enigma. Ela tampouco poderia fazer com que nossos medos e angústias desaparecessem; mas ensina a conviver com a angústia sem se deixar afetar por ela, por meio de seus antídotos: as participações no destino coletivo, a religação amorosa com o outro, o amor. É o Dr. Love quem cuida de Mr. Hyde.

Edgar Morin

Existem mil esboços da reforma de vida, da aspiração ao bem-viver, do desejo de escapar do mal-estar que a civilização do bem-estar material produziu, da prática da convivialidade, mas esses esboços ainda não foram religados. Entretanto, ao se considerar o conjunto desses elementos, que separadamente parecem mínimos, percebe-se, então, que a reforma de vida está inscrita nas possibilidades de nosso devir.

A experiência das comunidades

Um bom número de comunidades foi criado para as pessoas viverem de outra forma. As comunidades monásticas, cristãs ou budistas, se constituíram para abandonar a vida profana e se consagrar a seu credo. As Comunidades da Arca, criadas em 1948 por Lanza del Vasto, após seu encontro com Gandhi, combinam um aspecto religioso aberto e sincrético a uma reforma psíquica e espiritual; seus membros praticam a não violência, em todos os aspectos da vida, além de orações, cantos, danças e festas, jardinagem, autoconhecimento, aprofundamento espiritual.

As comunidades fundadas em uma convicção religiosa existiram e ainda existem. Em contrapartida, as comunidades laicas, fundadas na aspiração de viver de outra forma, de viver uma "verdadeira vida", tiveram duração limitada. Isso aconteceu com as "comunas" californianas, com os Kibutzim laicos israelitas.

Os fracassos experimentados pelas tentativas comunitárias não resultam apenas do *imprinting* cultural da sociedade burguesa em seu ambiente, mas sobretudo, e com frequência, da dificuldade, e até mesmo da incapacidade, de enfrentar a relação com o outro por

A VIA

meio da compreensão, da humanização das emoções, do respeito democrático.

A experiência de Monte Veritá tornou-se muito mais interessante na medida em que traduziu a realização temporária da grande aspiração à harmonia que nasce e renasce na civilização ocidental. Foi no fim do século XIX, em uma Alemanha dominada pela industrialização e pela urbanização extremamente rápidas, que alguns homens e mulheres partiram para a Suíça italiana e se instalaram sobre uma colina que dava para o Lago Maior à qual deram o nome de "Monte Veritá". Segundo suas próprias palavras, eles buscavam ali uma reforma de vida que incluía a reforma da alma, a reforma da mente, a reforma do corpo. Viveram em comunidade, rejeitaram a propriedade privada, vestiram togas, praticaram a jardinagem, a dança, as belas-artes. A experiência tinha como ambição reformar as relações familiares e as relações sociais, eliminar a autoridade dogmática, emancipar a mulher, comungar com a natureza. Foram instituídas regras de higiene, principalmente no caso da alimentação e das roupas; praticou-se o artesanato. A experiência durou alguns anos, mas foi extinta por dissidências internas e, simultaneamente, pela eclosão da guerra de 1914.

A comunidade de Cristiana, um subúrbio de Copenhague, começou em 1971 e tem-se mantido em meio aos acasos, à luta contra drogas, aos conflitos diversos; ela ainda subsiste graças à sua economia artesanal.[7]

---

[7] Ler a narrativa de Jean Manuel Traimond, que foi um ator da história de Cristiana, "Naissance du droit à Cristiana" [O nascimento do direito em Cristiana]. *Réfractions*, n.º 6. Consultar, também, minha descrição em *Une année Sisyphe* [Um ano Sísifo]. Le Seuil, 1995.

Edgar Morin

Mais ampla, a experiência de Auroville,[8] na Índia, foi fundada na filosofia de Aurobindo, e seus participantes foram selecionados pela "Mãe", viúva de Aurobindo. Uma verdadeira cidade foi criada com base nos princípios comunitários. Depois de enfrentar dificuldades e fracassos parciais, a experiência continua. A despeito de alguns aspectos negativos, continua a ser um êxito, o que acontece, sem dúvida, porque ali perdurou uma forte base filosófica comum.

Os microcosmos de reformas de vida com uma base exclusivamente secular demonstraram sua fragilidade. Acreditamos que esses fracassos se devem à ausência de uma reforma pessoal dos participantes que implica o apaziguamento das pulsões e das emoções, à ausência de um aprendizado do conhecimento de si e da compreensão do outro, origem dos mal-entendidos, incompreensões, querelas que terminam em separação; esses fracassos se deveram, igualmente, ao isolamento de cada uma dessas experiências de vida, à ausência de uma conjunção com outras reformas que lhes teriam sido solidárias.

A aspiração à reforma de vida é a expressão de uma aspiração à harmonia que atravessa a história e se expressa nos paraísos, nas

---

[8] Auroville (a cidade da Aurora) está situada ao norte de Pondichéry, na região de Tamil Nadu. Tem como vocação ser "o lugar de uma vida comunitária universal onde homens e mulheres aprenderiam a viver em paz, em perfeita harmonia, transcendendo todas as crenças, opiniões políticas e nacionalidades, respeitando a natureza e o meio ambiente". Foi construída pelo arquiteto francês Roger Anger e inaugurada em 1968, na presença do presidente da República da Índia, e de representantes oriundos de 124 países. Em sinal de fraternidade universal, cada um deles derramou um punhado de terra de seu solo natal em uma urna. Originalmente, a Auroville deveria acolher 50 mil habitantes; em 2008, a comunidade não agrupava mais do que 2.018 aurovilianos, dos quais 1.570 eram adultos.

A VIA

utopias, nas ideias libertárias, comunistas, socialistas, nas "comunas californianas", nas explosões juvenis de maio de 1968 etc.; elas renascerão incessantemente sob outras formas, sempre com as mesmas aspirações à autonomia, à comunidade, a viver poeticamente.

Essa aspiração se tornará cada vez mais ampla e profunda nas sociedades tecnicistas, industrializadas, ocidentalizadas, sobretudo se forem devastadas por crises e desastres. Mas não poderá desenvolver-se em reforma de vida se, concomitantemente, não tiverem início outras reformas, fato muito bem-reconhecido pela Associação Francesa "Transformação Pessoal — Transformação Social". A reforma de vida é indissociável de uma regeneração ética, ela mesma indissociável de uma regeneração do civismo, que é indissociável de uma regeneração democrática, que é indissociável de uma regeneração das solidariedades e da responsabilidade, ações totalmente inseparáveis de um complexo processo humano, social, político, histórico que implica reforma da habitação, do consumo, da educação. A reforma de vida poderia ter um efeito considerável em todos os problemas econômicos e sociais. Patrick Viveret afirma isso com muita exatidão: "A dureza de coração e o mal de viver, e não a raridade de recursos físicos ou monetários, é que estão na origem da maior parte dos problemas (...) ecológicos, políticos, culturais, sanitários e sociais." Sem dúvida alguma, é preciso situar essa formulação em um circuito, indicando que reformas ecológicas, políticas, culturais, sanitárias e sociais contribuiriam para a melhora da qualidade de vida e para a reforma de vida.

Mesmo sendo totalmente indissociável de incitações exteriores, a reforma de vida é uma aventura interior; mesmo sendo totalmente indissociável de processos sociais e coletivos, a reforma de vida é um

Edgar Morin

processo pessoal. Cada um deve procurar o que é importante e necessário para si mesmo, cada um deve encontrar o caminho de sua regeneração.

Falar de regeneração não poderia conduzir à ilusão de um retorno ao passado, como se fosse necessário esquecer — nas ambivalências da evolução histórica — as contribuições positivas da modernidade que devem ser conservadas e desenvolvidas. Como já dissemos, é preciso conceber os desvios pelo passado. Mas o termo "regeneração" significa, sobretudo, o retorno às fontes geradoras, isto é, criadoras. É, portanto, na ativação de um desenvolvimento/envolvimento humano, criador de uma nova civilização, que uma reforma de vida poderia ser, simultaneamente, produzida e produtora.

Capítulo 2

A via da reforma moral

*Não se pode ensinar nem aprender a virtude senão por amizade
ou por amor aos homens verdadeiros e de qualidade, e pelo
convívio com os deuses que residem em nós.*

Friedrich Schlegel

Os imperativos morais estão presentes tanto nas grandes religiões universalistas como no humanismo laico. Mas as religiões que preconizaram o amor ao próximo desencadearam o ódio do próximo e as religiões do amor foram capazes das piores crueldades. O humanismo laico jamais pôde dispor da autoridade da religião, e seu universalismo moral conheceu muitas carências e cegueiras.

Parece, então, que a moral merece ser repensada e é possível esperar que uma reforma moral pudesse reinscrevê-la, mas de uma nova maneira, na essência da subjetividade humana.

Se a noção de sujeito for definida pela autoafirmação egocêntrica de um "eu" que se situa exclusivamente no centro de seu mundo (ninguém pode repetir "eu" em meu lugar), isso significa que ser sujeito comporta um princípio egocêntrico que dá prioridade a si mesmo em relação a qualquer outra pessoa ou a qualquer outra consideração. Ao mesmo tempo, porém, todo sujeito traz em si um princípio de inclusão em um "nós", que o incita a se integrar em uma relação comunitária e amorosa com o outro, com os "nossos" (família, amigos, pátria), que se expressa desde o nascimento na necessidade vital de vínculo do recém-nascido. Esse princípio de integração pode conduzir o indivíduo até o sacrifício de sua vida por esses nós. O ser humano é caracterizado por esse duplo *software*: um induz ao egocentrismo, a sacrificar os outros por si; o outro induz ao sacrifício de si pelos outros, ao altruísmo, à amizade e ao amor. Nossa civilização tende a favorecer o *software* egocêntrico. Sem dúvida, o *software* altruísta e solidário encontra-se presente por toda parte, mas quase sempre inibido e adormecido. Ele pode despertar. É esse *software* que deve ser estimulado pela reforma ética.

Em virtude da trindade humana: indivíduo/sociedade/espécie é preciso conceber uma ética em três direções.

1) A ética individual

Essa ética necessita da integração de um princípio de autoexame permanente na consciência e na personalidade de cada um, pois, sem o saber, burlamos incessantemente e mentimos para nós mesmos. Nossas lembranças alteram-se de acordo com nossa conveniência, nossa visão de nós mesmos e dos outros perverte-se pelo egocentrismo. Se desejamos a reforma moral, não podemos nos poupar do autoexame e da autocrítica. Acreditamos que a solução de nossos males psíquicos e morais depende exclusivamente de terceiros, psicoterapeutas ou psicanalistas. Temos necessidade do outro para conhecer a nós mesmos, mas apenas o autoexame permite integrar o olhar do outro em um esforço permanente, a fim de nos compreendermos melhor com nossas carências, nossas lacunas, nossas fraquezas.

A VIA

É notável o fato de demonstrarmos plena compreensão do outro no mundo imaginário e estético do romance, do teatro, do cinema. Somos capazes de compreender personagens totalmente distantes de nós, que vivem em mundos exóticos, seres ambíguos, por vezes criminosos, como "O poderoso chefão", do filme de Francis Ford Coppola, ou mesmo os personagens de Shakespeare. Compreendemos a infelicidade do oprimido, a aflição do abandonado, entendemos um vagabundo como Carlitos. Mas, quando retornamos à vida cotidiana, perdemos a capacidade de compreender o outro, desviamo-nos do vagabundo e não consideramos mais nada a não ser o aspecto criminoso daquele cuja complexidade conhecíamos no cinema ou no teatro. No mundo da realidade cotidiana, renunciamos à compreensão que sentimos no mundo da ficção.

A reforma moral deve, portanto, desenvolver prioritariamente o autoexame permanente e a atitude de compreensão para com o outro. É evidente que ela precisa ser conjugada com a reforma da educação e com a reforma de vida, que, por sua vez, devem conjugar-se às outras reformas.

2) A ética cívica

Em uma sociedade na qual o indivíduo goza de direitos, é a ética do cidadão que deve assumir seus deveres para com a coletividade.

3) A ética do gênero humano

Ainda que uma ética universal concernente a todos os seres humanos parecesse abstrata antes do advento da era planetária, a partir de agora, a comunidade de destino de todos os humanos torna a ética universal cada vez mais concreta.

Edgar Morin

Atualmente, cada um pode agir em prol da humanidade, isto é, contribuir com a tomada de consciência da comunidade de destino de todos e inscrever-se nela como cidadão da Terra-Pátria.

Capítulo 3

A família

No passado, a família ampliada reunia debaixo de um mesmo teto três gerações sob a autoridade de um pai patriarca; ali se devia respeito aos mais velhos e aos pais. Sem dúvida alguma, essa formação ocultava animosidades recalcadas, frustrações dolorosas, mas reunia os numerosos irmãos e irmãs aos tios, tias, primos, primas, em uma rede de solidariedade e ajuda mútua. Os casamentos eram alianças de famílias decididos pelos pais. No Ocidente, essa família ampliada desintegrou-se e, exceto entre alguns imigrantes do Sul, as famílias numerosas desapareceram.

A família constituía uma microssociedade cujas funções eram econômicas, protetoras, solidárias, educativas e, até mesmo, religiosas. A creche, a escola, o hospital, o asilo, a aposentadoria suprimiram da família um grande número de suas missões tradicionais. Seus membros deixam de ser subordinados de modo incondicional à instituição coletiva; não se sentem mais irrevogavelmente ligados e podem romper com ela em razão de decisões individuais.

Ainda resta a família nuclear, constituída pelo casal e por sua prole reduzida. Mas o casal também está em crise: o trabalho das mulheres, os encontros externos de cada um dos esposos, o superdesenvolvimento de um individualismo forçado, a liberdade sexual, as incompreensões e disputas, tudo isso mina e acaba por destruir o casal.

Edgar Morin

Jacques Lévine enunciou as patologias da família contemporânea: pais abusivos ou fracos demais, eles mesmos oriundos de lares de pais abusivos e fracos, e quando se acrescentam a tudo isso a miséria, o alcoolismo, a crise da escola atual, criam-se crianças "desestabilizadas" e adolescentes perdidos que cedem à ira ou à autodestruição.

O que une o casal não é mais a aliança de duas famílias. A partir de agora, o que cria e une o casal é o amor. Como o casal nasce e vive do amor, a cessação do amor por parte de um dos parceiros conduz à sua desintegração.

Mas, se o casal se desintegra, os indivíduos entregues à solidão, nostálgicos do amor e do lar, encontram novos parceiros, reconstituem um casal, casam-se de novo, desejam um filho de seu novo amor. Assim, paradoxalmente, ainda que em crise, o casamento torna-se a resposta para a crise de solidão individual. Um casal reconstitui-se de novo, procria um novo filho, mesmo que acabe minado pelas forças renascentes da separação ou do divórcio. O amor perdido destrói a família. O novo amor a faz renascer. O inferno familiar se autodestrói, mas a necessidade de refúgio reconstrói um novo ninho, a família morre e sempre ressuscita.

A emancipação das mulheres no trabalho externo provocou uma crise no sistema familiar tradicional, que comportava a presença da mãe no lar nuclear. Mas as reestruturações se efetivam: o homem vai assumir certo número de tarefas domésticas antes reservadas à mulher (lavar a louça, limpar o bumbum das crianças, levá-las para passear). O pai dominador cede lugar ao indulgente. Isso promove uma relativa democratização da organização familiar. Assim como a sociedade, mas com um atraso significativo, a família passa

A VIA

gradualmente do modelo autoritário para o modelo igualitário homem/mulher, e na relação pais/filhos do modelo de obediência ao modelo da tolerância.

Existem separações de casais sem ódio, em que pode subsistir um forte laço afetivo, o que permite que filhos oriundos de diferentes casamentos se fraternizem. Além disso, os avós aposentados, que recebem seus netos durante as férias dos pais, transformam-se novamente em bons pais e boas mães.

Embora o pai seja menos pai e a mãe seja menos mãe, a imago, isto é, o poder mítico do pai e da mãe permanece bastante presente nas crianças. Freud indicou que mesmo que o pai real seja fraco, a criança nutre uma imagem forte dele e pode sofrer em virtude da falta de autoridade. Mesmo no caso das mães de aluguel, do doador anônimo de esperma, da ausência de pais e mães reais, existe uma necessidade fundamental de pai, de mãe, de família. Masculinos ou femininos, os casais homossexuais interiorizam e assumem plenamente a dupla qualidade de pai e de mãe.

A família tradicional inibia os conflitos em seu interior. Sua estabilidade repousava essencialmente na autoridade. Sem dúvida alguma, havia crianças e esposas cujas aspirações eram frustradas, mas a sacralidade da família permitia que se renunciasse a elas, salvo em casos extremos de jovens que abandonavam a família e, *ipso facto*, eram considerados malditos e deserdados. Os conflitos surgiram quando começou o declínio da família tradicional. O livro *Familles, je vous haïs* [Famílias, eu as odeio], de André Gide, é formulado a partir do momento em que a família começa a se enfraquecer. Hoje, porém, após a crise da família e da família como resposta à crise do individualismo, a necessidade da família faria com que se aspirasse a um: "Famílias, eu as tenho!" Perder o vínculo de família constitui uma perda irreparável.

Por outro lado, fora das famílias consanguíneas, criam-se famílias eletivas de irmãos e irmãs espirituais, de pais espirituais, de mães escolhidas e, até mesmo, de avós de adoção.

Além disso, nossa psicologia tem necessidade de substrato materno e paterno. De resto, ela se expressa miticamente na ligação com a pátria, termo bissexuado que, na França, nos faz falar de Mãe-Pátria, enquanto na Alemanha se diz *Vaterland* (terra paterna). Sem renegar a maternidade-paternidade de sua pátria, os seres humanos poderiam reencontrar-se e se unir no pertencimento à Terra-Pátria.

A família tradicional era sacralizada não apenas por sua inserção na religião (batismo, casamento, enterro), mas também como modelo que sustentava toda a vida social.

Sem dúvida alguma, não seria possível restaurar a antiga sacralidade da família, mas seria possível instaurar uma nova, sacralizando o amor, cimento dos casais modernos e, simultaneamente, da relação pais/filhos.

Uma sacralização como essa necessita reforma de vida e reforma de pensamento. Os venenos da relação conjugal, bem como da relação pais/filhos, são a incompreensão, assim como a barbárie emocional que o individualismo contemporâneo provoca mais do que controla. Daí se originam as disputas, querelas, rupturas que minam o terreno — que deveria ser sólido — da afeição e do amor; daí resultam as relações detestáveis e os conflitos incessantes que evocamos acima. A reforma do ensino, que desde as primeiras classes comportaria uma educação voltada à compreensão humana (que

A VIA

implica o desenvolvimento da compreensão de si pelo autoexame e pela autocrítica), bem como a reforma de vida, que implica a humanização das emoções e a compreensão do outro, são necessárias para a sacralização do amor e da compreensão. O amor sacralizado não é de modo algum o amor possessivo, nem o amor alucinado da intoxicação amorosa, tampouco o amor capaz de se transformar em ódio destrutivo se vier a ser decepcionado ou traído; ele é o amor oblativo que cria um verdadeiro nós.

A reforma de vida requer uma verdadeira educação para o amor, capaz de dominar a possessividade amorosa, de resistir à intoxicação amorosa, de reconhecer a superficialidade do amor inconstante, do amor ingênuo que se deixa levar pelas aparências em vez de esperar para ver revelada a face obscura que cada um tem dentro de si, assim como a Lua.

Se a relação pais/filhos deve fundar-se na compreensão e no respeito mútuos, a responsabilidade dos pais não pode ser escamoteada e, em casos cruciais, é preciso assumir a autoridade. Mas a autoridade parental contemporânea só pode renascer a partir de uma ética de vida e de honra que suscitaria respeito e desejo de imitação.

A laicidade se faz acompanhar da perda da fé na Revelação Divina. Mas as necessidades de comunhão e de comunidade, de fé, de sagrado, permanecem no seio do universo laicizado. São elas que podem alimentar uma nova sacralização da família pela religação, pelo amor e pela compreensão.

Capítulo 4

A condição feminina

Na espécie *Homo sapiens,* o gênero masculino e o gênero feminino manifestam sua diferença não apenas pelos órgãos sexuais, mas também nos traços sexuais secundários (barba masculina, busto e quadris femininos) e por um ligeiro dimorfismo na estatura. Entretanto, como já vimos, cada sexo traz consigo, de modo recessivo ou atrofiado, as características do outro sexo (mamas masculinas, clitóris feminino). Provavelmente, foram as características socioculturais próprias à condição masculina (caça, guerra, poder) que superdesenvolveram o hemisfério cerebral esquerdo, voltado para análises, distinções, disjunções etc., em detrimento do outro, e foram as condições socioculturais femininas que subdesenvolveram esse mesmo hemisfério, mas desenvolveram o hemisfério direito, voltado para a apreensão global, a intuição, a empatia.

As condições de vida da humanidade são fundadas sobre uma base cultural comum (a linguagem) e sobre duas bases culturais complementares. As sociedades arcaicas são sociedades de caça-coleta. Os homens especializaram-se na caça, na fabricação de armas e instrumentos, no trabalho dos metais. Além dos cuidados maternos e da manutenção do lar, as mulheres especializaram-se na procura e na colheita de plantas e frutos, na coleta da forragem, depois na tecelagem e na cerâmica. A civilização humana é basicamente fundada nessa complementaridade cultural, e não na primazia da caça.

A VIA

Na verdade, a unidade social arcaica é o produto da conjunção da bioclasse masculina e da bioclasse feminina, mas, se não estiver centrado em um chefe único, o poder "político" permanece sob a autoridade masculina dos mais velhos e de duas ou três figuras dominantes, xamãs ou chefes guerreiros.

Nessas sociedades de formato clânico, as funções de esposo e de pai são dissociadas: o tio, irmão da mãe, exerce o papel de pai.

Em seguida, o deslocamento do clã cede lugar à família: o esposo torna-se pai e tende a usar e abusar de sua autoridade; essa é a razão da proibição do incesto, que o impede de se acasalar com suas filhas, destinadas a uma troca exogâmica.

É nas sociedades tribais de nômades guerreiros que o poder único de um chefe se fortalece e que uma contaminação semântica unifica a legitimidade do poder do pai à legitimidade do poder do chefe. Na maior parte das sociedades históricas que irão surgir no Oriente Médio, na Índia, na China, no México, nos Andes, com sua organização hierarquizada imposta a milhares ou milhões de indivíduos, irão aparecer os reis ou imperadores divinizados, encarnações supremas do poder masculino, o que não exclui — embora de forma minoritária — o poder ilimitado de certas rainhas.

Quase todas as sociedades históricas impuseram o poder masculino sobre as mulheres, subjugando-as e aprisionando-as em lares ou gineceus, alguns dos quais prescreviam a poligamia. Certas religiões chegaram, até mesmo, a confirmar o assujeitamento feminino como vontade divina.

Sem dúvida alguma, por meio do charme, da sedução e da volúpia, a mulher subjugada subjuga seu dominador bárbaro; em

Edgar Morin

uma família submissa ao pai, é frequente que o amor e o respeito dos filhos pela mãe perdure até a idade adulta; é frequente, também, que a mulher dominada se torne, empiricamente, alguém miticamente adorado e sacralizado.

Nos tempos modernos do Ocidente europeu, a diferença entre o universo masculino e feminino vai permitir um maravilhoso florescimento no seio da cultura feminina. Enquanto o mundo masculino aristocrático concentra-se cada vez mais nas atividades guerreiras e industriais, o mundo masculino burguês concentra-se cada vez mais no comércio e no lucro, as mulheres organizam seu isolado cultural, abrindo salões para os quais convidam escritores, poetas e músicos que, desdenhando a guerra e o lucro, se voltam para a estética e o pensamento. Quanto mais bárbaro e inumano o mundo masculino se torna, mais a cultura feminina aristocrática e burguesa favorece as obras de sensibilidade e beleza. Na época romântica, é estreita a simbiose entre cultura feminina e cultura dos poetas adolescentes geniais, que, desde a musa do Ateneu até Lou Andreas-Salomé,* adoram e veneram sua Diotima.**

No século XIX, quando se desencadeia a conquista do mundo pela barbárie viril europeia, a cultura feminina-adolescente-estética

---

* Lou Andreas-Salomé (1861-1937) — romancista, ensaísta e psicanalista russo-alemã, colega, companheira e musa de intelectuais como Nietzsche, Rilke e Freud. Com sua indiferença diante da moral convencional e sua insaciável curiosidade intelectual, ela desafiou os papéis de gênero de seu tempo. (N.Ts.)

** A filosofia de Diotima de Mantineia, filósofa e sacerdotisa grega, está na base do conceito platônico de amor. (N.Ts.)

A VIA

constitui o caldo de cultura do qual emergem as obras-primas incomparáveis da poesia e da música românticas.

Mais tarde, a mensagem humanista e universalista dos Iluministas é reivindicada por um movimento feminista, nascente nos países anglo-saxões. Essa mensagem, que reivindicava para as mulheres os mesmos direitos dos homens em todos os domínios, políticos e profissionais, desenvolve-se, generaliza-se, e, no século XX, em certo número de países ocidentais, vai culminar no direito de voto das mulheres e em seu acesso, ainda que limitado, a algumas carreiras até então reservadas ao gênero masculino. O feminismo encontra sua expressão máxima no beauvoirismo, que libertou a mulher do bovarismo, mas depara também com seus limites, pois será necessário esperar pelo Movimento de Libertação das Mulheres, o *Women's Lib* dos anos 1960, para que a reivindicação da igualdade se acompanhe da afirmação da diferença.

Os próprios excessos desse neofeminismo, em sua exaltação da superioridade da mulher, contêm sua parte de verdade. A civilização ocidental tem excesso de testosterona e insuficiência de foliculina. As qualidades de amor e ternura, as virtudes das filhas-irmãs-esposas-amantes devem impregnar o gênero masculino, sem, no entanto, dissolvê-lo. Sim, a mulher permanece, verdadeiramente, como o futuro do homem...

É claro que, no Ocidente europeu, a evolução dos costumes acentuou a degradação dos interditos aos quais a autoridade católica submetia as mulheres. Em grande parte das regiões do globo, porém, o retorno do religioso e o desenvolvimento dos integrismos tendem a inibir e fazer retroceder um processo de emancipação já iniciado, como acontece na Argélia. A condição feminina evoluiu

Edgar Morin

acidentalmente sem alcançar um êxito desejável (muitos "preconceitos" machistas persistem nas mentes e nas ações. Muitas mulheres ainda são espancadas e escravizadas), mas constitui um problema para o planeta como um todo, e a reforma de vida deve incluir a reforma da condição feminina.

Marx e Engels distinguiam nas sociedades arcaicas um comunismo primitivo que poderia ser considerado como o prelúdio ou anúncio de um comunismo a partir do qual a civilização humana presumivelmente desabrocharia. É verdade que muitas sociedades arcaicas que ainda sobrevivem (consultar o capítulo "Povos Indígenas"), principalmente na Amazônia, nos fornecem um exemplo de comunidade humana que comporta a complementaridade entre a cultura masculina e a cultura feminina antes mesmo que tivesse sido instaurado o assujeitamento da parte feminina da humanidade no seio das sociedades históricas. Devemos aspirar a um retorno da complementaridade/comunidade arcaica do masculino e do feminino, mas na escala do mundo contemporâneo.

Capítulo 5

A adolescência

A adolescência é considerada aqui como a idade sociologicamente situada entre o ninho protegido da infância e a entrada no mundo profissional dos adultos. Reduzida ao extremo nas civilizações em que, muito cedo, as crianças são obrigadas a trabalhar, sem que haja descontinuidade sociológica com a vida adulta, no mundo ocidental a adolescência se desenvolveu com a autonomia, adquirida ou conquistada, da família, o prolongamento dos estudos, e, doravante, ela pode estender-se até os 25 anos ou mais. Nos anos 1960, a adolescência constituiu classe biossocial, desenvolvendo costumes, ritos, vestimentas e músicas próprias.

Trata-se de uma idade de aspiração à plena existência, de desejo de uma vida simultaneamente autônoma e comunitária, de esperanças e desesperanças, de revoltas contra a ordem social do mundo adulto, de transgressões, de tormentos, de angústias e de sonhos.

O adolescente é o elo fraco da sociedade: ele sai da infância, aspira à plena existência, não é encorajado a integrar o mundo adulto do trabalho e sente fermentar dentro de si aspirações, revoltas, angústias. O adolescente é o elo da cadeia social em que as fraquezas do conjunto atingem o ponto de ruptura.

Se, na revolta de maio de 1968, a juventude acreditou encontrar uma resposta para seus males, foi porque teve fé nas promessas de outra vida, de outro mundo, de outra sociedade que os maoistas,

Edgar Morin

trotskistas e outros promotores da revolução a faziam vislumbrar. Hoje, porém, as promessas revolucionárias desmoronaram e a esperança desapareceu. Em um mundo sem futuro, no qual os indivíduos são atomizados, a incerteza, a angústia podem se tornar males insuportáveis. A heroína que o adolescente "perdido" injeta em si mesmo constitui uma resposta desesperada para a angústia que o adulto, de seu lado, acalma com o sonífero. Assim, fenômenos periféricos podem revestir-se de uma significação essencial. O adolescente carrega consigo, de modo intensificado, os problemas de nossa civilização.

O crescimento das incertezas sobre o futuro pessoal e sobre o futuro global de nossas sociedades favorece as aflições adolescentes, traduzidas pelo aumento das tentativas de suicídio e do uso das drogas.

A adolescência constitui um fermento necessário para qualquer sociedade. Ela é animada simultaneamente pelo espírito de aventura e pelo espírito de resistência. Foi ela que, na luta contra a ocupação nazista, forneceu o maior de seus contingentes. Sua capacidade criativa manifestou-se tanto na contracultura californiana (movimento hippie, florescimento de comunas) como no maio francês de 1968. Antes da resignação domesticada para a integração social, ela traz consigo a aspiração milenar da humanidade à harmonia e à felicidade. Trata-se, portanto, de reconhecer a verdade humana dos "segredos de adolescência", tão bem-expressados poeticamente por Rimbaud e cinematograficamente por James Dean, e saber associá-los aos "segredos da maturidade".

Assim, a adolescência é, simultaneamente, o elo frágil (por sua fraca inserção sociológica) e o elo forte (por suas energias) do conjunto de nossas sociedades.

A VIA

Seria preciso saber utilizar a extraordinária reserva de boa vontade adolescente e criar um serviço civil nacional para colocá-la a serviço das inumeráveis necessidades de solidariedade em nosso país e por toda parte em que ela seria salutar (em casos de catástrofes, tremores de terra, inundações etc.).

A adolescência favorece as iniciativas de risco e as transgressões e, com isso, as delinquências. O reconhecimento do fato de que a adolescência constitui uma idade plástica, na qual o indivíduo pode se transformar e se reformar, deve conduzir não a uma política de repressão, mas de prevenção e de redenção. Medidas de ajuda e de compreensão podem fazer a delinquência juvenil diminuir e, até mesmo, desaparecer, enquanto o encarceramento dos adolescentes tende a inseri-los na criminalidade por toda a vida. O único verdadeiro remédio para a violência e para a delinquência juvenis reside na compreensão, na benevolência, no amor que, por toda parte no mundo, sobretudo nos países do Sul, tem estimulado iniciativas nas quais música, dança, teatro, pintura, esportes, trabalhos comunitários abrem vias que previnem a delinquência.

A guetização nos subúrbios e periferias empobrecidas, a ausência de recursos resultantes de um trabalho assalariado normal, a desorganização da família, a degradação da vida nas grandes aglomerações, os conflitos entre as normas da família e as do Ocidente para os jovens emigrados, a ausência do supereu de identidade nacional no espírito do adolescente e a consciência de ser rejeitado, que induz a rejeitar quem o rejeita, a presença local de bandos que formam gangues, o gosto pelo risco, próprio à adolescência, tudo isso favorece uma delinquência que cria sua própria economia: a economia da droga, do roubo, do trabalho clandestino, esse último garantindo

Edgar Morin

a sobrevivência dos próprios adolescentes, mas também de suas famílias sem trabalho.

Não existem apenas condições histórico-sociais que incitam à violência e à delinquência. Existem as condições psicológicas que, de resto, não são estranhas às angústias e às ansiedades histórico-sociais. Como indica Daniel Favre, a hiperagressividade está correlacionada à ansiedade, à depressão e ao déficit de empatia.[1] A violência busca satisfações narcísicas de poder sobre os outros e, por isso, torna-se um modo de adição.[2]

Em cidades como Medellín, a extensão da delinquência e mesmo da criminalidade, desde a mais tenra juventude, levou a ações salutares que eliminaram quase totalmente a delinquência juvenil (claro que não de modo definitivo). A ação do prefeito da cidade de Medellín, Sergio Fajardo, que reuniu fundos públicos e privados para esse fim, ensejou a criação de uma vasta Casa para crianças e adolescentes, aberta igualmente para as mães de famílias desfavorecidas, em que se oferecem ensino escolar, ensino de informática e de uso da Internet, cursos de pintura, de música, de dança, de formação esportiva. Uma biblioteca e uma discoteca encontram-se à disposição dos jovens e de suas mães.

---

[1] "L'agressivité, un déni d'emotivité", entretien avec Daniel Favre ["A agressividade, uma negação da emotividade", entrevista com Daniel Favre]. *Sciences humaines*, fevereiro, 2008, nº. 190, p. 26 e seguintes.

[2] A redução da violência nas sociedades contemporâneas necessitaria da convergência de uma política de luta contra as desigualdades em prol da solidariedade, de uma justiça que visasse à prevenção e à reabilitação, de uma educação para a compreensão humana e, claro, da reforma de vida.

A VIA

A partir de 2001, no Rio de Janeiro, foi implantado o "Espaço Criança Esperança" no complexo de favelas do Cantagalo e do Pavão-Pavãozinho (Copacabana e Ipanema), assoladas por uma total exclusão social e um nível elevado de delinquência juvenil ligada ao tráfico de drogas. Foi nosso amigo Jairo que reuniu fundos públicos e privados para edificar, no coração da favela, um grande prédio dotado dos mesmos recursos que o de Medellín e animado permanente-mente por sua presença. Desse modo, ele integrou 1.800 crianças e adolescentes. Ali, os jovens têm a oportunidade de adquirir dignidade e cidadania participando de atividades culturais e esportivas, de uma formação profissional, de uma consciência comunitária e de uma cultura da paz. Hoje, vários desses jovens conseguiram mudar sua vida pessoal e familiar, concluíram até mesmo seus estudos universi-tários e se tornaram cidadãos.

Na Venezuela, José Antonio Abreu, simultaneamente economista, homem político e maestro, inventou O Sistema (corais e orquestras), que induz e exige disciplina, trabalho, escuta dos outros e responsa-bilidade. Para Abreu, a prática da música pelas crianças é a melhor resposta possível para as violências das gangues que ensanguentam os *barrios* mais pobres, abandonados pelos poderes públicos. Assim, em 1975, nasceu em Caracas a primeira orquestra de jovens, formada por doze crianças desses *barrios*. Inúmeras orquestras surgiram em todo o país. Hoje, 265 mil crianças de 2 a 16 anos de idade estão integradas ao Sistema. Elas frequentam as aulas pela manhã e, todos os dias à tarde, vão para um centro de música no qual se exercitam durante quatro horas. Na Venezuela, existem 270 desses centros denominados núcleos. O ensino ali é gratuito e o método educativo

Edgar Morin

é sempre o mesmo em todos eles: não se trata de atingir a perfeição técnica, mas de aprender a tocar juntos.

O admirável maestro Gustavo Dudamel é produto legítimo do Sistema. Simon Rattle, maestro da Orquestra Filarmônica de Berlim, declarou: "O futuro da música clássica está na Venezuela."

No Quebec, colocou-se em prática um dispositivo de prevenção e de evitamento da prisão de adolescentes: o recurso a sanções extrajudiciais. No caso em que o menor aceita a medida extrajudicial, a vítima se encontra com ele na presença de um mediador para, juntos, determinarem a natureza e a duração da sanção.

Enquanto nos Estados Unidos e em outros lugares a experiência demonstrou que a prisão é uma escola de consolidação da delinquência e de formação para o crime, o governo francês aumentou a repressão, reduziu a idade da maioridade penal, instituiu tribunais de flagrante delito em que, acusados pelos testemunhos policiais, os menores não têm o direito de apresentar suas próprias testemunhas.

Uma experiência de escolas de ensino médio para adolescentes em risco e perigosos, oriundos das periferias, deveria ser tentada na França pela Educação Nacional, e eu me esforçarei em contribuir nesse sentido.

Capítulo 6

Velhice e envelhecimento

O estatuto da velhice mudou. Nas civilizações tradicionais, os idosos são os "velhos" que respeitamos, cuja experiência e sabedoria são reconhecidas. As condições contemporâneas (técnicas, econômicas, sociais) da civilização ocidental, porém, desvalorizam as experiências do passado; os conhecimentos adquiridos pelos anciãos aparecem como uma ignorância do novo. O ancião, que antigamente era respeitado, torna-se um velhinho retrógrado.

No passado, os anciãos viviam sob o teto familiar com seus filhos e netos. A desintegração da "família extensa" separou as gerações. As jovens gerações não têm mais lugar para os idosos em suas casas e, por vezes, nem em seus corações. A vida é muito absorvente, apressada. Os idosos vivem separados de seus filhos, mas, por vezes, podem recuperar seus netos quando os pais saem de férias. Os que não exercem mais nenhuma atividade, com o passar do tempo, assistem ao desaparecimento de seus amigos próximos, o que os isola ainda mais. A viuvez quase sempre acarreta um triste fim de vida. Em caso de enfermidade, as famílias apressam-se em colocar seus idosos em asilos. A solidão corrói a velhice.

Africanos, magrebinos, asiáticos ficam chocados pela forma com que tratamos nossos velhos, escandalizados com nossa falta de respeito para com eles, com nossa preocupação em nos desfazer

Edgar Morin

deles, por nossa ira quando eles nos embaraçam porque se tornaram impotentes.

Existem diferentes tipos de envelhecimento:

1) O envelhecimento sem patologia invalidante, no qual as capacidades funcionais e as atividades mentais são mantidas. Observa-se até mesmo uma criatividade liberada em idade avançada. Artistas como Turner ou Beethoven liberam-se das convenções que aceitaram em sua carreira adulta e, sem constrangimento algum, expressam uma mensagem ainda mais genial do que a de suas obras anteriores.

2) O envelhecimento que comporta fragilidade, riscos, redução de certas capacidades adaptativas.

3) O envelhecimento "patológico" ou mórbido, manifestado diversa ou simultaneamente pelas depressões, por uma degradação da memória, pela demência, pelos problemas locomotores.

O prolongamento progressivo do tempo de vida favorece os dois primeiros tipos de envelhecimento, mas também aumenta artificialmente o último, nos sanatórios que se tornaram lugares de morte ou nos hospitais para os agonizantes.

A aposentadoria é ambivalente, segundo as profissões exercidas e o estado de saúde do aposentado. Significa libertação para aquele que deixou um trabalho penoso, desprovido de satisfação, eventualmente perigoso, mas é deprimente para aquele que encontrava contentamento em suas atividades, e que a inatividade e a solidão desmoralizam.

Com frequência, ganha-se quantidade de vida em detrimento da qualidade de vida. Sempre em atividade, a centenária Rita Levi Montalcini costumava dizer: "Dê vida a seus dias mais do que dias à sua vida!"

A VIA

Desse modo, as vias de uma política da velhice deveriam favorecer e estimular tudo o que pudesse melhorar a qualidade física e psíquica da vida dos idosos. Assim, seria preciso multiplicar os centros de cuidados geriátricos não apenas nos hospitais, mas também nas Casas de Solidariedade.

Entre as felizes iniciativas em prol da velhice, ressaltamos a da APA (Alocação Personalizada de Autonomia) oferecida em Charente, a 5.200 pessoas. Ela permite levar cuidados, auxílios e, eventualmente, refeições em domicílio. Foram criadas casas de acolhimento nas quais uma família que vive no andar superior se encarrega de cuidar de duas ou três pessoas idosas que vivem no térreo. Laboratórios de prevenção do envelhecimento cognitivo recebem idosos com problemas de memória ou de expressão.

Os esforços para melhorar a qualidade de vida dos idosos necessitam muito mais de presenças humanas do que de aparelhos automáticos. É por isso que um dos deveres dos Estados ocidentais seria multiplicar o pessoal, tão insuficiente, das atividades de solidariedade e de convivialidade que os idosos precisam mais do que ninguém.

Finalmente, lembremos que as Casas de Solidariedade e o serviço cívico de solidariedade requerido por uma política de civilização permitiriam uma troca intergeracional vivificadora tanto para uns como para outros, e seriam de utilidade capital para atenuar os desastres e naufrágios do envelhecimento.

Capítulo 7

A morte

O que se segue vale para os espíritos laicizados que não podem acreditar em uma vida além da morte.

É evidentemente a perda da fé religiosa em um além-mundo ou a ausência da crença em uma sobrevivência individualizada sob a forma de espírito ou de alma[1] que suscitam o terror de ser aniquilado como sujeito (ego-eu) e determinam as angústias de morte. Essas angústias de morte podem ser mais ou menos recalcadas, mas retornam como angústias de vida que se fixam em indivíduos diversos.

Nessas condições, a modernidade ocidental tentou dissimular a tragédia da morte. Até os anos 1970, a morte era um tema tabu e os livros sobre o assunto tinham uma venda muito limitada. A morte foi expulsa dos domicílios. Há cinquenta anos, 80% dos falecimentos ocorriam em casa; em 2007, 80% dos óbitos ocorreram no hospital. Antes dos funerais, o morto é levado para a casa funerária, instalado em um caixão, enfeitado, maquiado, e passa a ostentar uma máscara de vivo. Isso não atenua nem um pouco a dor das famílias e dos próximos, mas assegura uma relativa camuflagem dos sinais exteriores da morte. Nos enterros laicos, faltam o ritual e

---

[1] Consultar Edgar Morin. *L'Homme et la mort* [O homem e a morte]. Seuil, col. Points, 1977.

A VIA

o cerimonial, impedindo que se diga um adeus sagrado ao defunto. Mal ou bem, um pouco de música, um discurso de amizade, rosas atiradas na cova sobre o caixão, tudo isso tenta preencher o vazio e o horror.

A morte permanece invencível, mesmo que o *Cântico dos cânticos* assegure que o amor é tão forte quanto ela. A verdade do amor é que ele é muito forte, mesmo que não consiga vencer a morte. O que pode não dissolver a angústia de morte, mas pode ajudar a superá-la, reside na inserção do "eu" vivo no "nós" da comunidade amada. Comunhão, festa, amor, felicidade instilam o ardor e a poesia que impedem a morte de corroer a vida.

Por outro lado, recalcada durante tanto tempo, a morte retornou para exigir de quem está vivo que tome consciência de sua inexorabilidade e de seu mistério. A biologia demonstra que a vida luta contra a morte utilizando a morte. Assim, o ciclo ecológico de vida, denominado ciclo trófico, constitui, simultaneamente, um ciclo de morte: desde o inseto vegetariano até o leão predador e do leão predador até os insetos, passando pelos vermes necrófagos que se nutrirão de seu cadáver, bem como as raízes das plantas que absorverão seus sais minerais, o ser vivo mata o ser vivo para se alimentar, isto é, para viver. De modo semelhante, assim como o ser humano, todo ser policelular vive da morte de suas células, substituídas por células novas, para melhor lutar contra a morte e, assim, se regenerar. Completei também a formulação de Bichat, segundo a qual "a vida é o conjunto das funções que lutam contra a morte", acrescentando: "... que, ao mesmo tempo, se utilizam dela". A vida não está somente presente em um mundo mortal; a morte está presente no coração

Edgar Morin

do mundo vivo. Ela continua a ser nossa inimiga e não é mais uma estranha para nós.

Não é preciso temer descobrir a morte, generalizada não apenas no horizonte da humanidade, da Terra e do Sol, mas também do próprio Cosmo. A Via Láctea morrerá. O universo morrerá. Mas o reconhecimento da morte como soberana final não depende de uma resignação fatalista. A luta sísifa contra a morte pode e deve incluir sua parte dionisíaca. Além do mais, quando a morte se aproxima, o ser humano deve continuar a lutar contra o que existe de mais horrível: a dor e a solidão. Daí se origina a necessidade de uma dupla solicitude para com o moribundo: a que acalmará sua dor e a que o acompanhará até o último suspiro. O acompanhamento dos moribundos constitui uma nova missão humanista no universo laico. A ética exige que façamos tudo ao nosso alcance para evitar a solidão do outro diante da morte.

Precisamos, enfim, ressuscitar os rituais e cerimônias da morte. Por vezes, os pastores protestantes oferecem seu templo para uma cerimônia laica sem contrapartida religiosa. O ideal seria que edifícios cerimoniais, verdadeiros templos laicos da morte, existissem em cada cemitério, no qual se poderiam interpretar as músicas de que o falecido gostava, entoar seus cantos preferidos, ler textos e poemas de sua predileção, evocar as alegrias e os percalços de sua vida. Finalmente, por ocasião de uma refeição funerária, reunindo todos aqueles que amaram o falecido, sua vida seria rememorada por cada um e por todos, em seus momentos felizes, esplendorosos e prazerosos, de maneira que, nesse equivalente da refeição endocanibal, todos pudessem festejar o morto e cada um pudesse integrá-lo simbolicamente em seu ser físico.

A VIA

Assim, a reforma de vida só pode ser acompanhada por uma reforma da morte. Como já vimos, a poesia da vida é a verdade mais profunda da reforma de vida. Ao exaltar a poesia, a reforma de vida secreta os antídotos para as angústias de morte e, assim, contribui para sua própria reforma.

Conclusão

Interdependência e esperança

As reformas são interdependentes. A reforma de vida, a reforma moral, a reforma de pensamento, a reforma de educação, a reforma de civilização, a reforma política, todas elas mobilizam umas às outras e, por isso mesmo, seus desenvolvimentos lhes permitirão se dinamizar entre si.

Devemos estar conscientes, também, do limite das reformas. O *Homo* não é apenas *sapiens, faber, economicus*, mas também *demens, mitologicus, ludens*. Não se poderá jamais eliminar a propensão delirante do *Homo demens*, não se poderá jamais racionalizar a existência (o que iria normalizá-la, padronizá-la, mecanizá-la). Não se poderá jamais realizar a utopia da harmonia permanente da felicidade garantida.

O que se pode esperar não é mais o melhor dos mundos, mas um mundo melhor. Somente a progressão das vias reformadoras regeneraria suficientemente o mundo humano para se convergir para a Via que conduzirá à metamorfose. Pois a metamorfose é a única coisa que poderá melhorar o mundo.

Tudo está prestes a reformar e transformar. Mas isso tudo já começou sem que ainda se saiba. Miríades de iniciativas florescem um pouco por todo o planeta. Sem dúvida, elas são quase sempre ignoradas, mas cada uma delas traz em seu caminho religação e consciência.

Edgar Morin

Trabalhemos para diagnosticar, para transformar. Trabalhemos para religar, sempre religar!

Vamos repetir: as reformas são solidárias, mas não são apenas institucionais, econômicas, sociais; são também mentais e necessitam de uma disposição para se conceber e se comprometer com os problemas globais e fundamentais, atitude que requer reforma da mente.

A reforma do espírito depende da reforma da educação, que depende, também, de uma reforma do pensamento: ambas são reformas extremamente importantes, em circuito recursivo, uma produtora/produto da reforma da outra, indispensáveis a uma reforma do pensamento político que, por sua vez, comandará as reformas sociais, econômicas etc. Mas a reforma da educação depende, também, da reforma política e das reformas de sociedade, que decorrem da restauração do espírito de responsabilidade e de solidariedade, por sua vez, produto da reforma da mente, da ética, da vida.

Assim, cada reforma seria nutridora de todas as outras, que, por sua vez, a nutrirão. Existe uma relação em circuito virtuoso entre todas essas reformas que dependeriam umas das outras e se estimulariam entre si.

As vias das reformas poderiam progressivamente religar-se para formar a Via. Trata-se da Via que regeneraria o mundo a fim de que a Metamorfose se concretize.

Pode-se esperar por isso? A hora é cada vez mais grave. O agravamento da crise planetária, a intensificação da luta, em todos os lugares, em todas as sociedades, em qualquer espírito, entre as forças de vida e as forças de morte, a amplitude e a multiplicidade das transformações a serem efetuadas, tudo isso tende a nos tornar impotentes.

A VIA

Como dizia Shakespeare, a consciência nos transforma em covardes. Mas uma consciência elevada deve nos dar coragem para começar.

Reitero aqui meus "cinco princípios de esperança":

1) *O surgimento do inesperado e o aparecimento do improvável.* Assim, cinco séculos antes de nossa era, a resistência duas vezes vitoriosa da pequena cidade de Atenas diante do extraordinário poderio persa era altamente improvável, mas ensejou o nascimento da democracia e da filosofia. Do mesmo modo, tão inesperados quanto improváveis, foram o congelamento da ofensiva alemã diante de Moscou, no outono de 1941, e depois a contraofensiva vitoriosa do general Jokov, iniciada em 5 de dezembro e seguida, no dia 8, pelo ataque a Pearl Harbor, que fez com que os Estados Unidos entrassem na Segunda Guerra Mundial.

2) *As virtudes geradoras/criadoras inerentes à humanidade.* Do mesmo modo que em todo organismo humano adulto existem células-tronco dotadas de aptidões polivalentes próprias às células embrionárias, mas inativas, assim também existem em todo ser humano, bem como em toda sociedade humana, virtudes regeneradoras ou geradoras adormecidas ou inibidas. Nas sociedades normalizadas, estabilizadas, enrijecidas, as forças geradoras/criadoras manifestam-se nos desviantes, que são os artistas, músicos, poetas, pintores, escritores, filósofos, descobridores, artesãos e inventores. A consciência de que todos os grandes movimentos de transformação sempre começam, de modo marginal, desviante, modesto, inclusive nas sociedades petrificadas ou esclerosadas, demonstra que as inovações criadoras são sempre possíveis e por toda parte.

3) *As virtudes da crise.* Tal como as forças regressivas ou desintegrantes, as forças geradoras também despertam nas crises. Na era

planetária, a crise da mundialização, a crise do neoliberalismo, a crise da humanidade estão repletas de perigos, mas também de possibilidades transformadoras. Assim, de Seattle a Porto Alegre e Belém, formou-se a vontade de responder à mundialização tecnoeconômica por um altermundialismo, termo que deve ser entendido literalmente como aspiração a um outro mundo e que poderia conduzir à elaboração de uma verdadeira "política de humanidade".

4) *As virtudes do perigo*. "Lá onde cresce o perigo, cresce também aquilo que salva" (Hölderlin). Lá onde cresce a desesperança, cresce também a esperança. A chance suprema reside no risco supremo.

5) *A aspiração multimilenar da humanidade à harmonia*. Ela se expressou nos paraísos, depois nas utopias, depois nas ideologias libertárias/socialistas/comunistas, depois nas aspirações juvenis dos anos 1960 [Paz e Amor] e nas revoltas estudantis de maio de 1968. Essa aspiração renasce e renascerá incessantemente. Ela está presente na efervescência das iniciativas múltiplas e dispersas, que se encontram na base das sociedades civis, que poderão nutrir as vias reformadoras, elas mesmas destinadas a convergir na Via rumo à metamorfose.

A esperança parece estar morta. As velhas gerações encontram-se desiludidas pelas falsas promessas e falsas esperanças. As jovens gerações estão mergulhadas na desordem. Sentem-se desoladas pela ausência de uma causa pela qual lutar, como a nossa na Resistência, durante a Segunda Guerra Mundial. Nossa causa, porém, continha em si mesma seu contrário. Como afirmava Vassili Grossman, Estalingrado, a maior vitória da humanidade, foi ao mesmo tempo sua maior derrota, pois fez o totalitarismo stalinista sair vencedor. A vitória das democracias restabeleceu simultaneamente seu

A VIA

colonialismo. Hoje, sem equívoco, a causa é sublime: trata-se realmente de salvar a humanidade.

A esperança foi ressuscitada no próprio coração da desesperança. E esperança não é sinônimo de ilusão. A verdadeira esperança sabe que não tem certeza, mas sabe que se pode traçar um caminho ao andar ("caminhante não existe caminho, o caminho se faz ao andar").[1] A esperança sabe que, embora improvável, a salvação pela metamorfose não é impossível.

Mas a esperança não passa de ilusão quando ignora que tudo o que não se regenera se degenera. Como tudo o que vive, como tudo o que é humano, as novas vias estão sujeitas a degradações, aviltamentos, escleroses. A consciência disso também é indispensável.

---

[1] Poema de Antonio Machado.

PÓS-CONCLUSÃO

Para além da Via

Quando se considera o passado da humanidade, que inacreditável aventura desde que há mais de 6 bilhões de anos, na África, nossos ancestrais antropoides bípedes ficaram de pé, como indica a descoberta de Turnai* feita por Michel Brunet; depois, as evoluções, simultaneamente descontínuas e contínuas, que desenvolveram a mão e o cérebro e fizeram surgir a cultura humana com a invenção da linguagem de dupla articulação; depois, no decorrer de uma préhistória de 50 a 100 mil anos, a diáspora de pequenas sociedades arcaicas sem agricultura, sem cidade, sem Estado, em todos os continentes; depois, o surgimento, há 8 mil anos, no Oriente Médio, na Índia, na China, no México, nos Andes, de cidades e impérios dotados de Estado, agricultura, cidades, religiões, artes, monumentos grandiosos, guerras, escravidões, declínios, aniquilamentos; o desencadeamento da História constituída de grandezas, de loucuras, de ruído e de furor; depois, a partir do século XV, os desenvolvimentos

---

* Em julho de 2002, o paleantropólogo Michel Brunet e sua equipe publicaram na *Nature* dois artigos referentes a diversos restos de hominídeos, dentre os quais um denominado Turnai. O conjunto foi descoberto no Tchad, deserto de Djourab, e datava de 7 milhões de anos. Essa descoberta revolucionou a história da origem da humanidade. (N.Ts.)

A VIA

técnicos, mercantis, marítimos de sociedades da Europa Ocidental, que se lançaram à conquista do mundo e dominaram o planeta até o começo do século XX; depois, no decorrer desse mesmo século XX, duas guerras mundiais, Hitler, Stalin, Auschwitz, o Gulag, Hiroshima; depois, no decorrer da segunda metade do século, a expansão da globalização, fase atual da era planetária...

Quando se considera que, em todas as épocas, a maioria dos seres humanos permaneceu como carneirinhos submissos, suportando tarefas monótonas destinadas à repetição permanente do ciclo de nascimentos e de mortes, *mesmo que não se deva esquecer que antes de serem adultos domesticados os jovens fervilham de desejo de aventura*: como não surpreender-se e admirar que homens como Alexandre, Gengis Khan, Tamerlan, Buda, Jesus, Paulo de Tarso, Maomé, tenham mudado o curso da História, que minorias venturosas e aventureiras tenham transposto horizontes, tenham ido buscar além do visível, além do pensável e tenham conduzido a humanidade nessa prodigiosa aventura que é sua história?

Quando se considera essa inacreditável aventura do passado, como pensar que a aventura do futuro será menos inacreditável? Quando se pensa que cada etapa seguinte desse passado era inconcebível, tão impossível de imaginar quanto de prever, como não acreditar que será o mesmo com nosso futuro?

Os incessantes desenvolvimentos tecnocientíficos permitem entrever possibilidades transformadoras prodigiosas, tanto na natureza biológica do ser humano, como nas do mundos animal e vegetal, na natureza das próprias técnicas, na natureza do conhecimento; essas transformações afetariam a própria natureza do indivíduo, da sociedade, da espécie.

Edgar Morin

Não se poderia terminar este livro prospector sem prever ou pelo menos questionar, o que, de agora em diante, parecem ser as possibilidades futuras.

DO PONTO DE VISTA DE NOSSAS POSSIBILIDADES DE CONHECIMENTOS

- os desenvolvimentos dos modos de conhecimento complexo;
- a descoberta de possibilidades cognitivas superiores;
- o desenvolvimento de poderes mentais ainda subdesenvolvidos.

DO PONTO DE VISTA TÉCNICO

- o desenvolvimento das nanotecnologias que implicam promessas e ameaças;
- a utilização da fusão nuclear e o evento de uma nova forma de captação de energia solar que seria usada normalmente, da mesma forma que as plantas assimilam a clorofila;
- o desenvolvimento das invenções biomédicas (como a aerodinâmica do Shinkazen, o trem-bala japonês, inspirada na do martim-pescador);
- a produção de novas gerações de supercomputadores que integrem qualidades biológicas e intelectuais;
- o desenvolvimento de máquinas autônomas; androides, robôs, talvez à nossa semelhança, renovando o ato criador do deus bíblico que criou o homem à sua imagem;

A VIA

- a utilização de máquinas domésticas como a impressora para fabricar os objetos mais diversos;
- a produção de bactérias artificiais para todos os usos, principalmente medicinais e despoluentes;
- a produção artificial de novas formas de vida aptas a se autor-reproduzirem como nos indica Joël de Rosnay;[1]
- o desenvolvimento da realidade virtual e da crescente possibilidade de viver duas vidas, a real e a virtual, que poderia se tornar mais real do que a real.

DO PONTO DE VISTA DA RELAÇÃO ANTROPOCÓSMICA

- a colonização da Lua, de Marte, de uma lua de Júpiter;
- a eventualidade de se descobrir se somos os únicos seres conscientes do universo e se existem outras formas de inteligência de natureza cósmica;
- um avanço dos conhecimentos sobre a origem do universo, seu futuro, a matéria e a energia negras;
- a possibilidade de saber se existem universos paralelos;
- a possibilidade de saber se nossa realidade de espaço-tempo não imergiu em uma realidade sem espaço nem tempo;
- a possibilidade de viajar no espaço, seja durante milhões de anos, se a vida humana puder ser prolongada de maneira

---

[1] *Et l'homme créa la vie. La Folle aventure des architectes et des bricoleurs du vivant.* LLL les liens qui libérent [E o homem criou a vida. A louca aventura dos arquitetos e artesãos do ser vivo. LLL os laços que libertam], 2010.

indefinida, seja encontrando o modo de viajar sem ser prisioneiro da velocidade limite da luz;

- diante da perspectiva longínqua do resfriamento do Sol, a possibilidade de migrações terrestres para planetas habitáveis.

DO PONTO DE VISTA DA NATUREZA DA HUMANIDADE

- a continuidade de novos estados de simbioses entre o ser humano e suas produções técnicas (principalmente máquinas e computadores);
- o prolongamento da vida humana sem envelhecimento, garantida pelas células-tronco presentes em cada organismo, por meio de próteses cognitivas no cérebro (que melhorariam suas performances e até mesmo suas competências), e pelas terapias gênicas;
- as modificações do ser humano por intervenções genéticas.

O QUE CRIARIA ENORMES PROBLEMAS

Em primeiro lugar os problemas demográficos: o prolongamento das vidas humanas individuais e de nossas capacidades intelectuais implicaria uma limitação extrema dos nascimentos (que só seriam considerados para compensar as mortes acidentais, que não cessarão).

O conjunto próteses humanas/máquina que anuncia o ciborgue, as modificações genéticas/próteses cognitivas, com o desenvolvimento de faculdades cerebrais e o prolongamento indefinido da vida,

A VIA

fariam nascer uma pós-humanidade.[2] Em certo sentido, ela continuaria a humanidade, assim como a espécie *Homo sapiens* continuou a hominização, ela mesmo seria uma nova etapa dessa hominização. Em outro sentido, porém, ela constituiria também uma ruptura com nossa humanidade atual e criaria novos e inumeráveis problemas éticos, políticos e sociais. Principalmente no que se refere às seguintes questões: o que é preciso conservar de nossa humanidade? O que é preciso melhorar? Minha resposta: sem dúvida alguma, sua capacidade de aliar razão e paixão, sua capacidade tão subdesenvolvida de compreender o outro, sua capacidade de amar.

Mas o que é preciso ultrapassar? É verdadeiramente necessário superar qualquer possibilidade de delírios, de fraquezas? Não sabemos que a genialidade emerge ao lado e, por vezes, no meio da loucura, que a imperfeição e a infelicidade inspiraram as mais sublimes obras da poesia, da música, da pintura?

De qualquer forma, saibamos que uma humanidade perfeita não poderia existir. O mundo não pode se produzir a não ser na imperfeição (um mundo perfeito teria sido uma máquina determinista imóvel e cega); a vida não pode se produzir a não ser na inevitabilidade destrutiva da morte. Para os seres humanos, não se poderia visualizar a eliminação da possibilidade de loucura, o que equivaleria a uma robotização, rebaixando-os à condição de máquinas triviais. Não se poderia eliminar a dialógica *sapiens/demens*, *faber/mitologicus*, *economicus/ludens*; não se poderia extinguir a dialógica entre

---

[2] Ler Jean-Michel Besnier. *Demain, les Posthumains* [Amanhã, os pós-humanos]. Hachette Littératures, 2009.

Edgar Morin

o *software* egocêntrico e o *software* comunitário/altruísta próprio do sujeito humano.

Não poderia vir a existir uma pós-humanidade imortal; pode-se imaginar uma pós-humanidade prolongando sua vida de planeta em planeta, através da morte sucessiva de inúmeros sóis, mas ela ficaria exposta aos acidentes, tremores de terra, erupções vulcânicas, quedas de aeronaves e não poderia extinguir bactérias e vírus.

Mesmo na pós-humanidade, o caráter aleatório e mortal da aventura humana perdurará.

Mesmo e sobretudo, ao se tornar pós-humana, a aventura humana será mais do que nunca uma aventura semeada de acasos.

Atualmente, todos esses problemas ultrapassam nossas faculdades de pensá-los. O futuro humano está repleto de incertezas e de desconhecidos (inconcebíveis para nosso saber atual). Em contrapartida, é certo que para visualizá-los precisamos preparar desde agora a reforma do conhecimento capaz de enfrentar incertezas e complexidades (que são inseparáveis).

É preciso agora engajar-se com ardor em todas as vias reformadoras, a fim de que se estabeleça a Via que impedirá a humanidade de se deixar subjugar ou destruir pela hipertrofia dos poderes que ela mesma gerou para si e que não poderia mais controlar.

É evidente que um desastre planetário aniquilaria não somente a possibilidade de metamorfose, mas também suas perspectivas, pelo menos por diversos séculos. Repetimos: não há certeza de que o pior vai acontecer. E, mesmo na pior das hipóteses, tudo poderá recomeçar para os sobreviventes, curados, quem sabe, de nossas carências, ignorâncias e incompreensões. Quem sabe em algum lugar, nas ruínas de uma biblioteca desconhecida, esta mensagem lhes restituirá a esperança e a coragem?